把星海的美好
镌刻在发现教育里

主编 周晓阳

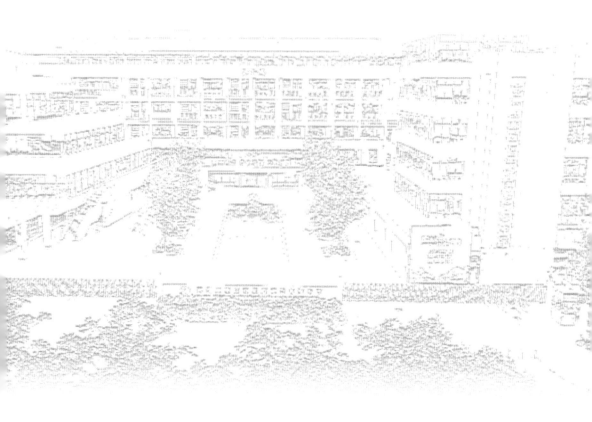

图书在版编目(CIP)数据

把星海的美好镌刻在发现教育里／周晓阳主编. －－苏州：苏州大学出版社，2023.12
　ISBN 978-7-5672-4656-0

Ⅰ.①把… Ⅱ.①周… Ⅲ.①中学教育-教育研究 Ⅳ.①G632.0

中国国家版本馆 CIP 数据核字(2024)第 007303 号

书　　　名：	把星海的美好镌刻在发现教育里
	BA XINGHAI DE MEIHAO JUANKE ZAI FAXIAN JIAOYU LI
主　　　编：	周晓阳
责任编辑：	刘　海
出版发行：	苏州大学出版社(Soochow University Press)
社　　　址：	苏州市十梓街1号　邮编：215006
印　　　刷：	苏州工业园区美柯乐制版印务有限责任公司
网　　　址：	http://www.sudapress.com
E-mail：	Liuwang@ suda.edu.cn　　QQ：64826224
邮购热线：	0512-67480030
销售热线：	0512-67481020
开　　　本：	718 mm×1 000 mm　1/16　印张：18.5　字数：304 千
版　　　次：	2023 年 12 月第 1 版
印　　　次：	2023 年 12 月第 1 次印刷
书　　　号：	ISBN 978-7-5672-4656-0
定　　　价：	68.00 元

若有印装错误，本社负责调换
苏州大学出版社营销部　电话：0512-67481020
苏州大学出版社邮箱　sdcbs@ suda.edu.cn

以发现教育引领星海文化认同的实践与思考

（代序）

习近平总书记指出："文化认同是最深层次的认同。"学校的理念推广、学科建设、人才培养、成果达成，都依赖于文化认同的构建和提升。就现阶段的苏州工业园区星海实验中学（以下简称"星海"）而言，形成独特的精神面貌、培育优良的文化氛围、建立起师生的文化认同，是学校实现永续发展的底色与根基。

自2001年星海建校以来，星海人在文化认同的构建上驰而不息、不遗余力，逐步形成了具有星海特色、星海气派的文化体系。学校落实"立德树人"根本任务，以"融和、致远"为校训，以"人人成功、人人成星"为教育理想，以"让教育成为发现与创造的艺术"为教育理念，以"重思考的学校、能创新的教师、会学习的学生"为办学愿景，秉承"团结、敬业、精细、卓越"的星海精神，聚焦内涵品质建设、聚焦"高原筑峰"行动、聚焦师生优质发展，深度推进以"发现教育"引领育人实践的主张，完善创新教育与素质教育深度融合的培养模式，以文化引领学校发展、以特色激发办学活力、以认同闪耀星海品牌。

星辉熠熠，蓝海畅游，具备星海气质的教师团队、学生群体、文化氛围、文化传承，是星海办学22年积淀的最宝贵财富。

美好的"发现教育"已经镌刻在星海的行程里，融进星海人的血脉中。在"发现教育"的引领下，学校着力将国家课程、地方课程、校本课程进行有机统整，构建以三大课程类型为主要内容的促进学生从自我发现走向自我赋能、自我成就的课程体系。

在"发现教育"的推动下，学校全面变革教与学的组织形式，开展特色鲜明的"发现教育教与学"范式研究,着力开展"发现教育"导向下的"一图、一册、一课、一院""四个一"创新行动,打造"以学习者为中心"的"1+1+X"学习模型,大力推动"教智融合"背景下创新人才培养和师生协同发展机制的实施。

在"发现教育"的实施中,学校借助"十四五"主课题"数据驱动高质量发展的'发现教育'实践与创新",从确立课题研究维度、确定课题研究对象、制定课题研究程序、形成课题研究报告等方面开展多维度的课题研究,发现问题,不断完善"发现教育"的实践方法和运行机制。

在"发现教育"的历程中,学校对于"发现教育"的全流程、多维度进行系统评价,构建科学、全面的评价体系,把定量评价和定性评价紧密结合,发挥多元评价手段作用,以"发现教育"的过程评价引导"发现教育"的教育实践。

星海以"发现教育"推动学校教育教学全面发展已历时5年,美好的"发现教育"在凝聚意志、形成共识、达到认同、推动发展等方面起到了不可或缺的作用。但正如黑格尔所言,"熟知并非真知",师生普遍感受到学校文化并不等于师生理解学校文化,也不等于师生认同和践行学校文化。只有系统归纳和高度凝练的理论与模型方能建立起师生对学校文化的高度认同。

借助专著的形式对"发现教育"进行宏观梳理和理论沉淀可谓恰逢其时。经过周密的筹划,学校汇聚全体教师的实践研究成果,编辑了以"发现教育"为主题的学术专著《把星海的美好镌刻在发现教育里》。该书的"发现引领 理念阐释""发现赋能 立德树人""发现聚焦 课堂教学""发现驱动 教师发展"四大板块分别从理论、实践、课程、教师等视角聚焦"发现教育"的内在理论与外在形态,总结、概括"发现教育"在星海的"履历"与路径,彰显星海师生的底蕴与气象,推进校园文化认同的浸润与深入。

"发现教育"是历史的,亦是未来的,希望本书的出版能够为处于新的发展方位中的青春星海注入更多的理性源泉和理念动力。是为序。

周晓阳

2023年9月

目 录

发现引领　理念阐释

让教育成为发现与创造的艺术 ……………………………… 沈　坚（003）
"发现教育"理念下中学生英才计划的创新实践 ………… 周晓阳（006）
数据驱动高质量发展的"发现教育"实践与创新
　　——以苏州工业园区星海实验高级中学为例 ………… 金　烨（018）
"星晖耀海"发现好教师团队建设成长路径 ……………… 马云秀（030）
"发现教育"理念下涵育核心素养的美育实践与研究 …… 范红梅（037）
"发现教育"理念下中学生生涯规划优化及提升 ………… 黄　静（047）
借助 5G 技术助力"天地融合"发现教育实践 …………… 丁　震（057）
"让教育成为发现与创造的艺术"
　　——苏州工业园区星海实验高级中学特色办学综述
　　……………………………… 周晓阳　金　烨　周永华（064）

发现赋能　立德树人

繁星瀚海：时代新人"和远·毅行"的在场体悟行动
　　——苏州工业园区星海实验中学德育课程
　　……………………… 周晓阳　许　凤　赵武杰　范红梅（073）

发现真爱，那拳拳星海情 ……………………………… 李　秋（086）
校本课程的"烟火气"与"书香气" …………………… 俞　敏（090）
在"发现教育"中润物细无声 ……………………………… 徐毅鸿（094）
打造"鸡尾酒式"课堂，创生深度思维学习
　　——高中英语课堂"发现教育"教学实践初探 ……… 张文娟（099）
擦亮星空，点亮自我
　　——浅论"发现教育"视域下的融合与共生 ………… 颜　丹（107）
循二十四节气，苏州园林问雅
　　——发现身边的文化遗产综合实践活动探索 ………… 徐　燕（112）
发现视野下高中班级管理存在的问题及改进策略 ………… 何文娟（118）

发现聚焦　课堂教学

"发现教育"支撑下学校评价改革路径的探索
　　——以苏州工业园区星海实验中学推进评价改革为例
　　……………………………………………………… 周晓阳（125）
"发现教育"理念引领的《乡土中国》阅读实践 ………… 肖　璐（134）
品悟"处一化齐"之妙，撬动学生的"发现力"
　　——《黄州快哉亭记》课例分析 ……………………… 范红梅（137）
"发现教育"视域下《清兵卫与葫芦》教学案例研究 …… 孔　璐（143）
在创设问题情境中发现数学
　　——以"初识'圆锥曲线'"一课为例 ………………… 王文杰（147）
让"发现教育"助力学生发现数学之美 …………………… 冯　俊（153）
发现学习　自主建构　提升素养
　　——以"平面与平面垂直的性质定理"为例 ………… 王　娜（160）
在情境中发现，在发现中感悟，在感悟中探究
　　——以"太阳光线下的数学问题"教学设计为例 …… 戴　惠（169）

"发现教育"背景下高中英语教学的创新化途径 ………… 何文娟（175）
指向深度学习的初中物理"发现教育"教学实践研究
　　——以"电能表与电功"教学为例 ………… 薛钰康（178）
发现现象　深究历史　阐明主张
　　——以2022年全国乙卷文综历史第42题《后汉书》
　　"虎患型史事"试题为例 ………… 陈小军（185）
发现·重构·发展
　　——"发现教育"视域下的蜡染课程创新实践 ……… 朱光荣（191）
发乎云端心相连，现蕴课堂得者贤
　　——记高中生物线上课堂的发现之美 ………… 张　敏（199）
基于"发现教育"的研究性学习课程实施的调查研究与思考
　　………………………………………………………… 陈小军（206）
"发现教育"视域下初中音乐演唱教学的思考与探索 …… 季亚霞（215）
"发现教育"视角下化学史的教学实践 ………… 孟　郊（219）
"发现教育"视域下课堂教学提质增效探讨
　　——以高中物理七步"探索—发现"教学实践为例
　　………………………………………………………… 张东风（225）

发现驱动　教师发展

"发现教育"拓宽"四有"好教师团队发展的多维路径
　　………………………………………………………… 周晓阳（237）
教师培养"发现者"的素养探究 ………… 夏月婷（242）
发现课堂，师生"双向奔赴"的美 ………… 李　秋（246）
从"一己之力"到"群策群力"
　　——构建班级管理"合力"的实践探索 ………… 张松树（251）
"发现教育"：慧眼与胸襟 ………… 徐立皓（255）

张开"发现"的翅膀,挖掘"教育"主体的光芒 ············ 周　雄（260）

"发现教育"视域下中学音乐创作实践的效果分析 ········· 顾　莺（266）

"发现教育"新纬度:基于核心素养的高中化学实验教学
　与拓展的实践与反思 ················· 张松树　王婷婷（272）

跋:致面向未来的美好发现者 ················· 赵　华（284）

发现引领　理念阐释

让教育成为发现与创造的艺术

沈 坚

2001年8月,我来到了苏州工业园区星海学校。当时,这还是一所创办才一年的九年一贯制学校。新的区域、新的学校、新的伙伴,给我带来了极其强烈的冲击。

苏州工业园区创建于1994年,来自新加坡的中西合璧思维与"软件"在这里融和、滋长,生出了无限创造力,正如朱自清笔下的春——"像刚落地的娃娃,从头到脚都是新的,它生长着"。"创新""创业""创优"成为这片土地的主题词,亲商、亲民、亲人才和率先争先、日新月异则是这里的行走方式与生活节奏。孕育在这样的地域文化中,年轻的星海自然也就特别崇尚创造。教育,在这里成为发现与创造的艺术。我们用头脑"走路",我们用双脚"思考",我们在这里思进,我们在这里思新,我们努力地创造着教师的发展、学生的成长和学校的新生。

其实,教育的本质就在于对生命的创造。教育通过对生命的涵养,促进个体的健康成长,实现个体从自然人向社会人的高度转化。叶澜教授的"教天地人事,育生命自觉",说的也是这个道理。现代科学研究表明:任何一个大脑发育正常的人,都具有发展创造力的可能性,只要后天教育得法,这种可能性就能变为现实。美国著名教育家本杰明·布隆做了一项历时5年的研究,对象是120名在各自领域里最出色、最有才华的人,如超级明星,世界第一流的数学家、钢琴家、雕塑家、世界游泳冠军,等等。他得出的结论是:只要有恰当的条件,绝大多数智力正常的儿童都能成为较有才华的人。人类的潜力比测出来的要高得多,有天资的儿童比我们想象的多。

于是,我们创设了"星光灿烂、海纳百川"办学形象,我们确立了"人人成功、人人成星"的教育理想,我们提炼了"重思考的学校、能创新的教师、会学习的学生"的美好愿景。我们围绕着人的发展,开始了我们的发现与创造的行思之旅。

2001年，江苏省"十五"规划课题"九年一贯制学校分层递进、主体性发展策略研究"让我们确立了"关注主体、科学创新"的价值观，即把创造的核心指向人，以人为本，服务于人。2002年，课题"陶行知创造教育思想的实践研究"让我们系统地学习和研究了陶行知的创造教育思想，并让我们在理论的指导下践行我们的教育创造。20多年来，生活化、活动化、信息化、自主化、国际化、特色化等教育主张盛行于我们的校园，应用于我们的创造。一个个辉煌在这里诞生，一串串硕果结满我们的枝头。我们的毕业生如是说："感谢您多年的培养与教育，我很自豪自己是一个'星海人'。"我们的家长如是说："把孩子放在星海，是我们一辈子做出的最好选择；星海所给予我们孩子的，是能够恩泽一辈子的收获。"我们办教育，追求的就是面向未来的价值，我们希望能如陶行知先生所言，"教育者不是造神，不是造石像，不是造爱人。他们所要创造的是真善美的活人。真善美的活人是我们的神，是我们的石像，是我们的爱人。教师的成功是创造出值得自己崇拜的人。先生之最大的快乐，是创造出值得自己崇拜的学生。说得正确些，先生创造学生，学生也创造先生，学生、先生合作而创造出值得彼此崇拜之活人"，"教育者也要创造值得自己崇拜之创造理论和创造技术"。

我们以打造研究型学校为抓手，促进形成创造文化。创造的价值在于克难和超越，无论是人的成长，还是事业的发展，都是一个逐渐超越的过程。要想实现超越，首先得发现不足，找准起点，有时还要设置一个支点。所以，教育需要一双慧眼。我们要有善于发现的眼睛，我们必须善于发现问题。在星海，"问题"成为关键词，"让问题成为契机"成为星海教师的思维方式。我们不怕遇到问题，就怕看不到问题。我们将办学的一切行为均指向"人的学习和成长"，从而形成了"发现—研究—创造—实践—再发现—再研究—再创造—再实践"的基本行为方式，形成了我们的学习型组织、创造型团队。

我们以构建"精神家园"为引领，促进完善德育体系。德育的核心是培育和创造学生的生命自觉。德育工作需要深入学生的内心，用心灵呵护心灵，用情感呼唤情感，用精神塑造精神。校园应该成为师生精神成长的家园。我们需要从这里出发，建立起精神的信念、思想的正义和行为的执着，并让其有足够的能量去滋润生命的深处、走向世界的远方。

我们以实施"一、二、三齐步走"整体教学策略为依托，着力推进有效教学。从严格执行课程计划开始，先后进行了短时高效的课堂教学研究、和谐高效的课堂教学研究，再到今天的魅力课堂研究和畅游式学习研究，力求务实，提高质量。我们以学生的高效学习、快乐学习为主旨，关注课堂的情感状态、对话状态，关注师生的发现精神、创新能力，关注活动的实践价值和教育效益，努力实践"教是为了不教"这一科学的教育思想。

我们以科技创新和国际理解为突破口，着力构建特色品牌。站在苏州工业园区的"肩膀"上，我们看到的是一个创新型的区域和一个国际化的城市，这里有丰富的创新元素和国际元素，这里正以创新的姿态和国际化的视野赶超世界先进水平，这里也为教育带来了重要的启示和丰富的素材。教育既然是为未来服务的，就应该循着未来的方向跟上发展的步伐。所以，星海因地制宜、顺势而为，在新课程改革的进程中，着力打造科技创新教育和国际理解教育，大力提升星海学子的科技创新素养和国际化素养，提高教育"三个面向"的水平，让今天的教育更好地托起明天的辉煌。

"处处是创造之地，天天是创造之时，人人是创造之人，让我们至少走两步退一步，向着创造之路迈进吧。像屋檐水一样，一点一滴，滴穿阶沿石。点滴的创造固不如整体的创造，但不要轻视点滴的创造而不为，呆望着大创造从天而降。"我们星海人，就愿意从这样的屋檐水做起，去完成我们"整体的创造"。

"发现教育"理念下中学生英才计划的创新实践

周晓阳

一、为何：课程基地建设的价值意义及目标

（一）课程基地建设需要

1. 时代需求

以习近平总书记关于切实加强基础研究重要讲话精神为根本遵循，全面落实《关于加强基础学科人才培养的意见》和《国务院办公厅关于新时代推进普通高中育人方式改革的指导意见》的精神，聚焦"全方位谋划基础学科人才培养"，深入实施"中学生英才计划""强基计划""基础学科拔尖学生培养计划"，进一步升格时代英才的培养理念，优化基础学科教育体系，推进普通高中与高校协同衔接、创新发展，创新实践多元拔尖后备人才特质研究和系统培育。

2. 建设意义

课程基地建设旨在通过研发贴近优秀高中生成长的课程资源和场馆建设，立足"发现教育"，对教师遵循"尊重—发现—成全"的原则，变革教与学的方式，培养学生的探究能力、发现能力和创新能力，并且因地制宜地提供能培养英才学生科学精神的体验性、实践性、自主性和互动性学习场馆，"让教育成为发现与创造的艺术"，让每一位优秀学生在英才计划中快乐地实现自身生命的成长，为打造原始创新策源地和基础研究先锋后备梯队提供可借鉴的高中示范样板。

（二）课程基地项目创意

"发现教育"是英才计划项目的核心概念，以探索新时代初中、高中、大学一体化人才培养模式为教育价值取向，大力弘扬追求真理、勇攀高峰的科学精神，优化基础学科教育体系，促进学生自我发现、自我赋能、自我创造。英才计划项目要求教育者基于"试水—畅游—深潜"发现教育原理、教育发展规律及英才的身心发展规律，揭示事物显性或隐性的规律，在教育"双减"中做好科学教育加法，以促成以自主发展为目标的育人行为。"创新人才培养"中的"创新"是"创生"和"立新"，是在学习和实践过程中建立的一种独特的思维品质和实践智慧。（图1）

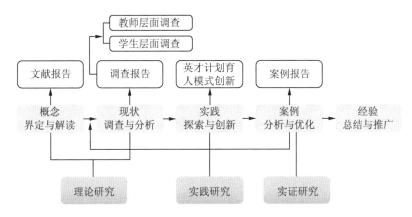

图1 "发现教育"理念下中学生英才计划的创新实践示意图

课程基地建设创新的价值主要有以下三个方面。

1. 课程创新

借助行思润志，弘扬科学精神，加强理想信念建设，以数、理、化、生基础学科为主，增设"天地融合'STEM+课程'"特色化课程和"人工智能""国际理解"选修性课程，丰富并激发发现教育的"内驱力"和"自主性"。

2. 场域创新

升级校内两馆及四大学科实验室，营造校园科技文化，创新形式，拓展挂牌协作校外科普场馆基地，加强科技研究所交叉学科、产业重点、高校研所、高新技术基地建设，使其成为支撑学校科普基础研究发展的新生态，增强教智融合的"贴合度"和"精准度"。

3. 师资创新

组建多源性的优秀领军导师团，成员包括本校学科骨干教师、区域学科名师、优秀专家学者家长、天文科普志愿者、高校科研机构专职教师等。优秀领军导师团注重素养导向，全程指导深度学习、学术研讨和科研实践，激发青少年基础研究的好奇心、想象力、探求欲，培育英才发展的

"体系化"和"样本化"。

(三) 课程基地建设目标

1. 意识强化：进阶制，赓续薪火，挖掘科学潜质

用"发现"这一核心主张黏合教与学，以"尊重—发现—成全"作为育人的三步进阶路径，明确"发现教育"对深化教育教学改革、促进英才成长的能动作用，将课程建设与场室建设作为打开新时代教育教学改革新局面的引擎，引导教师团队树立以"发现教育"为主线指导精准施教的意识、优秀学生规划自我发展的意识，努力打造"以学习者为中心"的"1+1+X"学习模型，成就幸福人生。

2. 方式建构：导师制，学思蕴乐，体验科研乐趣

英才课程研发项目，实施精准辅导，凝练形成"精准辅导'放大镜'——个性化数据分析""精准辅导'不离线'——一对一'空中课堂'""精准辅导'零距离'——'小方桌故事'"三大策略；英才室场文化建设项目，与众多高校协作开展生命健康课程、拔尖人才培养工程，还多方共建数字化实验室、未来教室、网络新空间、液晶触屏互动区、绿色科技产品展示区、科创空间 STEM 展区。

3. 能力培养：共长制，深度学习，激发发现品质

教师层面，提升教师参与教学改革的能力、信息技术与教学融合运用的能力、精准指导英才的能力等；学生层面，引导学生学习基础研究等领域涌现的先进典型和事迹，树立自主学习、自主赋能的意识，习智共长，提升学生适应社会发展的以身许国的意识，养成卓越的探究能力等。

二、是何：课程基地实施的路径策略

课程建设内容框架包括基础性课程、特色化课程和选修性课程，选修性课程包括学校天地融合课程、生命科学课程、人工智能课程、"STEM+"课程、星海"化学家"课程等，课程建设大致框架如图 2 所示。

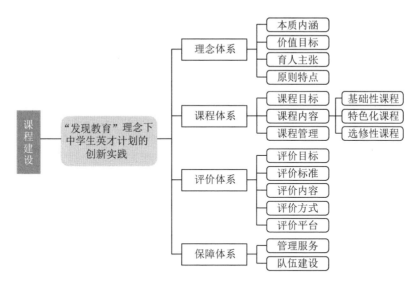

图 2　"发现教育"理念下中学生英才计划的创新实践之课程建设示意图

（一）理想信念建设：和远·毅行，行于体验，毅于坚守

1. 家国情怀：时代新人在场体悟树人行动

激励英才学子深怀爱党爱国之心、砥砺报国之志。学校"浸染家国情怀，开拓科创视野"德育实践课程，积极探索具有星海特色的完全中学德育实践课程，提炼确立以"和远·毅行"为主线的全方位德育育人体系；设计并打造包括"价值体认——高一英才红色研学综合实践系列课程""科创体验——高二英才科创实践探索系列课程""生命体悟——高三英才励志成长品格提升系列课程"等的"和远·毅行"系列德育课程。学校从沉浸式体验到"五育"并举融和，从行动实践到品格提升，助推英才涵育家国情怀，努力走出一条追求真理、勇攀高峰的科学精神之路。

2. 生涯规划：中学生行思润志优化及提升

采取全程理想信念教育和链条式个性化生涯规划相结合模式，全面优化家长导师精英大讲堂，做强学长、家长、企业家、高校专家等系列生涯规划导师课程；精心组织生涯规划教育，将生涯规划教育全程化、课程化、实践化、特色化，将课程向纵深和广度推进，落实、做细课程研究，做好、扮靓星海德育特色。

（二）资源场域营建：开源节流，统筹兼顾，升级改造

推进基于"发现教育"的科学与人文兼容的校园文化建设。学校争取社会资源，多渠道落实建设经费，完成用于开展"'发现教育'理念下中学生英才计划创新实践"项目的先进场域建设。

1. 学科型场域：绘"英才"底色

适配国家中学生英才计划，做好中学生自然科学基础学科的高品质培养，进一步升级各类实验室、信息中心等。

2. 项目型场域：增"英才"亮色

有序推进基于"发现教育"的科学与人文兼容的校园文化建设，完成用于开展"'发现教育'理念下中学生英才计划创新实践"项目的校内科学素养场馆建设（学术沙龙厅、STEM教育、天地融合、生命科学、创造发明、力学光学、有机化学、数学建模、人工智能、5G支撑下混合教学课程基地）与科学精神场馆建设（"行思润志""科学精神""和远·毅行""红色研学""星海·星海成长""国际理解与空中课堂""星海社团文化"课程基地）。

3. 提升型场域：长"英才"品色

根据品学兼优学生对科技的兴趣取向，联建挂牌与星海未来科学家培养"薪火计划"相衔接的具有高新技术产业的校外科研实验基地、高校导师引领的高新技术项目实验基地、新兴交叉学科研发项目实验基地，合理拓展区域产业重点研究所建设的高端科技场域的实验研究基地，通过校外基地建设的协同合作，激发学生养成学中思、思中悟、悟中行的科研品质。

4. 成果型场域：展"英才"成色

升格建设繁星瀚海英才文化墙，收录根据品格提升行动、课程参与及效能情况自主设计的品格星；筹建星海英才博物馆，让历届英才学生留下成长印记，如成长档案、竞赛奖证、军训日记、创造发明、研究成果、高校录取通知书存档件等纪念物件。

（三）课程体系建设：和而不同，量体裁衣，独具特色

1. 基础性课程

（1）数学：高中生数学建模能力的养成。该课程将建模知识融入高中数学教学，通过长期的建模导入帮助学生养成良好的习惯，让学生更好地

了解相关知识，树立良好的建模意识。"高中生数学建模能力的培养与评价研究"系江苏省"十三五"重点资助课题。

（2）物理：高中物理高阶思维教学的优化。以概念课、规律课、实验课、习题课等课型为研究对象，对这些课型的情境创设、问题与实验双轮驱动教学设计、学生活动组织等进行观察、思考、总结，探索培养高阶思维能力的教学策略，培养学生的高阶思维能力。该物理高阶思维教学优化研究成果系江苏省中小学教学研究2020年课题成果。

（3）化学：高中化学教材实验教学的优化。结合苏教版教材和人教版教材的实验内容，拓展和丰富教材中化学实验的内涵，探讨高中教材中化学实验的探究和创新策略，使化学实验生活化、趣味化、探究化、微型化、绿色化，并将化学实验与现代多媒体技术整合，以更好地发挥化学实验的教育功能，激发学生学习化学的兴趣。

（4）生物：建物致知生命探索与健康理解。基于建物致知的理念，遵循学生的成长规律，设计并开发基础型、探索型、应用型和拔尖型等四个模块类型的课程。从感知生命科学的奥秘到揭示生命科学的本质，再发展为构建模型、创造体系、理解生命，这种"从创造到理解"开启了理解生命本质的新途径，成为生命科学教学的新范式。

2. 特色化课程

（1）天地融合课：时代新人瀚海星辰与天地融合。立足"天地融合"教育实践，创设线上、线下融合的学校和区域天地教育；建设远程天文台、远程天文教室、仿真地理教室，开展火星探测、载人登月、太阳活动研究、流星雨观测、超新星观测等专题探究活动；定期举办"家园·星空"论坛、"天地融合"百家讲坛、天文观测亲子培训、天地知识竞赛、天文摄影比赛等活动，营造深度学习情境，培养学生的核心素养和关键能力。

（2）"STEM+"课程：教智融合，"STEM+"课程跨界性教学。筹划构建"STEM+"研究性学习的网络支持平台（暂名），优化"STEM+"实践活动专题网站，设计开发基于网络环境的学习支持平台，建成数学实验室及物理、化学、生物奥赛中心人机互动的软件实验平台，激发学生主动学习、互动学习、合作学习的学习动机。

3. 选修性课程

（1）混合式学习：5G技术支撑下的人工智能教育。依托园区易加学院平台，学习Python核心编程、全栈开发、网络爬虫、人工智能等方面知识，引导学生观摩学习机器人控制、群体智能与自主系统、无人驾驶技术与系统实现、仿真机器人演示、机器人视觉与自然语言、医学图像处理与分析等技术，让学生明白人工智能对生活的作用和价值。

（2）融合式学习：国际理解教育合作项目式学习。注重国际理解教育，努力将其构筑成国际基础研究合作平台，选取共同关注的科普话题，与国际对接交流，实施拓展和深化中外联合科研研讨活动，如"创造中的共享未来——对文化遗产与未来生活的畅想""城市的保护与建设、继承与创新"等，开展线上主题"空中课堂·科技创新展未来"视频对话活动，互动分享手工制作、特长展示、社会实践、科普宣传、包括苏州园林在内的世界遗产等研究性学习实践活动。

（四）教师团队建设：不忘初心，丰盈学识，接续奋斗

学校以苏州市重点培育"星晖耀海""四有"好教师团队为契机，从人员结构、层次梯队、年龄结构、引领帮扶等方面综合考虑，遴选教育情怀深厚、专业基础扎实、勇于创新教学、善于综合育人的教师，构成高素质、专业化、创新型团队。学校将着力进行"四有"好教师团队引领下共同体学校教师"理想信念"教育的模式构建研究、教师交流共享机制的途径创新研究、教师专业优质均衡发展的评价体系研究，积极探索教师道德情操、理想信念、仁爱之心的培育途径，加强教研活动，探索骨干教师业务水平提升的范式。

为了更好地实施中学生英才培养计划，学校除了组建致力于拔尖培养、奥赛辅导、科创提优、生涯指导、高校研学等的导师"天团"外，还将通过多种渠道、多项创新举措，持续提升英才计划的师资水平。

（五）评价体系建设：唤醒自知，唤醒励志，唤醒追求

深入探索"英才教育"评价改革，要紧紧围绕管理评价、教师评价、学生评价这三个重点，着力探究从模糊混沌到数据业绩考核的管理评价、从结果终端到数据跟踪的教师评价、从分数成绩到"五育"综合评价的学生评价，不断深化教育评价改革，强化过程评价，完善绩效评价，健全督导评价。完善评价体系四个方面的建设，丰富细化课程评价体系（图3）。

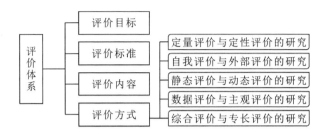

图3 "发现教育"理念下中学生英才计划的创新实践之评价体系

三、凭何：课程基地达成的条件保障

(一) 单位基本情况

学校育人理念先进，以"融和、致远"为校训，以"人人成功、人人成星"为教育理想，以"让教育成为发现与创造的艺术"为教育理念，以"重思考的学校、能创新的教师、会学习的学生"为办学愿景，积极秉承"团结、敬业、精细、卓越"的星海精神，智慧开展教育教学，创新培养拔尖人才，以文化引领学校发展，以特色激发办学活力，实现了校园管理"智慧精准、优质高效"、课堂教学"精致灵动、圆融丰厚"、师生素养"跨界融合、全面提升"。

学校师资力量雄厚，拥有一批团结敬业精进、理论功底扎实、教学素养一流、育人成效显著的优秀教师，既有正高级教师、特级教师、江苏省"333高层次人才培养工程"（以下简称"333"）培养对象，又有苏州市名教师、姑苏教育青年拔尖人才、市区级以上学科带头人等。学校还拥有一批精锐的辅导团队，如奥赛辅导团、科创辅导团、高校辅导团等。学校每年高中毕业生综合素质优良率均达到100%，高考重本率稳定在95%左右，实现了所有学生的全面、优质、高位发展，学校是社会公认的优秀教育品牌之一。

学校严格依法办学，教育教学成果显著，先后获得"江苏省文明校园""江苏省精神文明建设先进集体""江苏省教育系统先进集体""江苏省青少年科技教育先进学校""江苏省教科研工作先进集体"等200多项荣誉。

(二)课程立项优势

1. 育"英才"团队强

教师年龄结构合理,学历、职称高,专业素养强,育人成效显著,不仅是学校进行英才课程基地建设的重要保障,也为培养"有家国情怀、有全面素养、有鲜明特长、有竞争优势"的"四有"好学生奠定了坚实的基础。学校拥有3支教育"导师天团":一是名特优师团队,包括正高级教师6人、特级教师1人、江苏省"333"培养对象(中青年学术技术带头人)2人、苏州市名教师4人、姑苏教育青年拔尖人才2人、苏州市学科带头人15人;二是精锐辅导团队,包括奥赛辅导团、科创辅导团、高校辅导团等;三是校外导师团队,包括企业高管、高校学者、行业翘楚等,为"英才教育"的实施提供了强大的师资保障。

2. 育"英才"项目丰

近五年,苏州市基础教育课程基地项目"STEM+"课程基地和"科技小发明"课程基地圆满通过验收,并被评为"优秀";近三年,江苏省中小学课程基地与学校文化建设项目"瀚海星辰:时代新人'天地融合'的教育实践"通过专家鉴定,苏州市中小学生品格提升工程"繁星瀚海:时代新人'和远·毅行'的在场体悟行动"、苏州市"四有"好教师重点培育项目"星晖耀海:'四有'好教师团队建设"、苏州市中小学课程基地和学校文化建设项目"数据驱动高质量发展的'发现教育'实践与创新"、苏州市级中小学品格提升工程精品项目"行思润志:完全中学生涯规划教育体系建构及实施"、苏州市基础教育前瞻性教学改革实验项目"'发现教育'理念下中学生生涯规划优化及提升"均在有序推进。

3. 育"英才"基础好

自2014年苏州工业园区生命科学工作站建成之日起,学校即逐步开启并不断优化校企合作、校校合作、校社合作的新模式,真正将社会及高校的优质科技场馆和人才资源转化为星海"英才"培养的优质教育资源。与一大批名校和科研院所,如北京大学、复旦大学、上海交通大学、中国科学技术大学、南京大学等高校,苏州工业园区冷泉港亚洲基因科学学习中心,苏州大学音乐学院、生命科学学院、医学院、放射医学与辐射防护国家重点实验室、中国科学技术大学苏州研究院、中国科学院苏州纳米技术与纳米仿生研究所等科研院所,签订了优质生源基地或前瞻性导师制、托举制合作项目；在苏州工业园区集聚的知名企业建立课程基地，开展共育项目，有计划地邀请专家、教授、高管等进校进行专题讲座、生涯指导、主题沙龙等，组织学生赴高校院所、企业社区等开阔眼界，沉浸学习，实践体验。

（三）项目推进保障

1. 机制保障

自该课程基地申报、筹备以来，学校就积极筹划课程基地建设管理的前瞻工作，由校党委书记、校长亲自带头挂图筹划，3位分管校长分管英才团队润志项目、英才课程研发项目、英才室场文化项目，下设部门具体负责四大体系（理念体系、课程体系、评价体系和保障体系）建设，要求体系完备、责任到人。

2. 智囊保障

学校聘请江苏省教研室副主任、数学教研员李善良，西交利物浦大学数学系主任刘刚，南京师范大学数学科学学院教授宁连华等26人为课程基地建设指导专家。

3. 制度保障

学校制订较为完善的课程方案，包括指导思想、课程目标、教学要求、教材体系及相关资料、教学时间和形式、评价方式等，并切实具体到课程实施的每个环节。

4. 经费保障

学校是苏州工业园区管委会直属公办完全中学，有比较充足的公用经费，学校一贯重视公用经费中教育科研经费的专项足额使用。学校保证该课程实施所需专有场地、专属时间、人员配置及相关器材的采购等一系列工作到位，并为课程开设提供研究经费，在业务培训、资料收集和活动开展等方面保证经费的落实。

5. 场地保障

学校已基本形成一校两区发展新格局，所成立的星海教育集团为学校在新时期实现高质量发展奠定了扎实的基础。学校"数据驱动高质量发展的'发现教育'实践与创新"是苏州工业园区"国家级信息化教学实验区"实验优秀项目。

四、成何：课程基地建设效能分析及预期成果

（一）效能分析

1. 核心效能：依托课程，深化项目，提升境界

该项目的核心价值是弘扬中华儿女优秀的科学精神，将基础科学研究及探究作为载体和切入点，启迪优秀思品学生学科研究智慧，打通相关学科关联，激发英才学生的科研兴趣，培养学生的科学探究精神、研究能力，打通初中、高中、大学学习成长一体化路径，为学生的终身发展奠定坚实的基础。

2. 成长效能：高速引擎，发现赋能，促进学生成长

将"'发现教育'理念下中学生英才计划的创新实践"课程列为学生的基础课程、选修课程和特色课程，培养学生科学的思维方式，体现了该项目着眼学生群体共同发展的价值。该项目的推进与实施能够依托科学发展的大环境，为学生群体发展奠定基础，同时也为有科学研究潜能的英才学生提供更为丰富的发展空间。

3. 素养效能：融合重塑，激发活力，推动英才创新

项目建设在培养具有鲜明时代精神和星海气质人才的同时，将进一步重塑"星海精神"的新时代特色，以项目建设为新契机，推动学校文化内涵的创新与发展。树立科学创新人才培养的价值引领，培养一批具有星海"包容、创新、毅行、担当"人文气质并与科学精神融合的一流人才。

4. 模式效能：贯通高校，拔尖培养，创新育人模式

通过该项目的实施推进，与高校合作探索适切、可复制推广的育人模式，努力建设全科（跨科）育人视角的教学模式。学校通过该项目的研究，扩大科学学习资源，统整社会优质资源，起到创新型学习经验的辐射和示范作用。

（二）预期成果

将"'发现教育'理念下中学生英才计划的创新实践"课程基地建设成为特色鲜明、省内一流的学科课程基地。项目通过营建一组科学研究的智慧场域，开发一套分层递进的课程体系，打造一支由省、市级教学骨干组成的教学团队，培养一群适应世界一流高校、适合未来科技与社会发展的科学创新人才，形成国内经济发达地区可复制的生命科学人才培养的"星海经验"，打造输送高校科学新兴人才示范课程基地（图4）。其具体

效能如下。

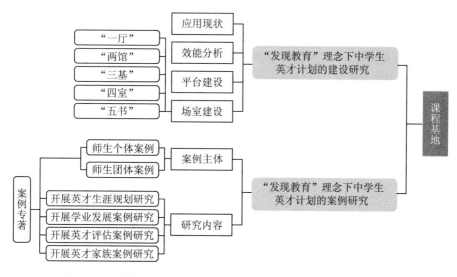

图4　"发现教育"理念下中学生英才计划的创新实践之课程基地

1. 依托场域，营建学习者智慧社区

营建学习者智慧社区，就是打造"一厅""两馆""三基""四室""五书"。图4中的"一厅"是指学术沙龙厅，"两馆"是指科学精神馆和科学素养馆，"三基"是指课程校内学习基地、课程校内创新基地、课程校外拓展基地，"四室"是指数学建模、物理高阶、化学生活、生物致知四大块专用实验室，"五书"是指形成个人成长档案录、集体行思录、星火英才科学精神校本教材、星火英才科学素养校本教材、"发现教育"理念下中学生英才计划的创新实践专著。

2. 依重团队，优化人才培养模式

建立科学精神与科学素养英才教育人才协调小组，组织教师参加国内科学技术培训，打造一支"数量足、技术强、教得好"的教师队伍。根据学生的认知规律，通过场域的浸润、课程的熏陶和教师的培育，逐步完善"基础知识培养→专业思维培养→科研实践培养"的系统化人才培养体系，实现学生能力的3次进阶式培养，使学生具有勇于实践、不断开拓创新的能力，向世界名校、国内双一流高校生命科学专业输送更多卓越人才。

3. 依据模块，开发多层次课程体系

根据基础性课程、选修性课程、特色化课程和拔尖性课程等 4 个模块，架构多层次课程体系。基础性课程包括国家课程和校本课程两部分，贯穿学生高中阶段学习始终。选修性课程侧重培养学生在真实情境下的知识理解和运用及创新能力。特色化课程结合学校传统特色课程，注重学生体验活动，鼓励自主探索、合作交流，培养学生的兴趣爱好和终身学习的观念。拔尖性课程主要是以学生为主体的、基于真实问题研究的课题研究项目。

4. 依靠社会，统整优质教育资源

拓展教育英才，聘请国内知名院校的知名学者，举行各类讲座并进行专业的实践指导；拓展校企平台，因地制宜，通过校企科技教育基地的建设，开展"校企产教融合共育"；拓展高校研究所平台，有计划地组织学生参观高校项目研究室，让学生沉浸其中，自由快乐地学习和体验。

数据驱动高质量发展的"发现教育"实践与创新
——以苏州工业园区星海实验高级中学为例

金 烨

苏州工业园区星海实验高级中学既紧密植根传统苏州"崇文重教"的肥沃土壤，又自然融合现代园区"开创圆融"的时代元素，坚持落实"立德树人"根本任务，经过多年积淀与凝练，逐渐形成了以"融和、致远"为校训，以"人人成功、人人成星"为教育理想，以"让教育成为发现与创造的艺术"为教育理念，以"重思考的学校、能创新的教师、会学习的学生"为办学愿景，秉承"团结、敬业、精细、卓越"的星海精神，聚焦内涵品质建设、聚焦"高原筑峰"行动、聚焦师生优质发展，创造性地提出了以"发现教育"引领育人实践的主张，不断完善创新教育与素质教育"深度融合"培养模式，以文化引领学校发展、以特色激发办学活力、以质量做精星海品牌。

"让教育成为发现与创造的艺术"既是星海实验中学廿载一贯的教育理念,也是星海实验中学秉承"为党育人、为国育才"办学宗旨的特色实践之路。自 2010 年创办高中以来,星海实验中学紧跟时代发展的步伐,聚焦"高原筑峰"优质发展新行动,践行并创新以"发现教育"引领育人方式改革的特色办学新路径。发现一片"繁星"——学校倾力于创新人才培养的机制,让"卡脖子"难题的破解之途有更多情怀与素养的青春星火;扬帆一片"瀚海"——学校统整多元教育资源与课程,让每一种人生发展都有和而不同的色彩与精彩。学校聚力统整、发扬自身优质教育资源和传统办学优势,通过不断开展"深度融合"的实践体验活动,逐步形成"发现教育"与数据驱动相结合的星海教育实践新优势和新特色。

一、数据驱动高质量发展的"发现教育"实践的背景依据

1. 推进教育信息化、现代化的时代要求

《中共中央关于制定国民经济和社会发展第十四个五年规划和二〇三五年远景目标的建议》明确提出了"十四五"时期建设高质量教育体系的战略任务。探索构建教智融合背景下的智慧教与学新模式,是新时代教育发展的要求。课题组提出的"数据驱动高质量发展的'发现教育'实践与创新"是推进教育信息化、现代化的必要实践。

2. 教育教学深化改革的应然

《国务院办公厅关于新时代推进普通高中育人方式改革的指导意见》明确提出要"创新教学组织管理""加强学生发展指导",要求"深化课堂教学改革……培养适应终身发展和社会发展需要的正确价值观念、必备品格和关键能力","帮助学生树立正确理想信念、正确认识自我"。《中共中央 国务院关于深化教育教学改革全面提高义务教育质量的意见》指出,要"融合运用传统与现代技术手段","精准分析学情,重视差异化教学和个别化指导"。"数据驱动"既能为教师的教育教学改革提供动力,又能有效激发学生自学的内驱力。打造"发现教育"是应和当下"以学生为主体"推进教育教学改革的发展趋势。

3. "五育"并举高质量发展的呼唤

"五育"并举提升综合能力,需要数据驱动推动教育手段创新,帮助教师提升教智融合背景下的教学组织实施能力,使学生从自我发现走向自我赋

能,享受自在成长乐趣的全流程、全维度的发展。学校以大数据分析作为"发现教育"的驱动要素,借助区域共享智慧教育平台,为学生提供适合的学习策略、成长策略、发展策略,真正实现学生"五育"并举、全面发展。

4. 根植中国传统教育理论肇端

《礼记·学记·学者有四失》有云:"人之学也,或失则多,或失则寡,或失则易,或失则止。此四者,心之莫同也。知其心,然后能救其失也。教也者,长善而救其失者也。"意在强调人在学习时的心理状态不同会造成不同的问题,教师必须"知其心",做扬长避短、补偏救弊的工作,以促进学生的正常发展。"知其心"而长善"救其失",即为星海"发现教育"的理论源泉之一。

二、数据驱动高质量发展的"发现教育"实践的内涵特征

数据驱动下的"发现教育"创新实践立足数据平台,变革教与学的方式,对教师由尊重到发现再到成就,促进学生由自我发现到自我赋能再到自我成功,让师生"人人成功、人人成星",实践"让教育成为发现与创造的艺术"。

1. 数据驱动

数据驱动是一种通过不断获取、整合、分析学习过程中的多模态数据,捕捉学习中多方的学情动态数据、分析数据之间的内在关系来发现教育的得与失,从而辅助提高教学水平、促进师生共生共长的手段。学校具体实践中的数据驱动是指依靠全面、可靠的数据及数据分析,遵循决策科学化、教育精细化、学习个性化和教学信息化的价值取向,指导教学精准适合,引导学生自学有方向、有成效。

2. 高质量发展

以"发现教育"为导向,立足育人根本,摸清发展方向,遵循教育规律,主动适应并把握新时代教育发展"一核四层四翼"评价体系新要求,通过数据驱动助推,提升教师创新思维和服务教育的关键能力;培养学生核心素养及终身发展能力;实现学校持续办好人民满意优质教育的理想,实现为党育人、为国育才目标。

3. 发现教育

"发现"是人类对自我的内在、具体性的自然及其整体的认识,包括

观察、研究、实践、探索等环节。"发现教育"一般是指教育者基于发现的基本原理窥察发展方向、遵循成长规律，以教育教学模式的改进为手段，以发现与激发学生共性和个性的潜能并促成其全面发展为目标的育人活动。学校具体实践中的"发现教育"是指吸纳已有理论，在教智融合背景下以"发现人，唤醒人，发展人，成全人，成功人"为价值取向的教育教学实践，它的最终目标是培养"阳光自信、身心健康、学业精进、智慧优雅"的星海师生。

4. 数据驱动高质量发展的"发现教育"实践

"发现教育"是以"发现人，唤醒人，发展人，成全人，成功人"为教育价值取向，要求教育者基于试水、畅游、深潜的发现基本原理、教育的发展规律及学生的身心发展规律，尊重客观事实，运用整理、分析、实践、研究等方法，寻找到前人尚未发现的事物，揭示事物显现或隐现的规律，以发现和激发学生的潜能并促成其自我发展为目标的育人行为。"发现教育"以大数据分析作为驱动要素，通过大数据科学分析，促进教师从数据分析中发现教学得失，发现个体的品质，挖掘个体的潜能，主动转变教育教学方式、应和新时代教育发展"一核四层四翼"评价体系新要求，开展适合教育，优化教育资源和育人实践范式，激发师生主体发展的内生动力，使教育更加科学化、方向化、精细化、个性化、高效化。"高质量"是数据驱动发展的关键目标，其内涵是更有力地促进学生自我认知，激发学生自主探究、大胆质疑，多途径、创新性地发现问题、解决问题，不断提升学生的综合素养，为初高中学生与家长提供更新、更好的高质量教育和服务，强劲推动学校整体性教育内涵的高品质发展。

三、数据驱动高质量发展的"发现教育"实践的发展目标

（一）意识强化

明确数据驱动对深化教育教学改革的能动作用，将数据运用与分析作为打开新时代教育教学改革新局面的引擎，引导教师树立以测评数据指导精准施教的意识，引导学生规划自我发展的意识。

（二）方式建构

聚焦学习全过程，创新开发数据驱动下的多元举措。用"发现"这一核心主张黏合教与学，以尊重、发现、成全、成功作为育人的四步路径，

让学习成为自我发现和自我塑造的过程。

（三）能力培养

教师层面，提升教师参与教学改革的能力、信息技术与教学融合运用的能力、精准指导的能力等；学生层面，引导学生树立自主学习、自主赋能的意识，培养其适应社会的意识和能力等。

四、数据驱动高质量发展的"发现教育"实践的主课题

学校"十四五"主课题"数据驱动高质量发展的'发现教育'实践与创新"为江苏省教育科学"十四五"规划课题。课题秉承"让教育成为发现与创造的艺术"的办学理念，从教育的源头着眼着手，提出以"发现教育"引领育人实践的主张，在"五育"并举中做到知行合一，以"发现观"尊重学生、尊重生命，以"发展观"重构教育教学行为，以"创造观"赋能学生素养提升。在赋予"发现教育"以学校特色的同时，创新形成基于"发现—发展—创造"成长路径的育人实践价值链、实践场和机制轴，为新时期中学育人方式提供学术实践融合样本。

（一）研究内容

课题以教智融合背景下大数据驱动的"发现教育"课程体系研究、教与学范式研究、案例研究、评价体系研究为主要研究对象和内容，通过翔实的文献研究、调查报告等确定整体上的研究方向，通过数据驱动的"发现教育"课程体系研究、教与学范式研究，构建富有本校特色的"发现教育"课程序列和育人模式，并从多个维度遴选典型主体开展案例研究，使课题研究能够科学、规范、有效地推进。其内容框架如图1所示。

（二）研究重点

1. 数据驱动"发现教育"课程体系研究

对国家课程、校本课程进行"数据驱动"，在"发现教育"视域下进行有机统整，践行新课程理念，构建以基础性课程、特色化课程、自主性课程为主要内容的促进学生从自我发现走向自我赋能、自我成就的教育高质量课程体系。

2. 数据驱动"发现教育"教与学范式研究

注重加强顶层设计，研究建构教智融合下的"发现教育"理念体系，规范数据驱动下"发现教育"的课堂实践表征，以转变教与学的组织方式

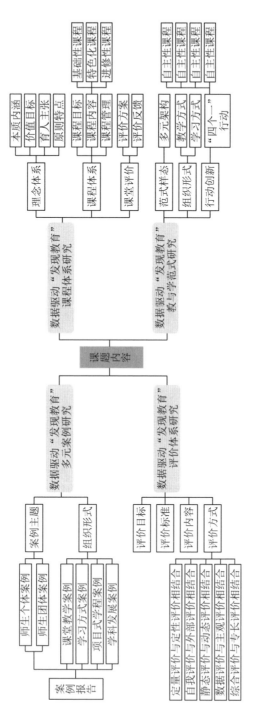

图1 课题研究内容框架

为路径促进学生能力素养的有效提升。

3. 数据驱动"发现教育"多元案例研究

从确定案例研究维度、确定案例研究对象、制定案例研究程序、形成案例研究报告等方面开展多维度的案例研究，呈现课题研究的优势与问题，为及时把握研究进程、不断完善研究方法提供更有力的支持。

4. 数据驱动"发现教育"评价体系研究

对"发现教育"的全过程进行评价，构建科学全面的评价体系，把定量评价和定性评价紧密结合，发挥评价量表等多种评价手段的作用，以"发现教育"的过程评价引导"发现教育"的研究。

（三）研究思路

学校将从文献梳理、现状分析入手，进行调查分析，开展实践探索，逐步形成"发现教育"理念下教与学的新样态，并在不断的反思和总结中提炼出独特的契合时代育人要求的课堂教学经验。

研究的路径大致可以表述为：概念界定与解读—现状调查与分析—实践探索与创新—案例分析与优化—经验总结与推广。（图2）

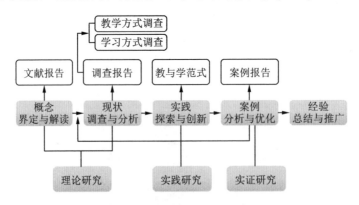

图2 课题研究思路示意图

研究思路的具体主题有以下四点。

1. 以科学论证为研究引领

深化文献研究，充分论证核心概念，研判和凝炼课堂教学的理念与主张，确保科学性。邀聘领域内专家进行长效指导。

2. 以课堂行动为研究抓手

立足课堂教学行动，进行整体研究、切片研究，实现课题研究的动态发展、适合发展、可持续发展。

3. 以评价创新为育人导向

把创新评价改革作为课堂教学改革的必要部分，并通过对评价体系的创新建构，突出课堂教学育人的时代性。

4. 以规范管理为研究保障

做到科学设计、制度健全、有序推进、规范管理，通过有效、高效的课题管理，提高课题研究的效率。

（四）研究方法

1. 文献研究法

前期阶段，开展细目化文献研究，借鉴已有的研究成果和经验教训，形成各自类别的文献报告，为课题研究提供理论框架和方法论。

2. 调查研究法

通过访谈、问卷等方式调查课堂教学亟待解决的问题，了解教师、学生等各方人员对新时代基础教育改革背景下课堂教学的诉求。

3. 案例研究法

聚焦教师的教学与发展、学生的学习与发展、课堂评价的作用，形成案例，通过对案例的潜心研究与分析，为后续研究提供样本。

4. 行动研究法

制订行动方案，用以指导教师课堂实践，并根据出现的新问题，进一步调整和完善实施样态，在行动中研究，在研究中提高。

五、数据驱动高质量发展的"发现教育"实践的成果突出

学校立足数据平台，变革教与学的方式，对教师由尊重到发现再到成就，促进学生由自我发现到自我赋能再到自我成功，让师生"人人成功、人人成星"，实践"让教育成为发现与创造的艺术"。数据驱动高质量发展的"发现教育"实践在多个领域成果突出。

（一）课程体系

着力将国家课程、校本课程进行"数据驱动"，在"发现教育"视域下进行有机统整，构建以三大课程类型为主要内容的促进学生从自我发现

走向自我赋能、自我成就的课程体系。这三大课程类型分别是基础性课程、特色化课程、自主性课程。

1. 基础性课程

以国家课程为主,注重结合区域特点、学校特点、学生特点,适时转变教育教学思想、教育教学方式、教育教学技术,突出"数据驱动"对于高质量课堂、高质量育人模式的有效作用。

2. 特色化课程

围绕国家课程的实施,校本化开发具有"发现教育"特色的课程,特别是基于项目式学习(project-based learning,PBL)的基本理念,为学校已有省、市课程基地开发多元化课程,满足更多学生的发展需求。

3. 自主性课程

有效借力区域"易加学院"智慧教育枢纽,开发形式多样、内容丰富、层次鲜明的网络课程资源,打通线上教育和线下教育的隔阂,让学生在自主学习中习得自我规划能力。

（二）教学范式

全面变革教与学的组织形式,开展特色鲜明的教与学范式研究。着力推出数据驱动下"一图、一册、一课、一院"的"四个一"创新行动,打造"以学习者为中心"的"1+1+X"学习模型（图3）。

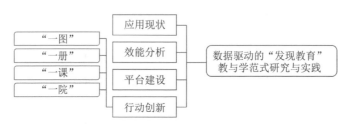

图3 "1+1+X"学习模型

1. "四个一"创新行动

"一图"。为学生绘制直观体现学情的三色图（图4）、雷达图等,并研发适合不同学段的学情跟踪定位系统（learning situation tracking and positioning system,TPS）（图5）,即彩虹图,帮助教师、学生进行宏观和微观分析,明确优劣得失,以及共性与个性问题。

总分	语文	数学	英语	物理	化学	生物	地理	总分	语文	数学	英语	物理	化学	生物	地理
421	127	189	105	A+	A			408	117	182	109	A+	A+		
418	129	184	105	A+	A			396	114	177	105	A+	A		
415	127	183	105	A+	A			392	107	172	113	A	A		
414	122	189	103	A+	A+			390	112	172	106	A+			
413	128	179	106	A+	A			380	113	160	107	A+	A		
413	126	181	106	A+	A			370	110	154	106	A+	A		
410	123	192	95	A+	A			371	109	161	101	A+	A		
408	129	177	102	A+		A		401	129	166	106	A+			A+
407	131	168	108	A				383	117	156	110	A		A	
407	127	179	101	A+	A+			377	108	159	110	A+	A		
406	120	180	106	A	A			371	107	160	104	A+	A		
406	125	172	109	A	A			390	116	168	106	A+	A		
406	120	181	105	A+			A+	380	118	157	105	A+			A
405	121	175	109	A+	A			374	114	154	106	A+	B		
405	127	169	109	A		A		390	125	156	109	A		A	
404	125	171	108	A+	A			356	118	127	111	A	A+		
404	124	176	104	A+	A			394	116	174	104	A	A		
403	121	178	104	A+	A			382	107	171	104	A	A		
402	114	181	107	A+	A+			395	120	170	105	A+	A		
402	123	170	109	A+		A		376	113	153	110	A			A+
401	121	174	106	A+	A			391	113	169	109	A	B		
400	112	182	106	A+	A			375	99	176	100	A+	A+		

图4 学情三色图

	TPS	位比	占比
绿色区域(超越星辰)	A	100—92	0.08
	B	91.99—82	0.1
	C	81.99—72	0.1
黄色区域(星际穿越)	D	71.99—52	0.2
	E	51.99—32	0.2
红色区域(星际迷航)	F	31.99—22	0.1
	G	21.99—12	0.1
	H	11.99—0	0.12

图5 学情跟踪定位系统

"一册"。基于数据制定个性化的学习手册，升格传统的错题集，改变机械记录下的低效现状，提高改薄强基的针对性，为教师制订分层学习方案提供准确的依据。

"一课"。大力推广基于测评数据分析的讲评课，组织编制以情境具象、数据分析、对话省思为显性特征的教学操作指南，实现课堂教学的精准导向，形成能力提升的清晰路径。

"一院"。积极投身教智融合"易加学院"项目建设，让学生利用智慧教育平台自在地规划、建设"学习者社区"，明确自主需求，以数据为引导，靶向整合资源及课程，让学习内需内化。

2. "1+1+X" 学习模型建设

积极发挥信息化在教学改革中的驱动作用，有效运用新理念、新技术、新方法，建设以"学习者为中心"的混合式学习模型——"1+1+X"：两个"1"分别指"学习者，即学生"和"助学者，即教师"，"X"指"伴学者，包括同伴、家长、社会主体（资源）等"。以学习者为中心，在组织形式上将独学、群学相结合，在习得路径上将线上与线下相结合，在学习主体上将自学与助学相结合，让教师和家长让出学习中心位，做好助学者和伴学者。

（三）开发案例

学校从确定案例研究维度、确定案例研究对象、制定案例研究程序、形成案例研究报告等方面开展多维度的案例研究，呈现问题，以不断完善数据驱动高质量发展的"发现教育"实践方法和运行机制。（图6）

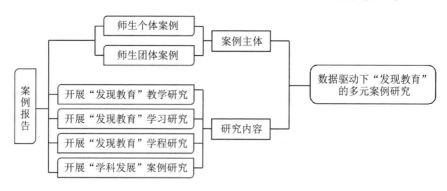

图6 "发现教育"实践方法和运行机制

第一，从学生主体角度，开展学生个体案例研究、学生团队案例研究。

第二，从教与学的组织形式角度，开发"发现教育"下的课堂教学案例，科学制定课堂教学观察量表，开展主题式课堂案例研究活动，聚焦落实效果，建立及时有效的反馈机制，形成有指导价值的一般化方案；开发"发现教育"下的学习方式案例，着眼于学生学习模式研究过程，审视"自我发现—自我赋能—自我成就"学习链条的有效传导，开展与传统学习方式的比较分析；开发项目式学程设计案例，引导教师从教学设计走向学程设计，以项目式学程设计的开发作为案例研究，比较分析项目式学程开发对学生学业发展、能力素养提升等的实效；开发学科发展案例，有步骤、有序列地开展适合学科本质的学科案例研究，大面积改进知识的课堂表达方式，逐步形成具有共性特征的教学模式。

（四）评价体系

根据新时代教育发展"一核四层四翼"评价体系的新要求，以"学生发展需求"为导向，组织制定适合的评价方式。立足评价的方向性、科学性、激励性等基本原则，突出可视化特点。在方式上着力做到"五个结合"。

1. 定量评价与定性评价相结合

关注学习成长的全过程，基于不同的学习内容和能力要求，合理平衡与划分定量评价和定性评价的适用范围及比重。

2. 自我评价与外部评价相结合

关注自我赋能与外部激励的协调，基于自我评价与外部评价之间的差异和共性，更全面地发现自我的得失。

3. 静态评价与动态评价相结合

注重学生能力素养增值，在关注目标达成程度静态评价的同时，把学生过程性的能力发展作为动态评价的重要衡量指标。

4. 数据评价与主观评价相结合

创新信息化方式，及时、广泛、精细和可信地采集反馈评价数据，将主观评价的人文关怀与数据评价的客观精细有机结合，助力学生健康发展。

5. 综合评价与专长评价相结合

关注学生在德、智、体、美、劳各方面的发展，落实"五育"并举。鼓励学生在全面发展的同时凸显专长，持续输入发展动能。

六、数据驱动高质量发展的"发现教育"实践的价值意义

（一）理念创新：丰富"发现教育"的体系化和样本化

学校从"发现教育"出发，建立了"数据驱动""高质量发展""学生自我发展"等关键概念之间的逻辑联系，并将建立"发现教育"下数据驱动学校高质量发展的教智融合样本，进一步丰富"发现式学习""发现教育"的方法论，让"发现教育"有效助推学生从知识捕捉升华到能

力获取。

(二) 行动创新：激发学生发展的内驱力和自主性

通过开展"四个一"创新行动，从数据驱动角度，从学生学习这一中心出发，重构教与学的关系。贯通从课堂到课后、从线下到线上的数据化学习场，为学生提供更为真实、灵活、自在的学习空间，真正让学习成为学生自我发展、自我成就的有机过程。

(三) 技术创新：提升教智融合的贴合度和精准度

学校参与设计开发了学习数据分析系统，能够提供较为清晰、准确的学生学习图谱，为数据化课堂的组织实施提供较为全面的技术支持。学校依托正在开发升级的区域智慧教育枢纽，全面打造"发现教育""大数据+教育"的立体化样态，提升教智融合的贴合度。

"发现教育"是星海深化教育教学改革的持续行动。办好人民满意的教育品牌，追求可持续的高质量发展，是星海教育的不懈动力。学校围绕教智融合背景下教与学关系的改革，以学习大数据的有机应用为驱动力，通过价值引领、文化奠基、制度建设、行动创新，有效唤醒和发现全体师生的价值与潜能，以师生双维"发现教育"的深化，形成数据驱动下具有鲜明信息化表征和核心素养养成的高质量教育发展新模式，进一步促进"四有"好教师队伍建设，切实落实立德树人的根本任务和"和远·毅行"时代新人的培育目标。

"星晖耀海" 发现好教师团队建设成长路径

马云秀

教育大计，教师为本。培养党和人民满意的好教师，是培养中国特色社会主义事业建设者和接班人的根本要求，是办好人民满意教育的迫切需要，是实现中华民族伟大复兴中国梦的重要保障。为深入贯彻习近平总书记关于"四有"好教师、做学生引路人的指示精神，星海实验高级中学致力探索建设一支高素质、专业化、创新型的教师队伍。"星晖耀海""四有"好教师团队坚持"立德树人"根本任务，以校党委书记周晓阳为领衔人，由名特教师、骨干教师和优秀青年教师组成，紧密结合"发现教育"建设，通过多举措、多路径开展实践探索，构建"融和、致远"的育人文化，推进"高原筑峰"人才建设，坚守为党育人、为国育才的教育理想。

一、团队特色和建设目标

在"发现教育"理念下，我校"星晖耀海""四有"好教师团队建设主要体现四大特色：一是"发现教育"，深化教与学的黏合度，走好具有星海特色的育人、筑峰之路，让团队建设有方向、有路径、有样本、有影响；二是精准施策，亮新招、出实效，推进"一核八环"教学管理，以"高原筑峰"为核，以分层教学、精编校本、限时分层作业、强化阅读、突出自主、精心辅导、精准指导、精确疏导为环；三是骨干引领，梯队层次合理，推进省级名师工作室建设，构建青年教师成长阶梯模式，在团队骨干的引领下，深入推进团队"青蓝工程"和"青年先锋队"建设，优化青年教师"三转"培养机制，通过多路径传帮带，绽放团队教师成长活力；四是协同共享，扩大资源辐射，学校聚焦"高原筑峰"，在"四有"好教师团队的引领下，学校进一步构建名师学术委员会、青年先锋队、"高原筑峰"行动队等，达成团队引领下的校内辐射，同时通过构建区内学校共同体，组建星海教育集团、"科创+学院"，以及对口援建、扶贫支教等，形成团队引领下的区域辐射，助推区域教育高质量发展。

"星晖耀海""四有"好教师团队以聚焦"高原筑峰"行动为主要建设目标，以特色激发办学活力，以质量丰硕学校品牌。一是坚定立德树人信念，树立科学教育发展观，让"星晖耀海""四有"好教师团队成为师德师风的典范；二是优化课堂教学方式，强化以生为本教育观，让"星晖耀海""四有"好教师团队成为学科育人的先锋；三是增强教师自我赋能意识，建立大学科研究观，让"星晖耀海""四有"好教师团队成为专业发展的榜样；四是发挥教育示范作用，增强区域教育辐射性，让"星晖耀海""四有"好教师团队成为引领教育的标兵，努力在新时代新征程上实现团队的高品质提升与学校教育乃至区域教育的高质量发展。

二、建设路径和建设成效

(一) 砥砺道德情操,淬炼精神品格

1. 党建引领,固本立根铸魂

以习近平新时代中国特色社会主义思想为指导,围绕"为党育人、为国育才"的中心,以"不忘初心、牢记使命"主题教育和党史学习教育为契机,以"心连星"党员工作坊为项目建设主体,推动"教育益家行动""教育扶贫行动""廉洁清风行动""党员先锋课行动""教育集团(共同体)行动"五大行动,进一步做亮"心连星"党建品牌,做优"两在两同"建新功"星耀红浦"行动,做强"党建引领校社协同育人"项目,增强党组织在教育教学、立德树人、服务群众过程中的凝聚力和战斗力。

2. 理想教育,增强四个自信

深入开展理想信念教育,通过书记党课、党员教师示范课、党校团校的学习,增强师生的中国特色社会主义道路自信、理论自信、制度自信、文化自信,推进社会主义核心价值观内化于心、外化于行。

3. 弦歌不辍,传诵星海故事

组织全体师生发现身边典型,开展"讲好星海故事,传递星海好声音"活动,传承和实践星海精神。1名教师获评2021年苏州市最美劳动者,2名教师获评苏州市优秀教育工作者,"星海故事"音频在苏州生活广播FM96.5播出,《星海故事》刊印成册,为众人所诵读。"四有"好教师团队成员眼光前瞻地把培养"和远·毅行"的时代新人作为育人目标,努力在发展的前瞻性和引领的辐射性等方面带动兄弟学校教师一起行动,共同推动区域教育高质量发展。

(二) 综合项目推进,提升育人能力

1. 5个引领,打造名师工程

借鉴苏州市"名师共同体"及苏州工业园区"骨干教师共同体""名师工作坊"等模式,通过制度引领、活动引领、课题引领、培训引领、辐射引领5个引领,充分发挥骨干教师的"头雁效应",开展教学示范、专题讲座、课题指导、论文指导等,起到了"带动一校,辐射一片,影响一面"的引领示范作用,提升学校整体办学品质。同时,紧紧围绕师德师风、教学能力、教研能力三大领域,组织开展教师全员岗位练兵、教学技

能达标、学科名师评选等活动，教师专业化水平大幅度提高，骨干教师群体不断壮大，一批名教师、带头人、领军人才等脱颖而出。

2. "三转"激发，绽放青年活力

学校组建了一支由工作5年内教师组成的青年教师先锋队，以"三转"为机制核心释放青年教师专业成长活力。一是"自转"：通过榜样激发热情、制度规范行为、课例助推成长、阅读积累学识等举措，激发教师自身专业成长的内驱力；二是"公转"：发挥团队优势，在学校管理、德育、教学、科研等方面开展集体活动，提升团队合作研修的学习力，助推青年教师成长；三是"升转"：依据教师专业成长三级目标，通过微信传媒推介、科研简报推介、见习考评推介、年度人物推介、优秀师徒推介等路径，激励青年教师实现"升转"。一批青年教师在省或市基本功、优质课比赛及中小学教师专业素养竞赛中脱颖而出。

3. 提能增智，促进专业成长

抓活"三格"培养，即新进教师"入格"培养、入门教师"升格"培养和骨干教师"风格"培养，因材施训和分层培养，促进教师更新知识、完善技能、提高水平；抓好"青蓝工程"，通过推行师徒多重结对制、教师成长档案袋、青年教师"三课（原生课、提高课及汇报课）过关"制及召开青年教师成长推进会等形式，构建教师成长阶梯模式，使师资成长和再成长形成系统工程；抓实"引智工程"，组织教师积极参加国培、省培、市（区）培及学校各类培训，将集中培训与校本研修相结合、专题辅导与讨论交流相结合、专题报告与观摩教学相结合、理论学习与课例研讨相结合，统筹规划，分层实施，动态管理，满足不同教师的个性化需求，增强人才队伍的整体活力。

4. 高原筑峰，培育精英团队

"团队引领+深潜研究+精准辅导"是学校优质发展的硬核，学校以"畅游式苏式课堂""发现教育"研究为契机，试水交流、畅游建构、深潜探究、发现实践，让教学设计更精致、课堂生成更灵动、师生互动更圆融、育人成效更厚实。在行政管理、教育教学、辅导研究、各类竞赛等方面，学校培育了一批精英团队，如奥赛辅导团、科创辅导团、高校辅导团、生涯教育团、心理辅导团等，精英团队的成员们奋斗在管理部门和教学一线，理论研究、竞赛辅导、学生帮扶等工作齐抓共管，达成教师人才建设"高原筑峰"。

5. 人文关怀，润物于无声处

坚持教书与育人相统一、言传与身教相统一、潜心问道与关注学生相统一，针对学生个性需求，教师提供小方桌辅导。每天中午和下午的自习课上，教室外走廊上，一张张桌子旁，师生辅导的场景成为校园里最亮丽的风景线。时至今日，学校"小方桌的故事"已经延续了20年，还有"延时服务"的关爱，从德、智、体、美、劳全方位关心爱护学生。

（三）创新协同育师，促进城乡一体

1. 多措并举，帮扶落地扎根

学校把"四有"好教师团队建设与扶贫扶弱、城乡一体相结合，利用优质带动、名师引领和经验推广等路径，通过对口援建、扶贫支教、区域内共同体交流等举措，助推教育均衡发展。学校先后派教师赴江西省弋阳县第一中学，贵州省松桃民族寄宿制中学，新疆维吾尔自治区霍尔果斯市苏港高级中学、国门初级中学，西藏自治区林周县中学等校开展支教与合作，通过"半月论坛""苏式课堂""名师工作坊""主题读书""拔尖育苗"等行动，推进项目互助共建。2019年和2021年，学校2名教师积极响应上级援疆号召，主动到南疆开展为期一年半的支教工作。2023年4月，学校和霍尔果斯市国门初级中学举行远程教研互动课堂暨教育质量提升工程启动仪式，就实现两地教育质量共升共赢开展线上交流合作，构建两地有限距离、无限空间的教、研、训一体模式。

2. 搭建平台，探索同频共振

作为苏州工业园区初高中学校共同体的领衔学校和苏州工业园区首批课程基地，学校和园区内其他3所高中校、2所初中校是共同体建设学校，学校也是江苏省名校联盟之初中联盟校成员，借助苏州工业园区初高中骨干教师共同体、学科联盟、高中名师高研班和苏州市名师后备班等力量，在管理理念、教科研究、开课观摩、评课研讨等方面搭建平台，为培育卓越团队、优化教师发展提供强有力的保障。

3. 融和致远，实施集团战略

2020年9月8日，由星海实验中学、星海小学、胜浦实验小学、星浦实验中学（在建）、星浦小学（拟由星浦学校改制而成）等5所学校组建而成的星海教育集团与学校"四有"好教师团队同步成立，目的是实现优质教育在区域的辐射，使集团内的学校和教师共促提高，让优质教育覆盖更广阔的区域。同时，为充分融入区域教育集团式发展格局，"星海+科创中心"也应运而生，联盟学校协同探索集团化办学，推进区域教育优质、均衡、高位发展。

集团各成员校发扬自身办学特色和优势，通过中层管理互通和师资培训互通等方式进行集团规培，以项目推进、合伙人研究等方式，推进星海"四有"好学生、星海大讲堂、星海故事会、星海之道等育人项目和研究，并通过"四化"（基础规章制度一体化、学校文化建设多元化、教育教学资源共享化、集团教师交流常态化）、"五联合"（联合师训、联合科研、联合评比、联合比赛、联合宣传）等多元路径来加强集团管理，共同探索一条"管理共通，师资共享，资源共建，质量共享"的集团化办学新路。

4. 协同共享，创新共建机制

在实施集团发展战略的同时，学校还利用"三个组织"来构建创新协同机制。一是成立星海教育集团理事会，沟通协调集团各项事务、发布共享资源、组织集团活动等；二是设立集团学科建设共同体，沟通各校学科建设、课程教学进度、教学质量监测和师生考核评价等；三是建立集团教师成长发展指导团，指导团由集团内特级教师、名师及名校长、学科带头人等组成，负责组织教师研训、学科评比、教师管理等工作，形成各校承担、分工负责、合作共赢的良好局面。

5. 高校合作，互助共进共赢

学校不仅是南京大学、同济大学、东南大学等高校的优质生源基地，还作为首批江苏省教师发展基地示范学校，与苏州大学、华东师范大学等高校建立合作关系，聘请高校专家指导教师专业发展和学校教育教学管理。未来拟推荐优秀教师担任高校兼职导师，把"引进来"和"走出去"更好地结合，让名师更好地发挥示范引领作用。

（四）建设团队文化，提升内涵品质

1. 团队文化，实现知行合一

"四有"好教师团队成员在教育教学课题、案例、论文等方面形成了系列化、可视化的研究成果，并专题式结集成册。2021年，《二十年磨一剑：星海实验中学教师内涵提升实践》出版，该书汇集了学校近几年课题研究的重要成果，剖析了学校名师工作研究案例，探究了优秀教师的专业成长轨迹和规律，展现了学校在促进教师专业发展领域的新思考、新实践、新成就。

2. 整合资源，发掘办学内涵

学校通过整合隐性文化和显性文化，建立荣誉墙、文化长廊等，发掘办学内涵，推介教师教育格言和先进事迹，增强全体师生对主流价值观的认同感，营造积极向上的校园精神风貌；学校通过整合师生团队文化，开展师生文体活动，促进师生提升"星海气质"；学校通过整合社区文化与学校文化，以义务咨询、展板宣传、歌舞汇报等形式向社区展示学校风采，发挥学校在社区的辐射作用。

3. 项目建设，辐射办学品质

精心做好省级品格提升工程、省级信息技术学科发展创新中心、省级地理学科发展示范中心、科技教育申请区级内涵建设项目、体育特色项目申请区级内涵建设、"强基计划"申请区级内涵建设等项目申报和实施工作，进一步激发学校的办学活力，辐射学校的办学品质。

4. 课题研究，构建良好范式

作为苏州市重点培育对象，学校"星晖耀海""四有"好教师团队发挥学校资源优势，为区域教师发展提供了良好范式。2021年11月，学校"'星晖耀海'好教师团队引领区域教师发展的路径研究"作为中小学教师发展研究专项课题成功通过区、市级审核，参加江苏省"十四五"教育科学规划课题的申报。课题研究立足于推动区域教师专业个性化发展，推动区域学校发展共同体建设，推动区域学生高质量教育公平，促进教育优质均衡发展，促进区域社会经济与文化和谐高质发展。

5. 眼光前瞻，助推区域发展

作为区域内的品牌学校，学校近几年的本一录取率稳定在98%左右，985高校、211高校录取率分别稳定在35%、65%左右，同时学校还通过"星海+科创中心"、"星系列"五大行动等举措，眼光前瞻地把培养"和远·毅行"的时代新人作为育人目标。与区域内兄弟学校建立发展共同体，更有必要也更有可能在发展的前瞻性和引领的辐射性等方面带动兄弟学校教师一起行动，共同推动区域教育高质量发展。

习近平总书记用"铺路石"来形容教师，强调"教师要时刻铭记教书育人的使命，甘当人梯，甘当铺路石，以人格魅力引导学生心灵，以学术造诣开启学生的智慧之门"。在"四有"好教师团队的引领下,星海教师始终牢记"星晖耀海""四有"好教师团队使命,以高度的热情投入每天的工作、学习和生活,为学校高质量发展探寻路径,做新时代教育道路上的奋斗者和引路人!

"发现教育"理念下涵育核心素养的美育实践与研究

范红梅

"发现教育"一般是指教育者基于发现的基本原理,窥察发展方向、遵循成长规律,以教育教学模式的改进为手段,以发现与激发学生共性和个性的潜能并促成其自我全面发展为目标的育人活动。"发现教育"理念下的美育,是审美教学与美感教学相融合的教育形式,是培养人具有美的理想、美的情操、美的品格和美的素养的综合教育。通过教育提升人们认识美、理解美、欣赏美、创造美的能力,是新时代培养德、智、体、美、劳全面发展的社会主义事业的建设者和接班人的重要着力点,在"立德树人"方面发挥着独特的、不可替代的作用。

一、渊源:涵育"发现教育"与美育课程的前世今生

"发现教育"根植于中国传统教育理论。《礼记·学记·学者有四失》有云:"人之学也,或失则多,或失则寡,或失则易,或失则止。此四者,心之莫同也。知其心,然后能救其失也。教也者,长善而救其失者也。"意在强调人在学习时的心理状态不同会造成不同的问题,教师必须"知其心",做扬长避短、补偏救弊的工作,促进学生的全面发展。"发现教育"的思想渊源亦可追溯到古希腊哲学家苏格拉底的"知识助产术"教学方法和近代西方教育家卢梭、第斯多惠、斯宾塞等人的教学主张。当代广泛采用的发现教学法是美国教育家布鲁纳积极倡导的。

(一)"发现教育"的现状

目前"发现教育"数字化教材在北美和欧洲的普及程度较高,其倡导学生与教材间的互动体验、注重形成性评价和数据反馈指导、关心学生个体学习差异、关注学科知识和实际生活的关联性、重视学生在问题解决过程中的参与度等理念值得我们借鉴和学习。① 国内的"发现教育"作为一种整体教学实践用以促进教师教学行为的转变,出现的时间要迟得多。而从中国知网所检索到的资料来看,国内较早提出"发现教育"理念并进行整体实验基本是在 2012 年之后,主要学校有苏州市吴江区鲈乡实验小学、北京理工大学附属中学、四川绵竹实验学校等中小学校和一些职业院校,这些学校主要提倡三种发现——对"人"的发现、对"事"的发现、对"气"的发现,并或多或少地取得了整体教学实践的成果和成绩。

(二)美育课程的现状

如今不少学校的美育课程取得了一定的成效,但由于教育观念落后、管理制度不到位、缺少校园美育氛围的营造、师资力量不够、课程安排数量少、资金投入少、教学设施配备不全、只重视文化成绩、各类艺术活动开展得少、无法给学生提供表现的舞台、学科间的联系少、教学思路局限等,有的学校美育课程现状堪忧。

1. 时代需要与亟待提高的国民审美素养之间的落差是新时代学校美育面临的问题

时代需要美育。美育与时代发展有着紧密的联系,不同的时代对美育有不同的要求和期盼。随着人工智能时代的到来,越来越多的机械重复性劳动被机器取代,人的创造性和想象力在未来工作中将发挥越来越重要的作用。所以,如何让有限的生命变得更加美好和更有价值是我们必须面对的问题。

素养需要美育。随着物质生活水平的提高,人们有了更多的审美需求,然而在审美观念、审美经验和审美创造等方面,国民的总体水平相对较低。因此,以丰富人的情感、想象和创造力,促进人的感性和理性协调发展为旨归的美育,在当下及未来具有极为重要的价值。

---

① 周九诗,鲍建生. 美国"发现教育"数字化数学教材编写特点与启示[J]. 课程·教材·教法,2018,38(2):134-138.

2. 殊途同归，美育具有独特的立德树人价值和机制

将弘扬中华美育精神与时代发展需求相结合，培养学生的审美素养与人文素养是新时代学校美育的根本定位。但长期以来，艺术教育在现实中唯技术化的倾向还是普遍存在的，这使得艺术的情感陶冶、精神提升等价值难以实现。美育具有独特的立德树人价值和机制，美育不等同于德育，它不是以抽象知识和道德说理为手段的，而是通过具体生动的形象唤起学生的感知觉、情感、想象和理解，让他们在情理交融的审美体验与创造中实现情感的丰富和品质的提升。

3. "发现教育"理念下的美育载体不只是艺术，自然美、社会美、科学美等都应该成为美育的重要资源

早在1922年，蔡元培就提出，"凡是学校所有的课程，都没有与美育无关的"。随着教育目标的定位从知识传授转向关注学生整体发展，学科综合教学的价值和意义逐渐凸显。世界范围内开展的综合教学已经不止于从其他学科中挖掘美育资源，开展学科美育，而是更加强调围绕特定的主题，打破多个学科之间的界限，以培养学生综合运用多学科知识技能解决问题的能力和核心素养为目标导向。在"发现教育"理念下，大力开展以美育为主题的跨学科教育教学，不仅符合新时代综合课程的定位和价值，也是当今"五育"并举的应有之义。

二、阐释：涵育"发现教育"与美育课程的阐幽明微

（一）发现教育

"发现"是指经由观察、研究、实践、探索等途径，认知客观世界和主观世界，获得情感体验、专业知识和客观规律的过程。"发现教育"一般是指教育者基于发现的基本原理，窥察发展方向、遵循成长规律，以教育教学模式的改进为手段，以发现与激发学生共性和个性的潜能并促成其自我全面发展为目标的育人活动。"发现教育"理念下的美育，是审美教学与美感教学相融合的教育形式，是培养人具有美的理想、美的情操、美的品格和美的素养的综合教育。通过教育提升人们认识美、理解美、欣赏美、创造美的能力，是新时代培养德、智、体、美、劳全面发展的社会主义建设者和接班人的重要着力点，在"立德树人"方面发挥着独特的、不可替代的作用，而艺术教育则是美育最集中、最典型的形态。

（二）涵育

"涵育"是指通过综合实施"发现教育"引导下的美育实践，内涵化、系统化、多元化地提升和发展学生感受美、表现美、鉴赏美、创造美的素养和能力，培育具有文化自信、符合时代需求、怀有高尚道德、达成身心平衡的新时代中国特色社会主义事业的建设者和接班人。

（三）核心素养

核心素养是学生应具备的适应终身发展和社会发展需要的必备品格和关键能力，表现在人文底蕴、科学精神、学会学习、健康生活、责任担当、实践创新六个方面，突出强调个人修养、社会关爱、家国情怀，更加注重自主发展、合作参与、创新实践。美育的五大核心素养为图像识读、美术表现、审美判断、创意实践、文化理解。"发现教育"理念下的美育不仅重视个体的人文素养，也重视个体的艺术素养。

（四）"发现教育"理念下涵育核心素养的美育实践与研究

以"发现教育"的理念主张引领学校美育实践，通过课堂教育推进、体验项目设计、社会情境探寻、审美活动开展等方式，探寻中学生图像识读、美术表现、审美判断、创意实践、文化理解等五大美育核心素养的涵育培养和达成实现新路径，继而深化创新完善审美教学与美感教学、艺术教育与素质教育深度融合的美育培养模式，构建由美的理想、美的情操、美的品格和美的素养等综合要素构成的美育特色、实践范式，让美育成为学生享受自在成长乐趣的历程，引导学生从以学业为主走向"五育"并举，从自我发现走向自我赋能，为身心和谐的终身发展奠定美育基础。

三、价值：涵育"发现教育"与美育课程的融会通浃

（一）教育教学课程改革与建设价值

《国务院办公厅关于新时代推进普通高中育人方式改革的指导意见》明确提出要"创新教学组织管理"，"加强学生发展指导"，要求"深化课堂教学改革……培养适应终身发展和社会发展需要的正确价值观念、必备品格和关键能力"，"帮助学生树立正确理想信念、正确认识自我"。2020年12月7日，教育部召开贯彻落实新时代学校体育美育文件工作推进会。会议指出，要"把美育纳入各级各类学校人才培养全过程，贯穿学校教育各学段，培养德智体美劳全面发展的社会主义建设者和接班人"。这一关

于全面加强和改进学校美育工作的会议，为新时代学校美育教育改革和实践指明了方向。

(二)"五育"并举涵育核心素养的价值

"五育"并举提升综合能力，需要数据驱动推动教育手段创新，需要帮助教师提升教智融合背景下的教学组织实施能力；实现学生从自我发现走向自我赋能，享受自在成长乐趣的全流程、全维度的发展。学校以大数据分析作为"发现教育"的驱动要素，借助区域共享智慧教育平台，为学生提供适合的学习策略、成长策略、发展策略，真正实现学生"五育"并举、全面发展。

(三) 学校综合提升育人绩效高质量发展的价值

学校站在省级艺术教育特色学校起点上，立足"发现教育"，变革教与学的方式，通过对教师的尊重、发现、成就来促进学生的自我发现、自我赋能、自我成功。育人价值表现为在考试改革持续深入的背景下，美育通过审美活动陶冶学生的性情，促进学生人格的健全和完善，实现学生的全面发展，提升学生作为主体人的感悟、鉴赏和判断能力，提升学校育人、学生发展的绩效。

四、创新：涵育"发现教育"与美育课程的吐故纳新

理念创新：以原创力培育作为美育实践的抓手，密切关联"发现教育"理念，高度指向核心素养，深度关系学生的生活感悟与理解。

实践创新：创新师资建设，搭建创新平台，美育课程丰富多样，原创活动如火如荼，用"发现教育"重塑美育教育理念，发现潜能、发展潜能、展现潜能，星月交辉、各成精彩。

成果创新：学生原创作品类型丰富。通过活动、大赛、展演、展览、平台传播等方式，创建美育网络自主学习交流平台，将优秀作品汇编成册，出作品专刊，通过艺术场馆、校内外广播和"学习强国"平台等多元空间更好地传播美育成果。

五、目标：涵育"发现教育"与美育课程的勠力同心

(一) 总体目标：深度融合

坚持"以美育人、以美化人、以美培元"的育人目标，围绕"发现教育"下教与学的关系改革，以美育核心素养为驱动力，通过价值引领、文化奠基、制度建设、行动创新，有效发现和唤醒全体师生的价值与潜能，以师生双维"发现教育"的深化，形成"发现教育"下艺术教育与素质教育深度融合，促进美育核心素养养成的高质量发展新模式，切实落实立德树人的根本任务和"和远·毅行"时代新人的培育目标。

（二）具体目标：积沙成塔

1. 美育课程的建设目标

明确美育在立德树人中的重要作用，发挥"发现教育"对深化美育教学改革的能动作用，树立多元美育课程观、融合美育课程观。在国家课程、地方课程、校本课程中，聚焦学习全过程，创新开发"发现教育"下的多元举措，拓展美育资源空间、途径和载体，构建课堂教学、课外活动、校园文化、艺术展演"四位一体"的育人机制，用"发现"这一核心主张黏合教与学，将尊重、发现、成全、成功作为育人的四步路径，让学习成为自我发现和自我塑造的过程。同时，积极探索学校美育评价路径，有效解决教师、学生美育发展内生动力不足的问题。建立完备的学校美育评价制度、美育质量监测和督导机制，推动学校美育工作的开展，促进学生艺术素养和人文素养的发展。

2. 原创力的培育目标

深化师生的"发现教育"：教师层面，提升教师原创创新的能力、参与教学改革的能力、信息技术与教学融合运用的能力、精准指导的能力等；学生层面，引导学生树立自主学习、自主赋能的意识，培养自身适应社会的意识和能力等，实现学生从自我发现走向自我赋能、自主创作，享受自在成长乐趣的全流程、全维度的发展。

3. 校园文化建设的内涵及发展目标

校园文化建设的内涵是人们在社会实践中逐步形成的知识体系、价值观念、生存方式等的复合体。校园文化是一个学校发展的灵魂，是凝聚人心、展示学校形象、提升学校文明程度的重要抓手。校园文化建设对师生的人生观有着潜移默化的深远影响。"发现教育"理念下的美育，强调"课堂即作品"的理念，将美育成果渗透到学校的每个角落，无论是走廊壁画、墙面装置，还是美术馆展示、校园艺术节、师生原创文创义卖活动等，这些健康向上、内涵丰富的校园文化对学生品格的形成都具有渗透性、持久性和选择性，对于提高学生的人文素养、艺术素养，拓宽学生的视野，培养跨世纪人才具有深远意义。"发现教育"理念下的美育，力求提升校园文化的建设水平，让学生在树立主人翁意识的同时更有归属感、幸福感，实现"人人成功、人人成星"。

六、思路：涵育"发现教育"与美育课程的齐驱并进

从文献梳理、现状分析入手进行调查分析，开展美育实践探索，逐步形成"发现教育"主张下教与学的美育新样态，并在不断反思总结中提炼出独到的、契合时代育人要求的课堂教学经验。

研究的路线为：概念界定与解读—现状调查与分析—实践探索与创新—案例分析与优化—经验总结与推广。

研究的主题有以下四点。

第一，以科学论证为研究引领，深化文献研究，充分论证核心概念，研判课堂教学理念与主张，确保科学性，邀聘领域内的专家进行长效指导。

第二，以课堂行动为研究抓手，立足课堂教学行动研究，进行整体研究、切片研究，实现课题研究的动态发展、适合发展、可持续发展。

第三，以评价创新为育人导向，把创新评价改革作为课堂教学改革的必要部分，并通过对评价体系的创新建构，突出课堂教学育人的时代性。

第四，以规范管理为研究保障，做到科学设计、制度健全、有序推进、规范管理，通过有效、高效的课题管理，提升课题研究的效率。

七、建构：涵育"发现教育"与美育课程的分门别类

美育实践以"发现教育"为理念引领，立足立德树人，以涵育核心素养为根本，聚焦原创力的培育，统整美育课程建设、校园文化美育活动体系化建设、美育创新评价，提升美育实践的课程广度、育人厚度、文化深度，激发学生在自我发现、自我赋能、自我发展中提升艺术鉴赏能力、创新实践能力与个性表达能力，促进学生全面发展。

（一）课程的分门别类

研究的课程有以下三类。

1. 赏鉴类发现美育课程

以"发现教育"为行动支点，推动学校艺术教育改革走向深入。课程创新为学校教育的根，有效的课程创新不仅可以提高学生的综合素养，还有加强学校品牌建设、实现办学理念的重要作用。学校从发现艺术课程的价值、重构特色课程、发展师生等方面探索鉴赏类艺术课程在校园中的创新发展，推动学校艺术特色教学高水平发展。学校从课程层面引导教与学，进行艺术鉴赏课程的规划、实施、拓展和评价，促进师生的共同成长，实现师生认知、感受、理解与表达能力的提高。

2. 原创性创意实践课程

"融合非遗"领衔的"发现艺术"，包括蜡染、剪纸、掐丝珐琅等传统艺术的传承与发现；"致远原创"渗透的"创造艺术"，包括民乐、原创音乐、舞蹈等原创艺术。在"发现教育"理念的指引下，学校通过开展各种艺术原创性特色课程不断提升学生发现与创造的素养和能力。

3. 跨学科美育融合课程

在"五育"并举的形势下，学科融合成为素质教育的一种创新教学模式。学校通过跨学科课程融合，立足学生核心素养的发展，注重实施的情境性和实践性。项目式、主题式学习将美术、音乐、信息、语文、政治等学科内容进行整合和再次建构，鼓励学生在真实的情境中进行表达、交流和展示，增强学生对多元文化的认同感，帮助学生进一步增强文化自信，促进学生核心素养的提高。

（二）研究的平台构建

1. 整合多维资源

学校艺术组教师都是国画、油画、舞蹈、声乐、美术高考等方面的指导教师，他们分别成立了自己的特色工作室，在平时的教学与社团指导工作中逐步形成了师生发展共同体。艺术组教师在教科研上努力下功夫，参与和主持国家级与省级课题，2023年有两项省级课题和两项市级课题在研究中。

学校通过整合校内、校外艺术教育资源，拓宽艺术教育实践活动途径，丰富校外艺术教育资源，提升学校"发现教育"口碑。如参与"明·美术馆"画家现场绘画创作活动，与苏州文化艺术中心成立艺术教育研究站，与苏州大学艺术学院成立艺术教学实践基地，聘请苏州音乐家协会主席吴磊教授担任艺术实践指导专家，聘请苏州科技大学音乐学院院长黄祖平博士担任合唱指导专家，聘请苏州音乐家协会副主席、音乐创作委员会主任姜兴龙专家担任原创音乐指导专家，聘请苏州大学教授施建平来校指导蜡染社团工作，聘请甪直水乡服饰传承人周金海指导学校服饰设计工作，聘请吴氏剪纸传承人吴永林担任剪纸社团指导教师，聘请苏州滑稽剧团国家一级演员朱雪燕担任戏剧表演艺术指导，聘请苏州广播电视总台主持人王佳、苏州大学传媒学院播音主持专业副教授祝捷担任朗诵艺术指导，等等。学校还聘请校外音乐、美术等方面的专家定期来校上课、举办讲座，为青年教师开设观摩课、专题辅导讲座等。此外，学校还定期邀请上级教研员来校指导，进一步明确、规范艺术教育的方向和准则。

2. 建设高水平场域

学校按照教育部和省标规定配齐、配足艺术教育设备和活动器材，相关活动教室和场所正常向学生开放，在公共区域如海韵厅、舒乐厅、星悦排练厅、不远斋、一心居、艺恋坊等配置大量艺术器材供师生使用。学校艺术中心、星光路演音乐厅是学生展示艺术才华的舞台。学校还定期更换校园展厅主题布置，既有平面作品，又有立体手工作品。校园走道多媒体每日滚动播放师生艺术摄影作品、创意作品、校歌、经典歌曲等，使师生在星海校园耳濡目染艺术。

3. 搭建活动舞台

学校举办一年一度的校园文化艺术节，给学生搭建竞技与展示的舞台，"星海好声音"、迎新晚会等已经成为重要的校园文化特色活动。学校通过线上评选、现场快闪、汇报演出，全系列、高品质、特色化地展示优秀艺术作品，引领星海学子遨游艺术海洋，涵育星海学子对美的热爱和追求。每年辞旧迎新之际，学校都会举办隆重的跨年晚会，给星海学子提供展现艺术才华的舞台。

星海学子热爱中国传统艺术，曾经有学子因为喜欢蜡染而走上美术发展道路，在江苏省美术专业统考中取得了第八名的好成绩，并接受了苏州电视台的采访。星海学子造访景德镇制作陶瓷，穿越百年怡园会琴，参演话剧《谁主沉浮》，拍摄音乐形象宣传片《眼底江南，心上吴中》，走进创博会（中国·苏州文化创意设计产业交易博览会）非遗项目，更有艺术组参与指导的"创意变变变"节目走进了中央电视台。在"走出去"的同时,学校也"请进来",利用"高雅艺术进校园"的契机,学校邀请苏州国画院、苏州大学管弦乐团、苏州滑稽剧团等到校演出,进一步丰富学校艺术教育的载体。

学校还举办师生美术个展、美术文创义卖和音乐原创歌曲大赛等艺术活动。如开展校园"星SHOW"个展活动,涵盖了油画、国画、摄影、航拍等多种艺术形式。星海学子还在校园内原创手绘墙面,将心灵诉诸笔端。这些活动以新的教育形式,呈现星海艺术路上的新思考、新探索、新实践。学校通过这类艺术展演,让每个学生在"发现"身边艺术的同时也都能被"发现",综合塑造出学校"发现教育"理念下更高层次美的意境、生命的境界。

4. 培养特长学生

学校做好学生三年发展规划,以特长学生培养助力多元发展,并在确定案例研究对象、制定案例研究程序、形成案例研究的报告等方面开展多维度的案例研究。学校有一批学生成功考入清华大学美术学院、中国美术学院、中央美术学院、北京电影学院、北京舞蹈学院等国内一流艺术类高校。2021届有1名学生被北京电影学院录取;2022届有2名学生被北京电影学院录取,有1名学生被北京舞蹈学院录取;2023届有2名学生被清华大学美术学院录取。

学校开设艺术类社团,涵盖剪纸、掐丝珐琅、蜡染、舞蹈、书法、街舞、音乐剧等多个艺术领域,社团由校艺术专职和兼职老师主导,同时聘请校外艺术专家指导。目前学校蜡染社、文创社获评"苏州市十佳优秀社团",学校舞蹈团获评"苏州市中小学生十佳艺术团",学校民乐团获评"苏州市中小学生优秀社团"。一年一度的"星海好声音"是备受学生喜爱的经典活动,舞台上熠熠生辉的星海"小小艺术家"们给观众带来独特的视听盛宴,助演社团如MIX舞社、说唱社、Genus乐队等也用实力证明了星海学子的多才多艺。在戏剧文化的"发现与创造"中,星海学子见证了独属于他们青春的青涩、投入和张扬,定格了属于自己的星海色彩。

八、方法:涵育"发现教育"与美育课程的井然有序

研究方法主要有以下三种。

第一,文献研究法。通过各种途径查阅、收集和整理教育理论文献资

料，寻求先进教育思想如素质教育、艺术教育的理论指导，理清理论概念，提炼研究成果。

第二，实践分析法。制订实践方案，通过课程、活动等美育实践，对培育机制和课程建设的可行性进行研究分析，进一步调整和完善实施样态，在行动中研究，在研究中提高。

第三，案例研究法。通过美育原创力案例研究，形成学生三年发展规划的个案研究成果、社团课程建设发展情况的学生团体案例研究成果、校园文化特色活动案例研究成果、传统美育活动的效能价值研究成果。

2023年，学校成功入选第七批江苏省中小学艺术教育特色学校。学校以"人人成功、人人成星"为教育理想，以"让教育成为发现与创造的艺术"为教育理念，深入推进育人方式改革，创造性提出以"发现教育"引领育人实践的主张，创新完善艺术教育与素质教育深度融合培养模式，谋实奋进路径，实现育人突破，构建艺术教育特色，用"发现教育"重塑星海美育教育理念，发现潜能、发展潜能、展现潜能，星月交辉、各成精彩。

"发现教育"理念下中学生生涯规划优化及提升

黄 静

中学生是培育和践行社会主义核心价值观的重点群体。中学生生涯规划教育包含了大量的人生观与价值观教育内容，是基础教育不可或缺的组成部分，承载着立德树人、锤炼品格、涵养核心素养的功能，有利于激发学生的社会责任感，激励学生志存高远，提升学生的责任担当、创新实践意识，使学生实现自我认识、自我规划、自我发展。这与国家《普通高中课程方案（实验）》高中阶段培养目标所强调的"要使学生初步具有独立生活的能力、职业意识、创业精神和人生规划能力"高度匹配。星海实验高级中学生涯规划教育起步较早，连续7年被苏州市教育局确定为"苏州市中等学校生涯规划发展教育实践研究课题组核心组成员校",是中国教育发展战略学会生涯教育专业委员会理事单位,初步形成了具有星海特色的完全中学生涯规划教育,其中,安徽金寨、江西弋阳红色研学和上海高校科技研学之路已探索了11年之久,生涯规划教育展示研讨活动、生涯规划教育导师课已经打响品牌,在区域内具有较大影响。作为苏州工业园区唯一的完全中学,星海实验高级中学实施中学生生涯规划教育具有全学段覆盖优势。"发现教育"是以发掘、激发每个学生的潜能优势为核心,以培养创新创造人才为目标的育人活动。"发现教育"需要创造一种积极正向、鼓励探究的教育环境和氛围,使学生能够在此环境中正确地发现自我。基于学校实际,在生涯规划教育的实践探索中,星海实验高级中学确立了以"发现教育"为驱动、以"行思润志"为表达的完全中学生涯规划教育体系建构,将学生学段发展的时序维度与生涯教育内容维度二维链接,从初一年级到高三年级建构生涯教育目标体系,进行生涯教育课程开发,拓宽生涯教育途径建设,完善生涯教育评估评价,赋能发现、行思融和,润志致远。

一、进一步清晰完全中学生涯规划教育目标体系建构

(一)生涯教育总体目标

青年强,则国家强。当代中国青年生逢其时,施展才干的舞台无比广阔,实现梦想的前景无比光明。所以,新时代好青年更要切实做到"行思润志"。所谓行,指行动的过程重于实践、重于体验,生命的发展重于浸润、重于长远。所谓思,在于自知唤醒、反思探索、价值追求、人生励志,提升学生品质。行思结合,励志力行。学校"行思润志"生涯教育的总体目标是:坚持以人为本,以学生的个性特点和生命成长为逻辑起点,面向全体、尊重个性,重视人格培养和素养提升,通过建设、实施完全中学阶段生涯规划教育体系,指导学生发现自我、深化自我认识,激发学生学习潜能,培养学生学业和职业的规划能力,提高学生的生涯决策和管理能力,增强学生社会意识和社会参与能力,从而把教育与社会生活紧密关联,将学业发展和职业发展紧密关联,将个人发展和社会发展紧密关联,助推学生在实现自我认识的基础上实现自我发展和可持续发展,充分享受职业获得感、人生幸福感。

（二）生涯教育层级目标

生涯教育层级目标一般包括自我发展目标、生涯探索目标和生涯管理目标三个部分。根据完全中学学生年龄与身心发展的水平差异，星海实验高级中学的生涯教育目标以"唤醒自我—点亮梦想—提升品格"为轴线，细化初中段生涯教育目标和高中段生涯教育目标：初中阶段以唤醒学生的自我认知、点亮学生自我未来设想、提升学生规划意识为目标；高中阶段以唤醒学生的职业理想、点亮学生的价值追求、提升学生的核心素养为主要目标。（图1）

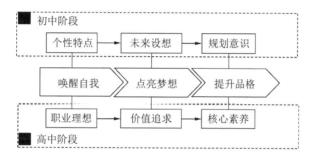

图 1　生涯教育层级目标示意图

初中阶段，围绕"成长与发展"主题，通过渗透和开展生涯教育，帮助中学生发现自我，了解自己的个性、兴趣、能力，塑造价值观念，培养社会责任感，了解社会职业的类型与需求等。

高中阶段，围绕"探索与管理"主题，通过开展和深化生涯教育，帮助学生形成职业认知与判断能力，使学生能够结合自身特点和社会需求确定人生目标价值追求，具备科学决策能力，提升核心素养。

从初中到高中，星海实验高级中学注重生涯教育的连续性实施，依托完全中学的优势，通过进行生涯规划教育的六年一贯制设计，更早、更好地发挥生涯规划教育对学生生存能力、生命成长、生命规划的导向作用，体现出生涯教育的层次性、发展性、系统性和可操作性。

二、进一步完善完全中学生涯规划课程体系建设

课程体系建设是生涯规划教育体系的载体。学校生涯规划教育课程体系包括研究性社会实践类课程、专业化生涯规划指导类课程、多元化自主

社团类课程、开放性国际理解类课程、新劳动教育类课程等。学校依托一系列课程，开展丰富多样的生涯教育活动，形成浓郁的生涯教育校园文化氛围。（图2）

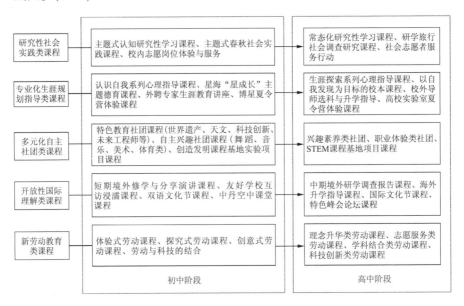

图2 完全中学生涯规划课程体系

（一）研究性社会实践类课程

1. 开设常态化研究性学习课程，深化自我发现，挖掘自我潜能

初中段依托课堂，以关注社会、了解风俗文化为重点，开发苏州地域特色文化研究性学习课程，如苏州桥文化研究、苏州园林花窗、长廊、楹联研究等，并设立世界遗产研究院、世博研究院等，构建院所文化。研究性学习课程可以使学生了解更多的社会文化内涵，从而激发学生的兴趣爱好，促进学生研究意识和高阶能力的发展。高中段制订研究性学习课程实施方案，方案涵盖课程申报、开题报告、研究过程、结题评选、成果展示及交流等环节，注重学生自我表达和社会关切，引导学生将个人兴趣爱好与社会发展的不同领域结合，助推学生社会角色的确立，增强学生的社会责任感。得益于常态化的研究性学习，学生普遍大有收获，学生在江西弋阳进行的多个研究性学习课题在苏州工业园区、苏州市的评比中斩获大奖。

2. 组织研学旅行，开展社会调查，凸显价值志趣，担当社会责任

学校推动春季、秋季社会实践课程化，初中和高中均将每年春季、秋季传统的外出游览转化为社会实践课程，使学生通过社会实践发现美、创造美，并进行主题化建构。其中，初一年级侧重于亲近自然，设置了劳动体验类课程；初二年级侧重于团队拓展，设置了角色体验类课程；初三年级侧重于勇于挑战，设置了感恩教育类课程等。高中段还突出研学社会实践类课程，如创建"追寻红色足迹 情系大别山区"综合社会实践活动课程、拓新"追寻红色经典 传承方志敏精神"研学实践教育活动课程等。学校将社会实践、社会调查研究课程纳入生涯规划教育视域，从生涯规划教育的角度统筹组织课程内容，突出社会实践和社会调查中的职业探索、生涯规划的目标和行动，让社会实践类课程有明确的生涯规划教育靶向。

3. 开展志愿服务活动课程

初中段以校园内的志愿服务活动为主，巧妙地将学生的自我德育、自我管理与生涯教育融合，设置礼管、车管、餐馆等志愿服务岗位，利用学雷锋纪念日等契机，开展社区服务体验活动，以增强学生的社会接触面，培育学生的服务与奉献精神。高中段侧重校外志愿服务活动。如常年定期走进敬老院，自主组织丰富多彩的敬老活动；定期走进娄葑街道，协同社区服务；定期走进博爱学校，关注特殊学生，走进特殊教育的世界；开展爱心义卖活动、绿色骑行活动；等等。这些志愿服务活动的组织实施，锻炼了学生的组织能力素养，激发了学生对生命的感悟，为其生命发展、生涯规划埋下了诸多伏笔。

(二) 专业化生涯规划指导类课程

1. 持续开展"职场精英大讲堂"活动

"职场精英大讲堂"是学校生涯规划教育的重要内容，也是加强家校合作、校社共建，优化三方资源有效配置的一大举措。在"职场精英大讲堂"上，大咖们或激情演讲，或演示实验，或娓娓道来，或语重心长，为同学们打开了未来职业生涯的一扇扇门。职场精英们走进校园，通过分享自身职业的成长，引领学生理解职业，培养职业兴趣。学生聆听导师的课程，反思探索自我，瞭望外部世界，培养与国家民族命运相连的志趣，发展与未来职业世界相配的能力，科学规划生涯，发现自我、发掘自我、发展自我，做努力奋斗的星海追梦人。

2. 开设生涯规划教育主旨的心理课程

初一年级开设"认识自我之兴趣""认识自我之性格"等课程，初二年级开设"青春期的自己""人际交往"等课程，初三年级开设"认识挫折""未来选择"等课程；高一年级开设"认识自我之气质""认识自我之性格""认识自我之人格""认识自我之兴趣"等课程，高二年级开设"职业能力与价值观"课程，高三年级开设"专业选择和职业定位"等系列生涯课程。

3. 渗透生涯规划教育特色的德育校本课程

初中段侧重认识自我、发现自我、发展自我，开设"星海·星成长"系列主题教育课程；高一、高二年级侧重职业能力与价值观，高三年级侧重专业选择和职业定位等。同学们在课上充分认识自我，探索人生价值、兴趣爱好，完成各种有趣且有意义的作品。不仅如此，各班还开设以"自我选择"为主题的系列班会。另外，星海还积极开设以自我发现为目标的丰富多彩的校本课程，在课程中渗透生涯教育，激发生涯规划潜能，以便学生在活动中发现自己的兴趣爱好并做好生涯规划的准备。以上这些举措对学生的生涯规划起到了直接、有效的引导作用。

4. 开展生涯规划选科与升学指导课程

学校将学生单纯的选科与升学选择转化为生涯规划中的一个环节，从生涯设计、生命发展的高度关照学生的选科与升学选择，避免学生选科与升学选择的盲目性、冲动性，助推学生成长发展的畅通性与前瞻性。学校主要有以下三个方面的举措：首先，聘请校外专家做讲座；其次，每年学校举行多场大学招生说明会，多方会商，为学生的升学提供私人订制式的优质服务；第三，德育处、教务处、年级组定期为学生举办讲座，详细解读中高考方案、分科说明，进行选择指导，等等。

5. 开展体验沉浸学习教育活动课程

第一，组织学生走进企事业单位进行职业体验。基于生涯教育的需求，学校积极推动校企合作，与知名企事业单位建立合作关系，组织学生参加参观、学习、体验等主题活动。第二，组织学生走进高校科研院所，明确发展方向。每年暑假，学校高一、高二年级学生都会在德育处的精心组织下参加上海、南京高校行活动，通过参观校园、校史馆，走进实验室做实验，聆听大学教授的科学前沿的讲座，感受大学校园生活等体验活动，明确自己的目标高校，初步确定未来生涯的发展方向。

（三）多元化自主社团类课程

学生社团是学生自发的团体，具有多元性、自主性、选择性等特点。社团课程是中学生实现自我认识、自我发展的重要实践平台，是生涯教育尊重个体差异的直接体现。星海目前共有学生社团近百个，做到人人有社团，每周有社团活动或研究性学习课程。学校的社团活动内容丰富、种类繁多，涵盖了体育、文学、生活、音乐、科技、天文、影视表演、书法等方面。学校的社团课程或项目课程主要有两类，一类是兴趣素养类社团课程，一类是职业体验类社团课程，能够基本满足学生未来生涯导向的需求。此外，学校还基于初中市级创造发明课程基地建设和高中 STEM 课程基地建设开展项目课程。

在社团管理方面，学校采取校内、校外聘请社团指导老师，学生社长负责组建社团的管理形式。各社团建立了社长例会制、社团管理周报制、社团纳新程序制等社团制度，学生社团会定期收缴过程性资料，期中和期末会组织成果汇报和评估。目前，学校的菲语博论社、星海星社、蜡染社、美辩社、世界遗产社团、爱心义工社、数学建模社等社团被评为"苏州市中小学十佳社团"。

（四）开放性国际理解类课程

学校开展国际理解教育，使生涯教育更具国际性和开放性。学校采取请进来、走出去的方式，创新性地开展生涯教育，使生涯教育资源不断向外拓展延伸。国际理解教育的有序推进，使学生更有开拓性、前瞻性和国际视野。学校国际交流与合作平台具有多元性的特点，学校通过定期开展国际文化节、双语节、中外主题论坛，参加中英遗产大会、哈佛领袖峰会，接待友好学校来访，组织中短期境外修学、海外大学升学咨询会等活动，开拓学生的视野，增强学生的国际意识。

（五）新劳动教育类课程

学校依托校内志愿岗、星光艺圃、开心农场、校外劳动教育基地，与社团建设、学科建设相融合，分年级、分层次构建校本化新劳动教育系列课程。同时，拓宽劳动教育实施路径、扩充劳动教育成果展示平台，给学生更多新劳动教育的体验和收获。初中段立足体验式劳动课程、探究式劳动课程、创意式劳动课程、劳动与科技结合式劳动课程，高中段立足理念升华类劳动课程、志愿服务类劳动课程、学科结合类劳动课程、科技创新类劳动课程。

上述五类课程的设置旨在贴合生涯规划教育的广度与丰富性，契合生涯规划教育的发展性与生成性。课程类别的设置也直接或间接反映完全中学生涯规划教育的目标。研究性社会实践类课程指向价值追求，间接关联职业理想、核心素养等目标；专业化生涯规划指导类课程直接指向规划意识，间接关联未来设想、职业理想等目标；多元化自主社团类课程直接指向个性特点，间接关联未来设想、核心素养等目标；开放性国际理解类课程直接指向核心素养，间接关联职业理想、价值追求等目标。初中阶段和高中阶段会根据学生年龄阶段和身心发展水平，在课程设置方面有所侧重。（图3）

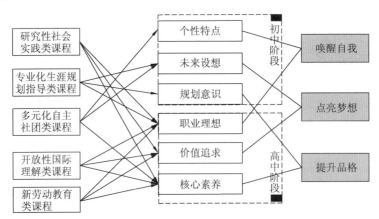

图3 完全中学生涯规划教育目标示意图

三、进一步丰富完全中学生涯规划教育实施途径

（一）优化完善课程体系，提炼生涯教育校本教材

通过完善优化课程图谱，建构科学规范、严格有序的生涯规划教育课程体系，全而不杂、精而不少、实而不随、高而不难。一方面，学校增加投入，积极引进优质成熟的生涯规划教育教材；另一方面，学校自主提炼，编印有学校特色的生涯规划教育校本教材，使生涯规划教育校本教材实物化、系列化。

（二）完善生涯规划教育支持平台建设

学校充分利用中国教育发展战略学会生涯教育专业委员会理事单位和苏州市中等学校生涯规划发展教育实践研究课题组核心组成员校的平台优势，通过开办高端生涯规划教育论坛，全面推动学校生涯规划教育的理念引航、体系建构、实施方式向高水平迈进。同时，学校还立足苏州工业园区生涯规划教育的牵头学校，组织初中和高中共同体学校合作开展各学段各类生涯规划教育教研活动、课程分享等，在促进自我提升的同时，扩大辐射，推动区域发展。

（三）丰富生涯规划教育拓展基地组团建设

多元拓展学校生涯教育实践基地，使生涯教育更具情境性。学校建立数学、物理、化学、生物、信息五科奥赛实验中心；建立苏州市STEM课程基地，积极开展各种STEM学科融合课程探索；建立生态科技长廊，建立生命科学实验室，建立江南嘉捷科创空间，进行科学探索和发明创造。学校通过积极联系中学生社会实践基地、开展校企合作，与众多行业内领军企业和30多所知名高校建立紧密合作关系，奠定了体验式学习的平台基础。同时，推动师生走出校园，组织开展校企合作项目，完善优化职业体验、职业规划等生涯教育。

（四）加强生涯规划教育专业师资团队建设

校内，建立专业的生涯规划教育师资团队，组织教师积极参加生涯规划师资进阶培训，并尽可能吸纳更多教师参与，为更多教师提供专业化的发展平台和学习途径；组织教师积极参加各类比赛、研讨和学术活动，并开设各类生涯规划展示课，分享生涯教育实践探索的经验。校外，采取"请进来、走出去"的方式，组建颇具规模的星海生涯规划导师团队，导师成员中既有企业高管、高校学者、行业专家，也有学长等。通过做强企业家系列、高校学者及行业专家系列、家长系列、学长系列等各系列生涯规划导师课程，逐步形成了实施生涯规划教育的校内外师资力量，对学生进行生涯课程指导。

四、进一步优化完全中学生涯规划教育评价体系建设

（一）采用适切的专业量表测评

围绕性格发展、兴趣发展、能力发展、价值倾向等方面引进科学有效

的测量量表，进行项目研究前测与后测，开展实证研究。通过测量，让学生清晰、直接地了解自己的性格气质、兴趣爱好、学业能力、价值倾向等素质构成，将其作为生命发展的参考，以有效达成自我认知、润养志向和提升品格的目标。

（二）完善生涯规划教育综合评价

综合评价包括自我评价、朋辈评价、父母评价、社会评价等，完善生涯规划教育综合评价，有助于从不同的侧面更准确完善地得出自我发现评价结论，科学优化各层评价量化指标和占比，注重评价的稳定性，关注评价结论的变化幅度等。

（三）建立生涯规划教育成长档案

依据学生的生涯规划教育过程，建立学生生涯规划教育成长档案，分类记录学生参与生涯规划教育的过程性资料，以及学生的生涯树、生涯岛或生涯规划书等，将学生的生涯规划教育体系化。

（四）建立生涯规划教育研究案例

在实践过程中，立足各类生涯规划教育课程，总结提炼出具有典型性的课例和学生案例，以提供可复制和推广的经验。

由上可知，在"发现教育"理念下，星海已经初步形成了由目标体系、课程体系、评价体系等要素构成的较为完整的生涯规划教育体系。我们相信：应和时代发展要求且具有星海特色的生涯规划教育一定能更好地培养能担当民族复兴大任的时代新人，培养德、智、体、美、劳全面发展的社会主义事业建设者和接班人，培养"爱党爱国、阳光自信、身心健康、学业精进、智慧优雅"的星海人，也一定能使星海的德育特色得到进一步提升与升华。今后，星海将继续致力打造场域建设，不断完善课程体系，逐渐扩大区域辐射，进一步做好"发现教育"理念下中学生生涯规划的优化及提升。

借助 5G 技术助力"天地融合"发现教育实践

丁 震

2020年，星海承担了江苏省课程基地项目"瀚海星辰：时代新人'天地融合'的教育实践"，目前已完成项目中期汇报。该项目的实施，旨在培养学生的天文、地理实践能力和综合思维能力等，实现天文和地理素养（简称"天地素养"）的提升。本项目的选题立足于"发现教育"理念和"生活教育"理论，以提升学生的"天地素养"为价值取向，旨在培养学生"天地融合"的综合科学人文素养。

强调素养导向，注重培养学生终身发展和适应社会发展所需要的核心素养是《义务教育地理课程标准（2022年版）》的核心线索。"天地融合"教育实践是星海的特色品牌，自实施以来，学校一直坚持深入开展"天地融合"教育研究，提升师生"天地素养"，促进学生全面发展，培养具有"仰望星空、脚踏实地、胸怀博大"精神品格和文化基因的时代新人。

然而，项目实施两年来，我们也遇到了一些技术上的瓶颈。比如，新建设的星海远程天文基地，因为后期布线和处于园区教育网内网，目前基地内的10多台设备没有合适的带宽，也难以实现远程控制；拟建设的"天地融合"教室将要配置的几十台VR（Virtual Reality，虚拟现实）眼镜设备，还没有能实现高速无线传输的方案；等等。

非常幸运的是，随着苏州工业园区"5G+智慧教育"暨国家级信息化教学实验区项目的深化推进，星海作为该项目的实验学校，有机会搭上了科技发展的"顺风车"，从而将5G技术融入"天地融合"教育实践项目，很好地解决了这些技术上的瓶颈。

一、通过"天地融合"实践"小行动",落实培育时代新人"大使命"

作为江苏省内的一所天文特色学校,21年来,星海的天文、地理教育实践已经形成了自己独特的"星空文化"和"心动课堂"。"天地融合"教育实践的意义在于对学生"天地素养"的培养和对学校"星空文化"的升华,我们希望通过"天地融合"教育实践的"小行动",落实培育有理想、有本领、有担当的时代新人的"大使命",达成"人人成功、人人成星"的理想追求。

"天地融合"教育实践涉及以下关键词,现尝试做出解释。

1. 5G技术

"5G技术"是指第五代移动电话行动通信标准,也称"第五代移动通信技术"。相对于当前普遍使用的4G网络,5G技术支撑下的5G网络拥有极高的速率、极大的容量和极低的时延。5G时代的到来,将真正帮助整个社会构建"万物互联",使无人驾驶、云计算、可穿戴设备、智能家居、远程医疗等成为可能。本项目中的5G技术特指用于支撑星海"天地融合"教育实践的5G技术,虽然这只是5G技术现实运用中很小的一个侧面,但必将带来本项目研究的革命性变革。

2. "天地融合"教育

"天地融合"教育是指天文、地理学科的融合教育。天文学作为自然科学六大基础学科之一,是引领科学前沿的跨边界学科,但由于种种原因,在中小学基础学科中并未形成独立课程。我们创造性地在国家课程(初高中地理课程)和地方课程(天文校本课程)中融合天文和地理教育,建设"天文""地理"融合课程,在填补基础教育阶段天文教育空白的同时,也必将为多元化育人提供更多的路径和资源,从而大大推动学生综合素养和天文、地理实践力的提升。

3. "发现教育"

"发现教育"的思想渊源可追溯到古希腊哲学家苏格拉底的"知识助产术"教学方法和近代西方教育家卢梭、第斯多惠、斯宾塞等人的教学主张。当代广泛采用的发现教学法是美国教育家布鲁纳积极倡导的。"发现教育"中的"发现"是指经过观察、研究、实践、探索等,看到或找到前人没有看到的事物或规律。"发现教育"一般是指教育者基于发现的基本原理，窥察发展方向、遵循成长规律，以教育教学模式的改进为手段，以发现和激发学生共性和个性的潜能并促成其自我全面发展为目标的育人活动。本项目中的"发现教育"是指以"发现人，唤醒人，发展人"为价值取向的"天地融合"教育教学实践。

4. 生活教育

"生活教育"理论是陶行知教育思想的主线和基石。陶行知的生活教育理论体系主要包括"生活即教育""社会即学校""教学做合一"三大原理，包括实践性原则、科学性原则、前进性原则、全民性原则、终身性原则、创造性原则和全面性原则七大原则。其最终目的是"为生活而教育"，"为生活的提高、进步而教育"，"为生活的向前向上的需要而教育"；是"为民族、为大众求解放、谋幸福、培养生活力的教育"，是"培养人的多方面的人格道德素质的教育"。

二、在5G技术的加持下，破解"天地融合"教育实践的技术难题

"天地融合"教育是星海正在进行的省级课程基地项目，在应用5G技术突破实践中的技术瓶颈后，将带来以下场景的变革：使学校"星海远程天文基地"的远程控制和远程观测更加便捷；使学校"天地融合"教室内设备间的无线互联互通，尤其是VR眼镜、3D视频资源的高带宽获取和高速交互更加快捷；使重要天文现象直播画面的高清传输和即时互动成为现实；使学生通过手机、平板等工具在学校"'天地融合'教育云平台"即时在线学习和测试评价的体验更好；使学校线上线下相结合的"天地融合"教育在区域内的推广成为可能。

星海的"天地融合"教育实践项目主要包括以下六个方面的内容。

1. 5G技术支撑下的远程天文基地建设

拟通过对学校已经建成的星海远程天文基地进行5G技术升级改造，使其远程控制和远程观测更加便捷，从而进一步扩大师生的观测范围和观测质量，并在此基础上开展日月、行星、小行星和深空观测等，为学生提供深度学习的平台。

5G技术对星海远程天文基地的支撑主要包括以下几方面的技术改造和突破：能够方便地实现星海远程天文基地平移顶的开关；能够方便地实

现对太阳和月亮的远程观测与拍摄；能够方便地实现对行星和深空的远程观测与拍摄；能够方便地实现对远程场景的监控和对流星的拍摄。

2. 5G技术支撑下的"天地融合"教室建设

拟建设的"天地融合"教室主要包括六大区域：VR天地、远程区、体验区、制作区、实验区和破坏区。其中，VR天地将借助VR眼镜等使学生获得身临其境的天地漫游和天地学习体验；远程区可作为远程天文台的本地终端，方便师生在场进行远程观测、拍摄和探究。

"天地融合"教室可作为线上、线下活动的基地，方便开展如天文自主社团活动、天文理论实践培训等学校和区域层面的天地教育活动；还可作为天文器材的使用培训场所，一边讲授原理方法，一边现场利用体验区和破坏区的天文器材进行同步操作，或利用制作区开展天地小制作，利用实验区开展天地小实验，等等，方便实践操作和开展面向公众的天文活动。

5G技术对"天地融合"教室场景教学的支撑主要包括以下几方面的技术改造和突破：能够方便地实现"天地融合"教室内设备间的高速无线互联互通；能够方便地实现对体验区天文高端设备的无线操作控制；能够方便地实现各板块操作场景的现场视频展示和网络直播。

3. 5G技术支撑下的重要天象观测直播

本着天文教育的在场原则，学校常态化开展天文社团活动、天文观测活动和公众观测活动等，使在场体验、在场探索成为"天地融合"教育的主要实践路径。然而，能够在场观测体验的受众毕竟有限，也无法开展参与人数较多的公众天文观测活动。

举行重要天象的观测直播是对现场公众观测的重要补充，它可以以重要天象观测为契机，在较短时间内面向更多的公众普及天文科学知识。进行室外天文观测直播时，方便地连接本地网络或实现高带宽无线直播是瓶颈，而有了5G技术的加盟，将大大提升重要天象直播的便捷度和传输质量。

5G技术对重要天象观测直播互动的支撑主要包括以下几方面的技术改造和突破：能够方便地实现重要天象的师生观测和解说；能够方便地实现重要天象的高清视频直播和传输；能够方便地实现在重要天象直播过程中与公众的互动。

4. 5G 技术支撑下的 VR 天地场景营造

在拟建设的"天地融合"教室中，VR 天地是我们重点打造的观测场景，该场景将借助日渐成熟的 AR（Augumented Reality，增强现实）技术、VR 技术等，在课堂教学或社团活动中重点利用虚拟现实头戴显示器设备（如 VR 眼镜），使学生获得身临其境的天地漫游和天地学习体验。

拟营造的 VR 天地由于要购入大量的 VR 眼镜等设备，需要一定的资金投入。如果资金到位，我们拟整班每人配备一台 VR 眼镜，教师可以根据教学需要即时向每台 VR 设备发送 VR 视频或照片，班级内每台设备之间可以根据需要实现信息交互。由此可以看出，VR 眼镜、3D 视频资源的高带宽获取和高速交互是 VR 天地场景营造的关键，而这一切离不开高效、高速的无线互联，应用 5G 技术是目前最佳的解决方案。

5G 技术对虚拟学习的支撑主要包括以下几方面的技术改造和突破：能够方便地实现利用 VR 眼镜的虚拟天地学习；能够方便地实现利用 VR 眼镜的虚拟天地漫游；能够方便地实现 VR 资源的本地和在线即时获取；能够方便地实现 VR 用户间的在线即时交互。

5. 5G 技术支撑下的"'天地融合'教育云平台"

建设中的"'天地融合'教育云平台"具备三大主要功能：自主学习与深度学习的学习中心，师生互动的对话探究中心，记录学生学习过程的成长空间。该平台作为线上、线下融合教育的重要载体，不仅使"天地融合"教育超越了在校学习的时间限制，走出学校教育的狭小天地，更使得"天地融合"教育的成果在区域乃至全国范围内的推广成为可能。

"'天地融合'教育云平台"上的资源除了可以方便地利用笔记本电脑、台式电脑进行学习外，还适配手机和平板电脑。尤其是在"天地融合"教室、未来教室这样的学习场景下，多用户并发的高速无线互联离不开 5G 技术的支撑。

5G 技术对在线学习的支撑主要包括以下几方面的技术改造和突破：能够方便地实现数十台手机、平板电脑数据的高速并发获取；能够方便地实现数十台手机、平板电脑数据的高速并发传输；能够方便地实现数十台手机、平板电脑视频的即时流畅播放。

6. 5G技术支撑下的在线学习测试和评价

建设中的"'天地融合'教育云平台"除提供丰富的天文、地理学习资源外，还具有非常完善的在线学习测试和评价功能，具体表现为：提供了多平台的学习系统、多平台的测试系统、即时评价系统和智能反馈系统。

要实现通过手机、平板电脑等高速访问"'天地融合'教育云平台"，实时进行学习、测试和评价，离不开5G技术的加盟和支撑，尤其是在"天地融合"教室、未来教室等学习场景下进行多用户并发的实时测试和评价。

5G技术对在线学习测试和评价的支撑主要包括以下几方面的技术改造和突破：能够方便地实现数十台手机、平板电脑的高速并发在线检测；能够方便地实现数十台手机、平板电脑的高速并发评价展示；能够方便地实现数十台手机、平板电脑中视频和图像的即时在线观看。

三、借助发现教育实践，使"天地融合"教育真正助力人的发展

"天地融合"教育实践拟通过对"天地融合"教室和"'天地融合'教育云平台"各板块的设计和架构，通过5G技术对远程观测、场景教学、直播互动、虚拟学习、在线学习、测试评价等教育教学场景的支持和优化，搭建项目研究整体框架，并有序地开展相关研究。

"天地融合"教育实践的最终目的是促进师生的发展，促进师生"天地素养"的形成，故而项目研究自始至终都是以"发现教育"理念为核心，以教育教学方式的改进为手段，助力师生发现自我、发掘自我、发展自我。

我们通过对远程天文基地的5G技术改造和对重要天象观测的5G直播传输，突破时间和地域的限制，实现天文观测的常态化和专业化；通过以学生为主导的公众天文科学普及，全面促进学生"天地素养"的提升。

我们通过对"天地融合"教室的打造和以VR天地场景为代表的5G技术的加盟，解决沉浸式学习和体验的问题，解决理论和实践、课内和课外、线上和线下的衔接问题，让学生在虚拟场景中高速、顺畅地体验天地的神奇与美好。

我们通过对"'天地融合'教育云平台"的建设和各种授课场景下的5G技术的支撑，使师生的学习体验得以增强，师生"天地素养"的形成和评价得以落实，项目成果的区域辐射作用得以凸显。

从真正助力师生发展的角度出发，"天地融合"教育实践将达成以下目标。

1. 推进天地教育区域发展

本项目在5G技术的支撑下，通过区域天地教育的线上、线下融合，助推区域天地教育的发展。同时，通过构建和推广"'天地融合'教育云平台"，向区域乃至国内更多的学校推广"天地融合"教育的成果与经验。

2. 培养师生科学精神

学校历经21年积淀的星空文化以其"仰望星空，脚踏实地"的精神滋养着师生的国际视野和博大情怀，本项目将引领学生重走科学家的科学探究之路，培养师生的科学精神。

3. 提升师生人文素养

我们在"天地融合"教育实践中积极弘扬星空文化，倡导"生活教育""发现教育"和"心动教育"，在提升师生人文素养的同时激发学生为社会和谐、地球幸福、世界和平做出自己应有的贡献。

4. 培养祖国时代新人

"天地融合"教育注重弘扬和引领社会主义先进文化，在"'五育'并举，立德树人"目标的引领下，助力学生成为既仰望星空又脚踏实地、既胸怀博大又眼界开阔的时代新人。

"让教育成为发现与创造的艺术"
——苏州工业园区星海实验高级中学特色办学综述

周晓阳　金　烨　周永华

学校自 2010 年创办高中以来,紧跟时代发展步伐,聚焦"高原筑峰"、优质发展、创新行动,提出了以"发现教育"引领育人方式改革的特色办学新路径。在"发现教育"理念的引领下,学校系列教育实践研究活动得到了江苏省教育厅、江苏省教育科学规划领导小组办公室、苏州市教育局、苏州市教育科学研究院等的充分肯定,学校获得了"江苏省中小学课程基地与学校文化建设项目学校""江苏省'十四五'规划课题立项学校""苏州市品格提升精品项目学校"等荣誉。《江苏教育》《江苏教育研究》《苏州日报》《姑苏晚报》等报刊多次报道学校"发现教育"特色实践活动。学校通过"发现教育"带动"星海教育集团""星海科创联盟"学校同升共长的成功经验在苏州市域内外产生广泛影响,并辐射到省内、省外兄弟学校。

一、星海"发现教育"的内涵定位

(一)"发现教育"的理论基础

"发现教育"根植于中国传统教育理论。《礼记·学记·学者有四失》有云:"人之学也,或失则多,或失则寡,或失则易,或失则止。此四者,心之莫同也。知其心,然后能救其失也。教也者,长善而救其失者也。"意在强调人在学习时的心理状态不同会造成不同的问题,教师必须"知其心",做扬长避短、补偏救弊的工作,促进学生的全面发展。"知其心而长善救失",是星海"发现教育"的理论根基之一。

(二)"发现教育"的基本内涵

"发现教育",取词于"让教育成为发现与创造的艺术",其基本内涵为:在尊重生命、尊重规律的前提下,坚持素养导向,发现所长、赋能所为、成就所期,以促进生命发展、涵育时代新人。在数智化转型的背景下，学校的"发现教育"深耕信息化融合运用，关心学生个体发展差异，关注教育教学活动的内在关联，倡导教师由尊重到发现再到成就，促进学生由自我发现到自我赋能再到自我成就，追求融会贯通的综合育人效应，达成"人人成功、人人成星"的理想样态。

（三）"发现教育"的价值定位

"发现教育"遵循新时代育人方式改革要求，以习近平总书记关于教育的重要论述为指引，全面落实《中共中央关于加强基础学科人才培养的意见》和《国务院办公厅关于新时代推进普通高中育人方式改革的指导意见》等文件精神，是学校近年来经由实践形成的最新理论成果，卓有成效地指导了学校教育教学实践。就其理论内涵而言，"发现教育"遵循了党的教育方针，传承了经典文化，应和了时代进步趋势，根植于苏州工业园区发展需求，着眼于学校具体情况；就其实践重点而言，"发现教育"可谓"四梁八柱"俱备，形成了教学范式、教学案例、教学评价等多项建设齐头并进的实践体系。

二、星海"发现教育"的实施路径

"发现教育"特色的建设与实施是学校"十四五"发展规划的核心任务，学校组建由学校党委书记、校长任组长的特色建设领导小组，制订"发现教育"特色建设实施方案，践行新课程理念，形成"发现教育"特色课程体系。学校在"发现教育"视域下对国家课程、校本课程进行有机统整，构建多维度、高质量的课程体系。以文化建设发现好书、德育赋能发现好社团、师资建设发现好教师、教学方式变革发现好课开等为主要路径，促进学生从自我发现走向自我赋能、自我成就。围绕学校教育的这些"横梁立柱"，切中教育教学肯綮，推进"发现教育"特色建设。

（一）依托"三大创新"，统领学校内涵建设

1. 突出课程创新

"一体两翼三层多元"的创新丰富了"发现教育"的课程图谱。学校以国家课程为主体，强化德育特色课程和科学基础课程"两翼"，形成基础性课程、特色化课程、选修性课程三层课程体系，开设"天地融合"天文课程、"STEM+"课程、人工智能科创课程、国际理解课程等

多元特色课程，彰显"发现教育"赋能课程体系建设的力量，为更多学生的可持续发展提供课程支撑。学校以德育课程涵养家国情怀，助推学生生涯规划；学科课程坚持必修与选修相结合，实现和而不同、因材施教、量体裁衣。

2. 突出场域创新

升级校内两馆、四大学科实验室等校园科技文化设施，创新基于"发现教育"的科学与人文兼容的校园文化建设，推进"发现教育"的濡染科学场室建设（STEM教育、"天地融合"教育、生命科学、创造发明、数学建模、人工智能、5G支撑下的混合教学课程基地建设）与浸润人文场室建设（"行思润志""和远·毅行""红色研学""星海·星成长""国际理解与空中课堂""星海社团文化"课程基地建设）；深化校外科普场馆、科技研究所、双一流高校、高新技术企业等科学实践基地建设，使其成为支撑学生科学探索的载体和平台，塑造学校研究发现的新生态，提升教智融合的贴合度和精准度。

3. 突出师资创新

以师生双维"发现教育"的深化，形成数据驱动下具有鲜明信息化表征和核心素养养成的高质量教育发展新模式，进一步促进"四有"好教师队伍建设，切实落实"立德树人"的根本任务和"和远·毅行"时代新人的培育目标。创新实践大导师团机制，组建多源性的优秀领军导师团，导师团成员包括本校学科骨干教师、区域学科名师、专家学者（包括高校科研机构专职教师）、家长导师、科普志愿者等。大导师团建设注重素养导向，全程指导深度学习、学术研讨和科研实践，激发学生对基础学科的好奇心、想象力、探求欲，形成英才发展的体系化、样本化路径。

（二）依托数据驱动彰显学校时代特色

1. 借助大数据分析优化评价体系

评价体系既是教育教学活动的重要组成部分，也是促进教育教学转型的重要推力。"发现教育"的评价体系突出"尊重个性、关注过程、促进发展"，从功能板块、评价方式、评价主体等方面构建科学全面的评价体系，定量评价和定性评价结合，发挥评价量表等多种评价手段的作用，用评价体系的建设与实施促进学生全面发展、终身发展。学校"发现教育"

注重把大数据分析作为驱动要素，通过大数据科学分析，促进教师从数据分析中发现教学得失，挖掘学生潜能，主动转变教育教学方式，应和新时代教育发展"一核四层四翼"评价体系新要求，优化教育资源和育人实践范式，激发师生主体发展的内生动力，使教育行为更加科学化、方向化、精细化、个性化、高效化。

2. 借助 5G 技术推进人工智能教育

学校依托园区"易加学院"平台，学习人工智能 Python 核心编程、全栈开发、网络爬虫、人工智能等方面知识，通过观摩学习机器人控制、群体智能与自主系统等技术，引导学生"发现"人工智能对生活的作用和价值。自 2020 年迄今，田昊冬、丁弘毅、顾琼文等 3 位同学在全国青少年信息学奥林匹克竞赛中获国家一等奖，顾殊桐、陈思源两位同学获国家二等奖。

3. 借助大数据手段推进学校案例研究

以数据赋能为切口是推进"发现教育"的重要方式。在数据驱动下，学校以案例研究作为"发现教育"建设研究的"切片"。从确定案例研究维度、确定案例研究对象、制定案例研究程序、形成案例研究报告等方面开展多维度的案例研究，凸显"发现教育"的研究优势，为及时把握研究进程、不断完善研究方法提供有力支持。

（三）依托"英才计划"，厚植学校根本任务

为更直观地展现"发现教育"的人才培养成效，学校实施"英才计划"，以人才培养为支点变革教学方式，培养学生的探究能力、发现能力和创新能力，因地制宜地提供培养英才学生所需的体系课程及体验性、实践性、自主性和互动性的学习场域，让每一位学生在"英才计划"中愉悦地实现自身生命的成长，为打造原始创新策源地和基础研究先锋后备梯队提供可借鉴的高中示范样板。

学校以"发现教育"为生态样本，拓宽英才学生评价路径，进一步推进中学生英才计划，以探索新时代初中、高中、大学一体化人才培养模式为教育价值取向，大力弘扬追求真理、勇攀高峰的科学精神；优化基础学科教育体系，促进学生自我发现、自我赋能、自我创造，坚持"五育"并举，提升德育和智育的教育内涵，强化体育锻炼、美育工作、劳动教育等必备学科效度，积极营造向上、向美、向善的"五育"融合育人氛围；开展大数据驱动下的"发现教育"理念体系、课程体系、评价体系的创新研究,将它们有机统整为中学生英才计划育人实践体系。

三、星海"发现教育"的育人成果

星海用"发现教育"观照学校教育实践的全流程,在学校管理策略、课程改革、教师成长等三个方面形成了独具特色、可资借鉴的深度融合的实践体验活动,逐步形成了"发现教育"视域下的星海教育实践新优势和新特色。

(一)以"发现教育"优化学校管理策略

学校采用由领导小组、项目小组、多元主体构成的"1+N+X"三级结构推动"发现教育"。"1"即"发现教育"实施领导小组,校领导主要负责"发现教育"的顶层设计、整体布局;"N"即多个项目小组,如德育课程项目组、评价体系项目组、案例研究项目组、支持保障项目组等,这些项目小组负责开展分解领域建设;"X"为无限多元的研究实践主体及其教育教学行为行动。在"发现教育"的引领下,学校打造精品团队、开展精细研究、实施精准辅导,形成"三精"管理体系,将教育教学改革向纵深推进:打造精品团队,谱写"星海精神·星海故事",组织"青蓝结对·师徒相长",使其成为实现学校最优发展"硬实力";开展精细研究,在推进"畅游式"课堂的基础上,开启"英才计划"实践研究;实施精准辅导,以个性化数据分析凝练形成"精准辅导'放大镜'",作为学校高质量发展的抓手。"三精"管理体系的研究成果《"三精"管理助推学校高质量发展——以江苏省苏州工业园区星海实验中学为例》发表在《江苏教育》2021年第44期。

(二)以"发现教育"创新学校课程样式

学校基于"发现教育"理念体系、课程体系、评价体系开展创新研究,有机统整育人实践体系,为更多中学深化教育改革提供实践样本。学校注重学段衔接与创新,探索并形成初高中"强基计划"人才培养体系,发挥"发现教育·科创项目"的衔接效能,建设初中、高中人才培养通道;引进高校资源,建设高中、高校人才培养通道;最终形成贯通初中—高中—高校的"两中两高"一体化人才培养方式。2023年,学校获评"第七批江苏省中小学艺术教育特色学校"和"苏州市艺术特色学校"。

近年来，苏州市基础教育课程基地项目"STEM+"课程基地和"科技小发明"课程基地圆满通过验收，被评为优秀；江苏省中小学课程基地与学校文化建设项目"瀚海星辰：时代新人'天地融合'的教育实践"通过专家鉴定，"繁星瀚海：时代新人'和远·毅行'的在场体悟行动"获评苏州市中小学生品格提升工程，"星晖耀海：'四有'好教师团队建设"获评苏州市"四有"好教师重点培育项目，"数据驱动高质量发展的'发现教育'实践与创新"获评苏州市中小学课程基地和学校文化建设项目，"行思润志：完全中学生涯规划教育体系建构及实施"获评苏州市级中小学品格提升工程精品、苏州市基础教育前瞻性教学改革实验项目，"'发现教育'理念下中学生生涯规划优化及提升"项目在有序推进。

（三）以"发现教育"引领学校师资发展

学校扎实开展《关于加强和改进新时代师德师风建设的意见》《新时代中小学教师职业行为十项准则》教育活动，全面推进师德师风突出问题持续专项治理的自查自纠工作，引导教师守住师德"底线"，远离师德"红线"，争做新时代"四有"好教师。建立名教师学术委员会、骨干教师学术委员会、青年教师学术委员会，试行"发现好课"考核评价机制，努力打造教师发展的"三驾马车"。例如，实施"雁阵工程""青蓝工程"，创新师徒发展共同体，促进青年教师快速成长；借鉴江苏省"名师工作室"，苏州市"名师共同体"，苏州工业园区"骨干教师共同体""名师工作坊"等模式开展优师行动；探索教研组"双组长"负责模式，积极探索与优质师范院校开展各类高层次教师、骨干教师、后备人才合作培养模式。2023年，学校被江苏省教师培训中心考核评定为省级教师发展示范基地校优秀学校。

"功崇惟志，业广惟勤。""发现教育"是学校自办学以来砥砺耕耘、奋力书写的新时代基础教育答卷，是伴随时代前行的持久稳定、具备自我完善能力的办学理念，是学校内涵建设的制胜法宝，获得了社会各界及教育主管部门的认可。

"愿将黄鹤翅，一借飞云空。""发现教育"直面时代之需，怀揣"为党育人、为国育才"之初心，撷取传统教育论述之精华，融合为学校的育人文化。学校办学特色内涵的选择、探索与实践，既是应时而生、顺势而为，又体现了学校对星海特色教育价值观的不懈追求。

"浩渺行无极，扬帆但信风。"办好人民满意的教育品牌，追求可持续的高质量发展，是学校教育的不懈动力，将引领处在新的历史站位上的星海不断改革、发展、创新。

发现赋能　立德树人

繁星瀚海：时代新人"和远·毅行"的在场体悟行动
——苏州工业园区星海实验中学德育课程

周晓阳　许　凤　赵武杰　范红梅

"和远·毅行"的在场体悟行动是星海实验中学原有德育体系的发展与升华，提炼确立以"和远·毅行"为主线的全方位德育育人体系建构，涵育星海学子的"和远·毅行"品格的在场体验式德育实践，是以提升学生"和远"品格和"毅行"品格为核心的德育行动，是在"繁星瀚海"课程文化指引下的时代新人的成长行动。

一、项目基础

该项目既紧密植根传统苏州"崇文重教"的肥沃土壤，又自然融合现代园区"开创圆融"的时代元素，坚持落实"立德树人"根本任务，始终围绕"三全"（全员、全程、全方位）育人目标，逐渐形成以"融和、致远"为校训、以"人人成功、人人成星"为教育理想、以"星光灿烂、海纳百川"为教育情怀、以"团结、敬业、精细、卓越"为星海精神的"星海"教育文化。学校坚持"德育为先，育人为本"的办学理念，着力建设高标准、立体化的德育阵地，积极开拓高品质、多维度的德育基地，快速积累高质量、多样化的星海德育资源，逐步形成完全学段优势、校内载体优势、校外基地优势、人才队伍优势的高层次、特色化星海德育优势。学校德育凸显立德树人的主题内涵，以德育工作制度化、德育活动系列化、德育资源课程化、德育课程校本化为抓手，积极探索具有星海特色的完全中学德育科研与实践课程。学校先后被评为"江苏省五四红旗团支部""全国五四红旗团支部""苏州市中小学社团建设先进学校"，其中，星海星社、蜡染社、世界遗产研究院、美辩社、菲语博论社、爱心义工社6个社团先后荣获"苏州市中小学十佳社团"称号；学校连续7年被苏州教育局确定为"苏州市中等学校生涯规划发展教育实践研究课题组核心组成员校",成为中国教育发展战略学会生涯教育专业委员会理事单位。

二、项目背景与内涵

该项目既是对党和国家新时代教育方针政策的坚定落实,也是基于学校多年来对育人规律探索实践的把握,目的是通过"和远·毅行"进一步引导"时代新人"星海学子树立正确的世界观、人生观、价值观,帮助学生辨别是非曲直,引领正确的思想导向,弘扬主旋律,引导学生树立家国情怀、政治认同、责任担当,爱国爱党,弘扬真、善、美等品质,践行社会主义核心价值观,成为具有"和远·毅行"品格之人。项目将建构"五育"并举德育目标体系,进行德育课程开发,拓宽德育途径建设,完善德育教育评估评价,实现"和远·毅行",全员、全程、全方面育时代新人的德育愿景,以促进学生成长价值、德性场域建设价值、学校发展价值、社会先进文化价值的提升。

和远·毅行:和,君子和而不同,彰显对人的本真、真诚、朴实和仁善等突出品质的追求。远,宁静以致远,内心沉静,追求远大理想,有担当意识。毅,拥有坚毅品质。行,为实现理想力行不已。

时代新人:星海致力于培养综合发展的学子,使他们成为有理想信念、有担当的青少年,对己负责、对社会负责、对家国负责,有深厚的家国情怀。

德性场域:打造家庭、学校、社会三位一体的德育环境,这种环境是显性的,更是隐性的,春风化雨,润物无声。

在场体悟:体悟,学生体验和感悟,感悟且省察,省察且自纠,自纠且升华,在习养和实践中涵养,并呈现螺旋式上升的理解和提升。

"繁星瀚海"德育课程:每个星海人都是一颗星星,发出自己的星光,成就自我,照亮本人,照亮社会,照亮这个时代,在成就自我的过程中成就星海,打造出特色课程体系,在课程体系中打造诚朴、包容、坚毅和力行的星海品格特色。

项目指向行及体验,和汇贯通,毅于坚守,旨在通过成长的个体发展目标,建立起可以模仿、复制、推介的"繁星瀚海"特色德育建范式。项目遵循德育课程化、课程校本化、校本特色化的德育设计思路,重行动体悟，重浸润引领，以唤醒自知、唤醒追求、唤醒励志，启迪学生"头顶星空，胸怀大海"，达到不断"认知自我，责任担当，涵养情怀"品格提升的课程体系目标。(图1)

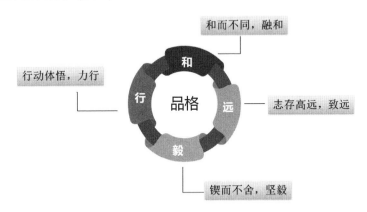

图1 "发现教育"理念下的课程体系目标

三、项目主要建设内容

(一)"繁星瀚海"的德性场域建设

星海的每个学生都是一颗成长的新星，学生的成长关键在于家庭养成，在于学校教育，在于社会熏陶。"繁星瀚海"的德性场域建设是家、校、社三位一体的建设，目的是让家庭生活、学校学习、社会参与成为涵育学生诚朴包容、坚毅力行等核心品质的德性生态场域，既要发挥家庭、学校、社会的引导、培养、他育效能，也强调学生自主的全程参与、全心参与、全力参与的自主德育体悟。(图2)

1. 家庭德性场域营建策略

(1) 家庭德性教育指导。常态化建设家长学校，围绕学生核心品质提升科学指导家庭教育。通过创新家庭教育专家讲座、家长德育沙龙等形式，团结星海家长共同参与学生诚朴包容、坚毅力行品质的塑造，让家庭教育和学校德育互为补充、有机融汇为一个树人综合体。

(2) 家庭德性氛围构建。推进文化育人，注重家庭德性文化氛围的营造和构建。指导家庭形成个性特点优化升级良性互动、融洽和美的家庭文化氛围，打造家庭活动日的特色项目。利用合适的时机进行线上、线下的

图2 "繁星瀚海"的德性场域建设

展示交流。注重发挥学生对家庭氛围构建的能动性，充分调动学生自我规划、自我服务的积极性。

（3）家庭德性空间营建。倡导亲子共建，在指导学生生活自理自建的基础上，根据家庭具体情况智慧布局、精心布置家庭德性空间，创造性地开辟家庭德性阅读空间、手工作品展示柜、成长之路剪影墙、亲子悄悄话邮箱等，将家庭居住环境营建成为散发着德性教育魅力的空间场。

2. 学校德性场域建设策略

（1）发挥人文环境的德性浸润作用。在"融和、致远"星海文化的引领下，围绕"繁星瀚海"德性场域建设，充分融合校园自然环境与人文环境优势，努力实践让师生站在学校中央，让学校的一砖一瓦、一草一木都发挥校训育人功能。在此核心文化的基础上，努力建设生态校园、文化校园、书香校园、健康校园和智慧校园。深入研究，智慧巧妙地将星海"融和、致远"的校训、"三风"办学愿景与理念等进行因地制宜的宣传、浸濡，由外而内地促进学生"和远·毅行"品性的浸润和锻造。

（2）升级学生发展的德性场域

加快建设有利于学生发展和学生自主德育的室场，给学生提供充足的多样化自主德育实体平台。将学校的艺术中心升级为融学生课堂学习、社团开展、兴趣发展、作品展示于一体的艺术中心。将科技长廊升级为融

STEM 教育、创造发明教育、工程师项目建设等多项课程及展示交流活动于一体的科创空间。全力打造学生发展多功能活动中心，转化育人主体，让学生在德育活动、品格提升中脱颖而出。

值得指出的是，苏州工业园区管委会已划拨海尚壹品北地块给园区教育局，用于星海实验中学新校区的建设。新校区建设理念先进、以人为本、设计科学，为运动场地、艺术室场、科技教育、劳动教育、社团活动、基地建设、教师办公等提供了足够空间，确保师生在校园生活、学习、强身健体等各个方面的发展都得到更有力的保障。

（3）优化常规管理的德性引导。不断优化学校德育常规管理，坚持以人为本，灵活施策，既注重保护学生的个性发展，又注重学生的共性品格塑造。多年来，星海坚持以诚信教育、自主管理等为重心的自主德育，在品格提升项目建设中，进一步优化常规管理准则、提升常规管理水平、扩大学生督导范围，将学生放在自主德育的中心地位。在坚持德育班长机制的同时，发展"心灵小伙伴"机制；在坚持"啄木鸟行动"的同时，发展"同伴督导团"，让常规管理落地为引导学生德性发展的精神场域。

3. 社会德性场域共建策略

（1）结对周边社区共建。通过与学校周边社区结对联动，倡导在社会主义核心价值观基础上的爱国主义精神，倡导热爱家乡、关注社会的价值取向，共同建设有利于学生生活成长和品格发展的社区环境。通过中学生友好型社区建设，发挥星海学校文化理念的辐射作用。学校连年开展"看家乡变化，共建和谐社区"主题征文活动；坚持引导学生参与社区活动和社区建设，坚持平时短时参与和假期周期实践相结合。

（2）架接楼宇场馆共建。学校努力架设通道，让适合的社会场馆楼宇资源成为星海学子"海纳百川"的德性基地。学校不仅立足园区优势开拓学生国际视野，与冷泉港等科技创教基地开展德育共建；还立足苏州文化底蕴，厚植学生家国情怀，与联合国教科文组织亚太中心开展德育共建。学校不仅注重培育学生坚毅力行的人格品质，与园区消防、苏州光福驻军爱国主义教育基地联手共育，还注重培育学生求知致远的科学品格，与上海优质高校联袂共塑。

（3）拓宽城市管理共建。星海的德育教育足迹不断拓展，把城市精神内核和学校文化内涵融合，共同谱写星海学子的成长之歌。学校已和苏州工业园区综合执法大队合作共建。园区综合执法大队走进星海校园开展"小手拉大手　城市管理进校园"系列活动，激发同学们主动参与城市管理的热情，强化维护园区良好市容环境秩序的责任意识，并通过学生个体的身体力行，带动家人、同学共同参与城市管理，成为城市建设的小主人。

（二）在场体悟的自主德育管理体系建设（图3）

1. 优化自主德育管理架构

学校将根据校情、学情，从立德树人的总目标出发，优化顶层设计，着力打造四大学生发展指导中心，为学生在场体悟的德育管理建设"中枢神经"，服务学生的终身发展，服务学生的自主德育，服务学生的"融和、致远"。

图3　在场体悟的自主德育管理体系建设

学校升级改造"馨语室"心理健康指导中心，关注指导青少年心理健康；组建生涯规划教育指导中心，赋能学生认识自我、体验职业、博览社会；设立学生社团管理中心，师生共建，让社团管理规范、有序、提质；打造学生研究性学习导师团队，结合学校德育实践课程开展研究性学习，推动学生在钻研中融会贯通，增强获得感和幸福感。一系列学生发展指导中心建设，将成为推动学生在场体悟的重要引擎。

2. 完善自主德育管理制度

学校将进一步找准德育工作方向，创新德育工作理念，出台一系列规范细致的人本管理规章制度，努力打造以"和远·毅行"为主线的全方位自主德育育人体系。做到德育课程序列化，以学生发展为主体，以主题活动为载体，建设"星海·星成长"系列德育课程；德育队伍层次化，包括班主任队伍建设、年级组建设、见习班主任建设、青年志愿岗建设、家长讲师团建设等；常规管理制度化，建立例会制度、宣传制度、学生团队管理制度、志愿者队伍管理制度，让学生从他律走向自律，让管理向更好管理迈进；品牌活动体系化，坚持"活动育人、生活德育"建设，努力形成阶段化、系列化的品牌德育活动体系。尤其要依托"品格提升"项目，进一步有计划地组织"德育半月谈""主题班会观摩研讨周""教育沙龙日""教育案例分析会"等活动。

3. 创设多元化自主德育管理平台

学校着力打造各类德育课程基地、学生社团、学生心理教育等学生自主管理平台，加强自主管理体验，提升自主管理效能。

（1）加强朋辈督导。坚持发挥学生在德育中的自主能动性，以校团委、学生会、学生文明岗等为依托，凝聚学生的德育养成和督导力量。在现有框架下，不断创新学生会在学校生活中的引领作用，利用"朋辈效用"，充分调动和发挥学生会的管理督导作用。

（2）完善德育班长机制。优化岗位德育班长和轮值德育班长相结合机制，在班级管理建设中突出德育引领地位，提供更多机会让更多学生参与自主德育，发现和弘扬正能量，激发内塑意识，设置内塑周期，提升内塑力。

（3）设置学生文明岗。在校园内开展"啄木鸟"行动，强化八礼四仪各个方面的正面导向，促进学生言行举止由外而内的提升改进，突出星海学子的品格标识，努力做到让每个孩子都能自在生长、自助发光，最终汇聚成浩瀚的星海。

（三）"和远·毅行"的"星系列"特色项目建设

从"立德树人"、"五育"并举出发，基于星海"和远·毅行"品格提升目标，学校规划设计了"光辉耀馨辰""星系列"五大行动，全面推动学生"和远·毅行"的在场体悟。（图4）

图4 "光辉耀馨辰""星系列"五大行动

1. 星光系列——新劳动教育行动

自古英雄出少年,从来纨绔少伟男。有专家指出,当前"五育"之中劳动教育是亟须补足的一项。在劳动教育有所缺失的环境下,星海瞄准中学生品质建设的薄弱环节,努力创建劳动教育场地,创新劳动教育方式,优化劳动养成教育。

(1)"开心农场"行动。学校专门开辟"开心农场",补足城市学子的实地耕种经历。德育骨干、生物教师广泛吸纳学生参与到"开心农场"的耕作观察和体验中,在新劳动教育的体验中强化"三生教育"。

(2)"家务储蓄银行"行动。在寒暑假等的假期生活指导中,明确序列安排家庭劳动内容,积极引导不同学段的全体学生承担力所能及的家务劳作,开展"我做一餐饭""我当一次家"等活动,让所有学生都实际参与家庭建设。同时,通过设计优化劳动体验卡,转化为"我的家务储蓄卡",建设自主德育的"家务储蓄银行",让特殊的"银行财富"见证自主成长,让学生把从辛苦转化为喜悦的瞬间收获固化为长期收获和可持续性收获。

2. 星辉系列——公益研学行动

星辉系列——公益研学行动注重学生在公益活动中的优化品格塑造，彰显价值追求，有利于学生融合自我与社会、融合校内与校外、融合行动与品质，激发学生的社会责任感，提升学生的责任担当、创新实践意识。星海成立志愿者团队，多次组织参与校内外志愿服务行动，已经形成了一定的影响力。

（1）将公益行动与志愿岗相结合。在校内设立众多文明志愿岗，如礼管志愿岗、车管志愿岗、餐管志愿岗等，征集选拔品学兼优学生参与校内服务。在校内志愿岗位上渗透公益教育，效果突出。

（2）将公益行动与特定节日结合。以"学雷锋日"为契机，设立"助人为乐收获成长"公益服务周，在校内社区开展各类志愿服务活动，努力把这一传统打造成为一道亮丽的风景线。

（3）将公益行动与特殊群体结合。在星海实验中学党委的引领下，开展学生版"星连心"志愿服务活动。如常年定期走进敬老院，自主组织丰富多彩的敬老活动；定期走进博爱学校，关注特殊学生，走进特殊教育的世界；等等。

（4）将公益行动与研学旅行结合。学校全力提升"追寻红色足迹 情系大别山区"综合社会实践活动课程。以高二年级学生为主体，全员走进安徽金寨、江西弋阳等革命老区，接受红色精神浸润。开展支教捐赠等公益活动，成功建立了星海德育品牌。在研学中突出"公益研学"主题，以主题化社会调查报告为载体，给学生提供若干个帮扶主题，引导学生关注、研究、帮助革命老区发展，为精准帮扶助力。

3. 星耀系列——科技创新行动

星海构建人文科学并重的教育体系，注重启蒙，致力培养能创造、善智造的时代新人。"星耀系列——科技创新行动"坚持校内、校外同步建设。

校内，持续举办并创新升级"校园科技艺术周"行动，强化沉浸式的科技体验、艺术展演活动，拓展涵盖美术、音乐、创造发明、天文观测、智能机器人等方向的项目，丰富学生的校园生活，扩大学校艺术、科技特色实践教育的辐射，让学校成为一个大舞台、一个体验场。与苏州工业园区青少年活动中心合作开展"教育益家"科技进校园，把先进的科技设备展现在学生面前,让学生零距离感受科技进步,激发学生科技探究的兴趣。

校外,立足苏州工业园区的优势,开展走进园区生物纳米科技园活动、走进冷泉港活动,引导学生从微观和宏观探究不同的科学领域。合作开发沉浸式科学实验项目,让星海学子融会贯通的科学视野得以扩大。此外,学校还利用科技行动,渗透开展 STEM 教育。

4. 星馨系列——阳光心育行动

心理教育是学校德育的重要内容。学校依托"馨语室"心理健康指导中心,提出"星馨系列——阳光心育行动",意在引导学生擦亮自我、照亮世界。学校倡导学生积极汲取生活里的温暖和正能量,为自己的成长形成能量场,为"和远·毅行"的品质提升积淀丰厚的信念基础。

(1) 创建"心灵伙伴"机制。人人都可以成为班级中的心灵伙伴,关爱帮助他人,发出自己的光和热,为需要的人点一盏灯。

(2) 开展"一封家书"活动。学校广泛动员开展"一封家书"活动,让学生敞开心扉真诚诉说,诉说感恩之心,诉说追求之志。这项活动学校会长期坚持下去,并不断优化,打造成星海"星馨"系列行动中的一个亮点。学校还在此基础上规划家风征集活动。

(3) 开展心理剧编导评比。学校放手让学生选取校园生活中的焦点事件,自编剧本,自导自演,让生活中的小事成为启迪他人的明灯。

一系列的心理健康教育行动,让学校、家庭、社会成为自主德育的体验场,促进"和远·毅行"品质的提升。

5. 星辰系列——新生涯教育行动

星海重视学生职业生涯规划教育,尤其注重生涯规划教育从初一到高三的连续性实施,通过实施六年一贯制的生涯规划教育,让学生了解职业、明确指向,对职业产生敬畏感。

学校依托已有的生涯规划教育课程体系,包括研究性社会实践类课程、专业化生涯规划指导类课程、多元化自主社团类课程、开放性国际理解类课程等,组织了一系列生涯规划行动,有"认知自我、澄明理想"的主题班会课行动,有中新学生遗产大会行动,有模拟联合国峰会、哈佛领袖峰会等行动,有模拟商会行动,有模拟招聘行动,等等。学校每年的社团纳新都让学生从模拟走向实战。

（四）在场体悟的"繁星瀚海"德育课程建设

1. 在场体悟的德育特色课程

学校以"繁星瀚海""和远·毅行"为核心，系统规划课程框架，依托系列课程，开展丰富多样的在场体验，进一步因地制宜地积极开发德育校本资源，形成学校特色的德育课程，真正促进学生身心健康成长。

（1）研究性社会实践类课程。开设常态化研究性学习课程，明确实施方案，方案涵盖课程申报、开题报告、研究过程、结题评选、成果展示及交流等环节。将每年春季、秋季传统的外出游览进行主题化建构，升格为社会实践课程。同时，全力打造"追寻红色经典，传承革命精神"德育特色综合实践课程。

（2）生涯规划指导类课程。开设生涯规划教育课程，开展生涯规划与升学指导课程，开展"浸润名校文化，濡染科学精神"的体验沉浸式德育课程。

（3）多元化自主社团类课程。从校内和校外聘请社团指导老师，摸索建立社团社长例会制、社团管理周报制、社团纳新程序制等社团制度，学生社团定期收缴过程性资料，期中和期末组织成果汇报和评估。

（4）开放性国际理解类课程。采取"请进来、走出去"的方式，开展国际理解教育。国际理解教育的有序推进，让学生更有开拓性、前瞻性和国际视野，体现了星海国际交流与合作平台的多元性特点。

2. 在场体悟的学科融合德育课程

（1）着力融通课堂教学与品格熏陶。通过建章立制，从教研组、备课组分层推进，各个学科从备课到上课都进行评价，且均融入品格修养教育的目标、内容、反馈，落实在完整的教学设计中，成为必备环节。学校拟将其纳入学校常规管理，建议学科教师根据自身特点组织与授课内容密切关联的特色德育活动，使学生在深化知识理解的同时提升素养品格。

（2）着力融通跨界教育和学习方式。依托 STEM 课程基地，常态化开展跨学科的研究性学习课程，深化自我发现、自我提升。通过主题设计，教师引导学生关注社会、了解风俗文化，开发苏州地域特色文化研究性学习课程。这些研究性学习不局限在哪一个学科，但同时又离不开学科学习。如苏州园林的研究性学习就涉及语言文化、审美工艺、建造营造、环境布局、生态研究等。跨界教育和学习让学科学习的内容有机整合，为学生所用，使学生了解更多的社会文化内涵，从而激发学生的兴趣爱好，促进学生树立研究意识，发展能力。

（3）着力融通校本教材和国家课程。国家课程具有强制性，校本教材侧重于国家课程的校本化实施。在坚定不移地实施国家课程的同时，学校综合星海特色、学生实际、人文环境等因素，科学布局，开发以"立德树人"为宗旨的校本教材，让每个学科的教材、课程都有德育化校本教材的延伸拓展。学校还将学生社团建设纳入其中，使之成为学生实现自我认识、自我发展的实践平台，为"五育"并举奠定校本化实施的基础。

四、项目评价体系建设

星海在现有的德育评价体系基础上充分研究，建立指向"繁星瀚海"的德育评价体系。坚持"立德树人"，突出"和远·毅行"行动下的核心品格。坚持共性塑造与个性发展相结合。坚持遵循教育规律，合理调动学生自我追求、自我实现、自我评价的能动性。坚持发展理念，组织开展绿色评价、发展性评价。坚持评价内容的多维化，注重发展德、智、体、美、劳，"五育"并举，在促进学生健康、全面发展的同时，提倡个性发展。坚持评价过程的常态化，注重以阶段性评价衡量学生的发展趋向，给学生以正向引导。坚持评价方法的立体化，科学优化各层评价指标及占比，注重评价的稳定水平，关注评价结论的变化幅度等。参考综合素质评价维度，以五大特色项目建设为载体，以"和远·毅行"品格提升为目标，优化完善"动态激励、全程参与、自我成长"的螺旋式评价体系（图5）。

图5　"动态激励、全程参与、自我成长"的螺旋式评价体系

(一) 优化螺旋式上升的动态激励机制

学校始终坚持采用过程性的动态激励机制引领学生自主发展。在星海现行"红绿卡""未来之星"评比的基础上，设立"'和远·毅行'之星"，在校级层面对德、智、体、美、劳全面发展的学生给予奖励。依照"光辉耀馨辰"五大特色项目建设，分别设置"星光勤谨徽章""星辉公益徽章""星耀科创徽章""星馨能量徽章""星辰生涯徽章"等奖项，设计制作具有星海特色的实体勋章，颁授给五大特色项目中表现突出的星海学子。同时，设计制定线上可升级式的电子徽章颁授办法，动态呈现学生品格提升路径。

(二) 打造符合时代特色的全程参与模式

坚持评价主体的多元化，如自我评价、朋辈评价、父母评价、社会评价等。采取线上评价与线下评价相结合的方式，特别重视唤醒学生在评价体系建设中的主体意识，发挥主体作用。根据时代新人的特点，打造符合时代特色的全程参与评价模式，如让学生参与讨论、完善评价方案，由学生自主设计星海"潮牌"成长文化产品，推出一批线上、线下的评价奖励产品，设计兼具星海特色和时代风尚的德育"潮牌"，如品格提升护照（含电子版）、正能量升级手环（分色彩）、成长地图等创意成长文化产品，让"和远·毅行"的体验升华为追求风尚，强化在场德育效能。

(三) 推进指向品格提升的自我成长驱动

在学校原有优秀时代少年展示墙的基础上,升格建设"繁星瀚海"文化墙,收录根据品格提升行动、课程参与及效能情况自主设计的"品格星",让每个学生都能在品格提升项目建设中明确目标、增强内驱力。学校还计划建设星海学子博物馆,让每一届毕业生留下最值得给母校的成长纪念品,如错题集、奖证、军训日记等小物件,镌刻星海学子的个性化成长记忆,凝聚"和远·毅行"的星海学子集体品格,以此推进学生的自我成长驱动。

学校以晋评江苏省四星级高中为契机,进一步全面、系统地思考学校德育课程开发、创新型人才培养和学校办学特色的彰显,从外塑场景到内丰内涵,体系化打造升级德育实践课程,唤醒品格,助力成长。

发现真爱,那拳拳星海情

李 秋

俗话说:"浇树要浇根,交人要交心。"教书育人,也是跟学生的交心过程。作为班主任,不仅身兼班级管理者和指挥官的职责,同时还不能忽略与学生的情感链接。没有情感的加持,管理是僵硬和无效的,指令是苍白无力的。所以说,与学生交友、交心也占据了班级管理的"半壁江山"。久而久之,这种"动情"的管理也会让班主任体验到人性的美好并收获教书育人的成就感,这也正是"发现教育"的魅力——发现人性真、善、美的一面,体验师生之间的心灵相通。我努力搜寻了一下自己从教多年的记忆,一帧帧画面在眼前播放,有威力爆发、有活力四射、有毅力加持、有魄力挥洒……一帧画面就是一个故事,一个故事就带来一串感慨或感动。

说说小黑的故事吧。小黑,原名区泽盟,祖籍广东,小巧机灵、顽劣乖张,因为皮肤黝黑,得名"小黑""黑哥"。小黑一直是我朋友圈里的风云人物,刚上初一的时候曾因"白T恤"事件在班级名声大噪。初一刚开学不久要对新生进行军训会操,当时要求的着装是白T恤配黑裤子。会操当天,孩子们差不多都是这样的色系和造型,唯独小黑穿了一件袖子和肩膀是黑色、其他地方是白色的 T 恤。我跟他说:"你这个着装不符合要求,尤其是你个子矮,又站在前排,一眼看去你这一抹黑很刺眼……"没想到小黑很认真地反驳起我来:"这就是白衣服啊,你看这,这……都是白色。"他边说边指着前胸后背。"可是你再看这,这几处都是黑色。"我边说边指着他的袖子和肩膀。"可是这就是白的……"他不依不饶。"可是你这顶多叫半白,航拍下来你这就是一件黑衣服!"我有点生气。最后僵持不下,我决定把他妈妈喊来评理。家长倒是很配合,告诉我家里是有白 T 恤的,但是孩子坚持穿这个,他小学时就总是要跟老师对着干。她知道到了初中老师肯定会经常找她,没想到这么早。我笑着告诉她:"不仅早,而且您还是这个班里我第一个喊来的家长。"就这样我结识了小黑一家,也知道了他的个性如此逆反的根源,爸爸是宽松、宠爱、没要求的"猫爸",妈妈是焦虑、"鸡娃"却没技巧的"虎妈",久而久之,小黑就形成了这种在规则面前逆反到不讲理,在爸爸面前又毫无底线放纵的个性。我预料,这是个让人头疼的娃,这三年有得烦了。果然,初一的时候他在班级的成绩也就中等,但各种问题层出不穷,任课老师头疼不已。有一次,他作业没做,但他坚持说做了只是没带来,我说:"那就让家长送过来。"他说:"可以,让我妈妈送到校门口我去拿。"我看他偷偷藏了一支笔在袖子里,我说:"不用麻烦你去拿,我去拿。"他眼珠子狡黠地转着,看我丝毫没有让步的意思,终于黔驴技穷了,最后无奈地承认了自己没做作业。我告诉他:"以后在我面前就别动这些歪心思了,跟我斗你赢过吗?"初二的时候,因为不肯做暑假作业,小黑曾被他妈妈冒着酷暑送到工地去"劳动改造"……在无数次的斗智斗勇中,小黑长大了,懂事了许多,加上他本来天资就不错,到了初三,成绩已经跃升到班级前十名,偶尔的偷懒和犯浑都被我们扼杀在摇篮中。本来中考他信心满满地冲刺星海高中的,无奈最后考了 664 分,正好贴着新校区的录取分数线,拼语、数、外总分的时候与星海高中失之交臂。拿分数的那天,小黑不敢看我,有意躲着我,在班级的黑板上奋笔疾书下这句话:"当你不能再拥有的时候,唯一可以做的就是让自己不要忘记,来世还做星海人!"大有壮士断腕、壮志未酬的悲壮。我知道他尽力了,但是仍有潜力!我和他妈妈也尽力了,但是仍抱希望!中考已经画上了句号,但小黑和我的故事、小黑和星海的故事,远远没有结束,因为星海学子,哪怕毕业了,离开了,出去见识更多以后，对星海的感情只会变得更加炽热和纯粹。

说到毕业后仍感怀星海的学生，我又想起了另一个学生——陈宇轩，他是2019届毕业生，如今已经读高三了。2021年腊月二十五，一条短信叫停了忙年的我："李老师，您在家吗？我马上要跟爸妈过来给您拜年，我妈妈说要给您送她做的咸鸡。"哦，想起来了，这是陈宇轩妈妈跟我的一个约定，陈宇轩妈妈说她是个吃货，无论以后孩子在哪里读书，她有好吃的都会想着跟我分享，这次是咸鸡。我赶紧说："你们还是别过来了，这么远的路！"不一会儿，微信语音响了起来，一家人齐刷刷在电话那头给我语音拜年，我受宠若惊，赶紧回拜，互相寒暄几句，话题自然扯到了陈宇轩的学习上。他妈妈无奈地向我汇报：孩子今年高三了，仍然是当年那副老样子，懒惰，拖欠作业和不愿订正，对未来没有目标、没有动力、没有责任心和任何规划，老师找家长，家长徒焦虑……听着陈宇轩妈妈的絮叨，我眼前又浮现出当年那个"不提学习活蹦乱跳，一提学习乱七八糟"的"小老赖"，那个耗费了我和几位搭班老师无数心血的孩子。当年这个毕业都成问题的孩子，我们费了九牛二虎之力把他送入了苏州市十中金阊校区。从报志愿到接到录取通知书，我和他妈妈绞尽脑汁，步步惊心。

"李老师，其实我就想请您给他打打气，您帮我跟他谈谈，这么多年他还是听您的话的，现在的班主任也好、学校也罢，再也找不到当年星海里这样的老师了。"陈宇轩妈妈颇为无奈的语气把我有些飘散的注意力拉回到通话中。"你把电话给陈宇轩"，说实话我有些疲惫，一种熟悉的无力感把我包围，想当初我跟他谈过的心，如果记录下来都能出几本书了。这期间我自己几度崩溃，几度绝望。今天，我要以何种身份和语气来给他加油打气、讲道理呢？电话那边出奇地安静，我仿佛看到三张虔诚的面孔在等我开口，"那咱俩就聊聊天吧。"说实话，我没有教育与指导高中学生的经历和经验，但是我自己做过高中生，那就谈谈过往、聊聊未来，说说理想、讲讲人生，谁的高中不犯困，谁的青春不迷茫？这里没有说教，也不用"打鸡血"，完全就是我人到中年的人生感悟。此刻我把他当成和我们平等的一个成年人来对待，一个会思考、有责任心的热血男儿。不知道我们聊了多久，直到电话那边他低声地说了一句："老师，您放心，我不会放弃的，我再冲一冲！"我知道这孩子耐力不够，就告诉他："啥时候动力不足了，需要打气了，就给老师打电话，只要你需要，我一直在！""可是老师，咸鸡怎么给您呢？我们真心打算给您送去的。""哈哈，心意领了，以后再说！"我挂了电话，一看聊天时长，1 小时 35 分钟，这时一旁一直处于静音状态的先生嘟囔了一句话："你们星海的老师管得真宽，学生都毕业了，你还管啊？"我笑笑：管？不恰当，这不是责任，这是信任；这不是任务，这是开悟。如同战神安泰向大地母亲盖娅汲取力量，那些毕业了的孩子，无论远在天涯海角，还是近在咫尺，都永远忘不了在懵懂无知的年龄里启蒙他们的星海，忘不了那些用生命托举起他们的老师，因为向母亲汲取力量，是一个人在困难面前本能的反应。本人才疏学浅，仅凭一腔热血闯教坛，能成为孩子们心灵的依托、家长们可信赖的知音，何其荣幸！2022 年 8 月的一天，叮咚一声微信提示音响起，陈宇轩妈妈向我报喜，他终于考上了本省的一所一本大学，六年磨完剑，终于亮剑了！

还有 2019 届何清的妈妈，寒暑假开始就会发来问候："李老师，在家吗？我去看看您的腰好些了没有。"其实我知道是何清在上海高中又面临选择瞎折腾，他妈妈想找我支支招。2016 届的陈诗仪，一个学期会问我两次："李老师，您现在有课吗？我去看看您啊。"其实我知道是她又跟她妈妈吵架了，找我来调解。还有青春不散场的班级 QQ 群里，家长们或惊喜或遗憾地汇报着高考分数，细数着高考的军功章里那份属于我们的功劳……

我是不是可以把教育的魅力理解为这一直没有送达的咸鸡，这一句句用关切作为寻求帮助的借口，以及那些数不清的惦念和问候，一次次返校的探望和回首，一句句感恩怀念的话语？我用心地帮扶每个孩子的青春，我执着于我耕耘的讲台，若干年过去了，我惊喜地发现：原来我所执着追逐的远方，也正热情地寻我而来！

校本课程的"烟火气"与"书香气"

俞 敏

地摊经济,以其独有的活力,体现了一座城市的烟火气,折射出了它的温度。"西方哲学智慧"是星海政治组开设的一门校本课程,其内容具有晦涩、抽象的特点,这就要求我们的教学也要具有"烟火气",利用情境创设、活动开展、反思自省等方式组织教学,做到与学生生活、社会实践有效衔接,从而接地气、有生气。此外,校本课程的教学还更应体现其学科属性与育人价值,以"书香气"来涵育学生的学科知识与核心素养,具体而言,就是要帮助学生建构核心概念、培育科学思维、提升人文素养。

一、以情境为依托,建构核心概念

合理有趣、引发深度思考的情境,能为西方哲学核心概念的掌握提供良好的支撑。教师应借助一定情境带领学生超越表层的符号教学,进入知识内在的逻辑形式和意义领域。① 在情境的支撑下,学生利用原有知识和经验,通过体验、探究,学会运用并建构新的知识和经验。

(一)情境创设,生成核心概念

概念是判断、推理的依据,核心概念则是哲学思维的支点,对学生的哲学学习起着统领作用。借助情境讲授核心概念,有利于学生理解哲学家的思想内核与精神实质。西方哲学史上的人物繁多、思想庞杂,在有限的校本课程教学课时中,提纲挈领地抓住核心概念进行教学,能提高教学实效。在教学实践中,我尝试创设多样化的情境,如社会热点、生活事件、哲学故事、图片视频等,帮助学生初步理解核心概念,再通过归纳、演绎、类比等方法,形成对核心概念的深刻认知。例如,在讲柏拉图的哲学思想时,我紧扣"理念"这一核心概念,首先呈现一组图片,图片上有茅

---

① 王实玲. 思想政治核心概念深度教学的探索[J]. 中学政治教学参考,2013(12):60-63.

草屋、公寓楼、别墅等，然后请学生思考，这些都可以称为什么，学生回答"房子"。至此，我引出"理念"的概念，"房子"就相当于柏拉图所说的"理念"，是一种普遍的概念、共相或形式，是我们的心灵所观照到的东西。而刚才图片所呈现的都是"房子"这一理念的具象，是具体可感的，二者是一与多、一般与个别的关系。在此基础上，我将"理念"与苏格拉底的"定义"作类比，帮助学生进一步理解这一核心概念的精神要义。

（二）情境迁移，运用核心概念

衡量是否掌握核心概念的一个重要标准是在情境迁移中的知识运用，习得的知识和经验只有应用于另一情境才能得到巩固与深化、拓展与延伸。但要注意的是，情境必须辅之以高质量的问题，以情境为场域、以教学内容为载体的问题有助于带领学生进入深度的意义学习，而高阶思维的投入与实际问题的解决是深度学习所必需的。让学生通过不同情境的迁移训练，积累一定的经验，进一步归纳出具有普遍性和规律性的方法，是我们教学的目标之一。为了帮助学生更好地理解亚里士多德"矛盾律"的概念，我用公务员考试的一道题目进行迁移训练。

一家珠宝店失窃，警方锁定3名嫌疑人，分别是甲、乙、丙。甲说：乙没有盗窃；乙说：甲说的是真的；丙说：甲在撒谎。最后证实3人中有人说谎，不过真的罪犯说的是实话。问：谁是罪犯？

在这样充满悬疑色彩的高能情境中，学生掌握了"矛盾律"这一概念的核心思想：在同一思维过程中，两个相互矛盾的思想不能同时为真。

二、以活动为平台，培育科学思维

《普通高中思想政治课程标准（2017年版）》提出，要"围绕议题，设计活动型学科课程的教学"，使活动成为教学的重要形式。校本课程具有很强的操作弹性，采用多样化的活动能够一改传统灌输式、"一言堂"的哲学教学状况，关注学生独特的情感体验与个体成长诉求，激发他们的课堂参与感，使他们在自由宽松的氛围中自主独立思考、理性科学思维，真正做到以人为本。

（一）质疑求真，培育批判性思维

西方哲学天生具有批判性，几乎每一位哲学家都秉持求真求是的精神，对前人的观点提出疑问，进而阐明自己的观点。笛卡尔就说过："要想追求真理，我们必须在一生中尽可能地把所有事物都来怀疑一次。"①我们的教学也应坚守哲学"否定之否定"的本质，以质疑为手段，以创新为向导，激励学生突破传统思想的桎梏，通过缜密思考、科学审视，以敏锐的洞察力、丰富的想象力和深刻的思维力去发现问题，进而大胆提出新假设、新思路、新方法。培养批判性思维的一个重要途径就是辩论。在充满竞争活力与逻辑张力的对话中，学生需要时刻保持敏感，质疑对方每个观点，找出漏洞，寻找论据，从而击败对方。西方哲学中有许多辩点值得我们挖掘，我在教学中开展过"人要不要控制自己的欲望？""物质与意识何者更重要？""阿基里斯究竟能不能追上乌龟？""美德即知识？"等辩论活动。通过这些活动，学生加深了对哲学思想的理解，提高了逻辑分析能力和语言组织与表达能力，逐渐形成了以求真、开放、自信为特质的批判性思维。同时，在此过程中他们也懂得了批判的最终目的不是否定对方，而是以科学的革命的精神实现知识的重构、观念的创新乃至社会的进步。

（二）合作互补，培育包容性思维

在构建人类命运共同体的时代背景下，包容性思维显得尤为重要。如果说批判性思维强调质疑与否定，那么包容性思维则强调承认与肯定，发现对方观点的合理之处。对不同的观点加以分析、判断、整合与重构，以多元思维、关系思维、间性思维来处理主体与客体、自我与他者之间的关系，能构成视界的融合与多元的发展。开展小组合作探究，是培养学生的包容性思维，实现不同主体、不同观点之间互补互促的有效路径。如在讲黑格尔的哲学思想时，我请学生自由分为两大组，一组研究黑格尔的家庭观，另一组研究荀子的家庭观，学生通过组内的资料搜集、观点整理与组间的对话交流取长补短，明白中西哲学思想的产生有着不同的社会背景与历史局限，但我们完全可以从社会发展与人们的现实需要出发，将不同的观点加以整合，取其精华，去其糟粕，使传统中西哲学思想与现代社会相适应、与现代文明相协调，进而得到创造性转化与创新性发展。可见，通过合作形成包容性思维，有助于化解矛盾与冲突，实现不同主体的共

---

① 笛卡尔．哲学原理［M］．关文运，译．北京：商务印书馆，1958：1.

在、共生、共荣。

三、以反思为载体,提升人文素养

洛克认为,"反省"是对获得观念的心灵的反观自照,是人们自觉地把心理获得作为认识对象的认识活动。① 在对心灵的观照中,必然饱含主体自身丰富的情感和持续内隐的思维,这是一种有温度的、充满人文关怀的活动,正是这种"烟火气"使我们的教学更加厚重、绵长。而人文素养作为一种关乎人性与灵魂的素养,需要通过反思来提升。

(一)基于理论反思,陶冶道德情操

理论是反思的基点,哲学家所提出的道德思想对学生具有教育作用。在西方哲学中,道德教育方面最具代表性的是苏格拉底的美德教育,他认为"美德即知识",并通过"助产术"、反讽等方式引出"智慧""公正""勇敢""自制""虔敬"等概念,从而加深了学生对道德具体内涵和若干范畴的理解,提高了道德认知与觉悟,增强了分辨是非善恶的能力。课堂上,我请学生列出自己已具备和尚需养成的良好品德,然后写上品德培养的预期目标及实现目标的具体做法,并注明监督人,学期结束时再请学生写一篇《道德反思与提升记》作为校本课程考核的一个方面,使道德的培养具体化。此外,哲学家的思想与其人格是紧密相关且高度一致的。西方有很多哲学家是道德的典范,在教学过程中,我经常讲一些哲学家的趣闻轶事,不仅增强了课堂的趣味性,也使学生受到了人文的熏陶和道德情操的陶冶。如泰勒斯预言"橄榄丰收从而赚钱但又对金钱不屑一顾"的高尚精神、赫拉克利特将王位让给弟弟所体现的自由平等思想、芝诺因拒绝招供同伴而被处死的正义精神等,对学生都是无形的道德感化。在学习中,学生将自己的品性与哲学家对比,及时深刻反观自身的道德品质,从而发现不足,提升道德修养。

(二)基于实践反思,探寻人生价值

与中国哲学相比,西方哲学更珍视个体,强调体认、关注,追求人作为主体的价值和存在的意义,从而激发其内在的自觉意识,实现自由、全面的发展。如苏格拉底的"自知其无知"、普罗泰戈拉的"人是万物的尺

---

① 洛克. 人类理解论:上册 [M]. 关文运,译. 北京:商务印书馆,1959:68-70.

度"、萨特的"存在先于本质"、叔本华的意志本体论等都强调人的价值及其实现。当然,这些观点大多具有浓厚的个人主义色彩。在教学中,我引导学生辩证地看待这些观点,强调人的价值更在于对社会的责任和贡献。恰逢学生赴江西弋阳研学活动归来,我请学生反思在研学过程中自己为助力当地发展参加了哪些有益的实践活动。同学们有的开展了社会调查并撰写了调查报告,有的为当地政府发展建言献策,有的去了当地小学支教,有的确立了一对一帮扶对象并实施定期帮扶。通过对这些实践活动的反思,他们切实增强了公共参与意识和社会责任感,在关照他人需要、服务社会的同时,确立了自我价值所在,树立了人类终极关怀的情怀。

如果说"烟火气"是我们校本课程教学的"底气",那么"书香气"则是其"底蕴"。在构成"底蕴"的三大因子中,核心概念是"根",科学思维是"道",人文素养是"魂",三者相互交织又层层递进。这就要求我们教师具有持久的学习力和强大的创造力,积极运用教育智慧,实现师生的双向、多维发展。

在"发现教育"中润物细无声

徐毅鸿

一、"发现教育"以学生为主体

德育既不应是枯燥的口头教化,也不应只由班会课来承担教育责任,而应融入每门学科的教育情境,从而在"发现教育"中"润物细无声"。语文这门学科比起数学、物理更能承担德育的目标,语言是存在的家园,其背后的价值观就在语言的体悟与使用中、在对文化现象的思考中被形塑。在《发现的行为》一文中,布鲁纳对发现法做了详细的描述,他指出:"发现不限于寻求人类尚未知晓的事物,确切地说,它包括用自己的头脑亲自获得知识的一切方法。"因此,发现教育意味着学生作为主体的人的位置被凸显,意味着尊重学生生命的价值和尊严,并创造一种积极正向、鼓励探究的教育环境和氛围,使学生能够在此环境中正确地发现自我、发掘自我、发展自我。① 发展学生自我的道德水平需要学生自己去提问、去反思，这也符合《普通高中语文课程标准（2022年版）》中的语文课程目标。语文课程目标明确提出，语文课程应培养学生在真实、具体的语言情境中进行交流沟通的能力，提升思维品质，培养审美情趣，积累文化底蕴，理解文化多样性。而时评演讲教学涵盖了听、说、读、写等语文学习活动，教学实践证明，这些活动可以调动学生的主体性，让学生在探究中发展自我。其实，时事天生就是情境化的学习资源，使其成为探究性的学习资源，可以真实地体现学生日常生活中关心的问题，增强情境的真实性，提高学生的探究欲望和学习参与度，从而"润物细无声"，实现"立德树人"的德育目标。

二、"发现教育"以真实情境为载体

在"发现教育"中"润物细无声"，创设真实的任务情境是难点。有些老师为了设计任务情境而设计，最终导致学生在伪情境中失去学习兴趣，或者把语文课变成戏剧表演课、声乐课。以往的时评演讲仅关注新闻事件，但我认为，在语文时评演讲中，时事的范围不仅应该涵盖新闻，更应该包括奥斯卡最佳动画电影带来的文化热议，鲁迅文学奖、诺贝尔文学奖等文学奖的评选结果带来的文学界热点讨论话题，还有"信息茧房"现象等出现在学生生活中值得思考的问题。这些话题和问题都具有德育价值。归类来说，时评演讲课程可以选择以下几类内容作为"发现教育"的真实情境建构点。

（一）选择具有思辨空间的社会热点问题

时评演讲中特定时事的选择至关重要，一要切合社会热点，二要有思辨的空间，这样才能发现学生的思维提升点。切合社会热点的时事往往会激发学生的好奇心，让他们主动学习和思考，从而构建正确的价值观。国内外重点新闻事件可以培养学生的国际视野与心忧天下的情怀，让他们真正做到"风声雨声读书声，声声入耳；家事国事天下事，事事关心"。高中生课业压力相对较大，往往会忽略身边的新闻事件，所以将社会热点作

---

① 徐金海，任志瑜. 发现教育：理论建构与实践路径［J］. 教育理论与实践，2018，38（34）：3-7.

为演讲内容很有必要。

另外，热点话题往往会引起公众的热烈讨论，而且在讨论的过程中往往会形成完全不同甚至对立的意见，没有标准答案。当演讲材料中呈现不同视角的观点时，可以给学生提供一个思辨的空间，这样不仅有助于培养其思维的批判性品质，同时也会使其变得更能包容多元观点。

（二）选择与教材相关联的有趣时事

根据实践，我发现选择学生感兴趣的话题会让学生的积极性变高，如果能与教材中的文章相关联，就可以将演讲作为国家课程的一个拓展，让语文课充满趣味。就此话题补充阅读材料，就可以防止学生的思维固化，提升学生思维的灵活性，从多点进行德育。

（三）选择与人文母题相关的时事

部编版高中语文教材的每个单元都有一条人文母题脉络，理解这些人文母题不仅要依靠教材中的经典文章与任务，还可以利用涵盖在教材母题下的时事话题，让学生发现现实生活与教材的关联，培养思维的深刻性品质，实现德育的深化。

（四）选择学生生活中遇到的难解大问题

诸如爱情萌芽、亲子矛盾、青春期孤独这些问题，是学生在高中阶段会遇到而国家课程又很少涉及的内容，教师可以在开展演讲教学时引导学生思考和讨论这些问题。比如，利用绘本《两颗心的相遇》引导学生理解人与人之间的爱、互助、分担、共享；用微信动图呈现上海17岁男孩跳桥身亡事件，引导学生站在家长的立场看待亲子矛盾，形成同理心，不去消费悲剧；课堂上用6分钟时间播放2017年奥斯卡最佳动画短片《鹬》，然后让学生自由生发观点进行演讲；等等。思考和讨论生活中遇到的类似问题可以培养学生思维的独创性，弥补国家课程中德育的缺漏点，让学生发现自己解决问题的可能性。

在将德育融于时评演讲教学时，教师可以让学生从自己的生活经历中发现问题、思考问题、解决问题，从而完成情境任务，提升语文核心素养，让模糊的立场清晰化，让偏颇的观点被纠正，从而构建正确的价值观。

美国教育家杜威提出的"教学法五要素"中渗透着"发现教育"理念，这五个要素主要包括：第一，"学生要有一个真实的经验的情境"；第二,"在这个情境内部产生一个真实的问题,作为思维的刺激物";第三,学生"要占有知识资料,从事必要的观察,对付这个问题";第四,学生"必须负责有条不紊地展开他所想出的解决问题的方法";第五,学生"要有机会和需要通过应用检验他的观念,使这些观念意义明确,并且让他自己发现它们是否有效"。① 借鉴杜威的教学法,将此理论应用于语文教学实践,可以衍生出丰富多样的教学案例。

三、"发现教育"以过程为核心

"发现教育"最核心的是关注学生的学习过程而非结果,我以某食品安全事件的时评演讲教学为例来具体介绍。首先在教学目标的制定上,要让学生知道道德判断应该建立在了解事件真相的基础上,所以第一个教学目标是从报纸、微博等媒介中获取关于某食品安全事件的相关信息,知道信息来源的多样性,判别信息的真实性。另外,不同媒介会有不同的立场,对于同一事件的表述也不尽相同,学生需要辨明媒介立场,多方了解真相。所以第二个教学目标是针对某食品安全事件,通过分析不同媒体的表达方式和内容区别,辨识媒体立场,多角度分析此事件,形成独立判断。当然,作为语文课,听、说、读、写等语文实践活动也少不了,所以第三个目标是学会运用图片、文字、影视等多种媒介展开有效的表达和交流。

在教学过程中,首先展示某食品安全事件时评演讲题目,在呈现时,综合多种媒介,引导学生关注食品安全问题,思考我国社会正面临的严峻挑战。在这个时评演讲题目中,我有意提及相关媒体的报道及微博评论,这样展现时事的目的是让学生通过学习跨媒介的信息获取,思考辨析报刊、网络这两种媒介的语言文字运用特点,提高评判媒介传播内容的能力,让他们知道信息来源的多样性,知道不同媒体基于立场会有不同的深层语义,需要明辨是非,形成自己独立的判断。

其次,开展某食品安全事件时评演讲任务群。第一个任务是跨媒介阅读新闻事件进行思辨,具体包括三个活动项目。第一,跨媒介阅读《法制晚报》、食品生产商微博,提取有效信息,概括事件始末。第二,小组讨

---

① 杜威.民主主义与教育[M].王承绪,译.北京:人民教育出版社,2001:179.

论，探讨两个媒介表达事件的特点，并分辨媒体立场。第三，确立自己的立场，不同立场的小组间进行辩论。此任务是为了实现第一和第二个教学目标，明辨是非，确定立场。

第二个任务是辨析媒介立场，对两种评价态度进行思辨。活动项目1是跨媒介搜集事件信息，分解现象或事件内部矛盾的各个方面。活动项目2是对原谅与批评两种态度进行思辨，总结多元评价角度。活动项目3是比较网络与报刊这两种媒介的特点，反思网络与报刊对我们思维的影响，进行小组交流。这个任务可以让学生看到不同媒介的价值观，以及其价值观导向，从而进行反思。

第三个任务是时评写作。许多学生习惯从网络上了解新闻事件，但网络上发布的信息不一定真实，微博、QQ空间、微信公众号都是如此。因为不同媒介有不同的立场，为了达成自己的目的，有的媒介往往用语言掩盖真实信息。活动项目1是反思某食品安全事件中是否存在信息被隐瞒、夸大或篡改的现象，重新认识此事件。活动项目2是针对学生的认识，跨媒介搜索、阅读相关支持性文章，形成议论素材，独立写作，深化理性思考。最后让同桌之间根据量表（表1）①互相修改作文，批驳对方观点和论据。

表1 某食品安全事件评分量表

序号	要求	分值
1	求真求实，体现时代精神	10分
2	明辨是非，价值取向正确	10分
3	辨析媒体立场，能够把握某食品安全事件中各媒介语言表达背后的立场	20分
4	对某食品安全事件的概括准确、简明扼要	20分
5	从某食品安全事件到食品安全问题频发的现象，分析原因，要求深入、透彻	20分
6	事实、论述与观点具有逻辑关系	20分

---

① 改编自人民教育出版社课程教材研究所中学语文课程教材研究开发中心.普通高中教科书教师教学用书·语文：必修.上册［M］.北京：人民教育出版社，2019：181.

最后一个任务是时评演讲，包括演讲者演讲。先写下关键词；接着听众聆听，记录思考；然后听众针对演讲内容进行评价，思维碰撞；最后再思辨两个活动项目，借此让学生检验自己的观念是否正确。

四、"发现教育"以树人为终极目标

教育是人的教育，是发现人、提升人、成就人的教育。作为一种教育追求，"发现教育"的终极目标也是指向人，指向人的发现的。① 基于"发现教育"理念，融德育于高中语文时评演讲教学要求教师充分尊重学生的主体性，并在真实的情境中引导学生思考探究，在学习共同体中互相发现，从而实现"1+1>2"的教学效果。

打造"鸡尾酒式"课堂，创生深度思维学习
——高中英语课堂"发现教育"教学实践初探

张文娟

课堂教学改革已经到了嬗变期，其中，发展核心素养既是时代和经济社会发展的必然趋势，也是这个时代所有教育人的共识。但素养培育从理想通往实践的路程无捷径可言，需要教师躬身探索。

英语课程是语言课程，为顺应时代趋势，焕发课堂活力，把握学科本质素养，探寻学科思维元素，构建学科设计框架，提高学生思维品质，点燃学生学习激情，魅力四射、精彩纷呈的融合式即"鸡尾酒式"课堂应运而生，其以创生英语教学深度学习高阶思维课堂为目标，以大概念为"源头"导向，指向核心素养培育，围绕打造思考型层级式深度课堂、开启真实情境沉浸式学习模式、开展课后反思性教学复盘三方面，组织课堂设计、课程目标设定及课堂成果之预判。围绕大概念意义展开的三方面学习

---

① 杨孝如. 发现教育：让儿童发展从可能走向现实[J]. 教育理论与实践，2013，33（10）：7-11.

环节将有助于课堂活动的有效开展，并助力学生语言学习的持续发展和有效迁移实践。（图 1）

一、发掘"源头"：确立以大概念为统领的目标导向

大概念教学注重单元主题教学目标导向，围绕人与自然、人与社会、人与自我三大主题语境，划分出基于单元学习的主题意群，如牛津译林 2020 年版英语教材必修三第一单元"Nature in the Balance"的单元主题语境群为"人与自然之自然环境、自然遗产保护、人与环境、人与动植物、人类生存、社会发展与环境的关系"，基于文本内容（视频脚本、电视台采访脚本、倡议书、宣传手册）的案例支撑，深挖内涵，运用归纳与演绎推理法，确立每个主题群的核心内容，即在考虑学生最近发展区域内知识体系的前提下，引发学习冲突，激发思维碰撞，并在真实情境中探索亟待解决的问题。

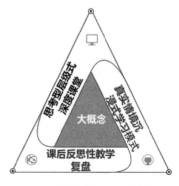

图 1　"鸡尾酒式"课堂结构图

基于发现问题、解决问题并付诸实践的大概念观，教师对该单元的语篇教学内容进行了相应的规划（表 1）。

表 1　2020 年版英语教材必修三第一单元语篇教学内容规划

主题	主题意群	主题意义	大概念
人与自然	自然环境、自然遗产保护	亚马孙雨林生态与保护	发现问题、解决问题，付诸实践
	人与环境	保护环境、防治污染	
	人与动植物	生物多样性、生物链	
	人类生存、社会发展与环境的关系	平衡与发展、双赢、黄金原则	

根据布鲁姆的教育目标分类学理论，教育的两个最重要的目的是促进学习的保持（记忆和再现知识）和学习的迁移（理解、转化和应用知识的能力）。教师应考虑低水平认知过程与抽象概念具象化相兼容，为深度学习铺平道路，核心问题的提出可确保前概念外化，继而驱使学生认知思维的波动性转变，该过程会触发概念解构与意义建构及重构的高阶目标。

这一过程也说明了核心问题应具备与真实世界的关联性，强调参与者的洞察、移情与自我认识。以高一英语教材下册必修三第一单元为例，现实性话题阐述如经济发展与环境保护如何权衡，环境问题成因与解决对策，如何提高生物多样性、人与自然的关系等主题意义都具有强烈的现实性，课堂中一系列的问题链设置帮助学生体会主题导向，这些核心问题直指真实世界的普遍性论题，以启迪学生心智、激发学生思维。教师通过创设协商式学习场景，鼓励学生建立小组进行讨论，制作相关材料，在查阅课外资料的过程中体会不同观点和视角对问题阐发的影响。学生认识事物、学习语言的规律是从具体到抽象，再从抽象到具体，这一系列过程需要概念及大概念在其中穿针引线，大概念体现具体与抽象间的"协同思维"。①

在大概念的潜移默化中，学生的关键能力逐渐形成，正确的价值观念得到树立，核心素养中关于语言能力、文化意识、思维品质和学习能力的发展目标亦逐步达成（图2）。

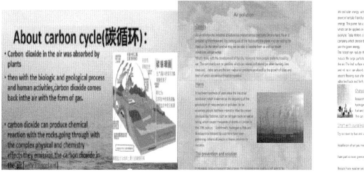

图 2　学生作品展示

在围绕大概念进行教学设计时，教师应树立强烈的课标意识，聚焦大教材观和大概念教学思维，深挖教材，通过知识与核心素养、核心概念、高阶思维这条通路，搭建单元学习任务，基于学情预判教学结果生成情况，从而建构教学重难点，设计教学目标、教学评价、教学过程及教学产物。

---

① 刘徽．"大概念"视角下的单元整体教学构型：兼论素养导向的课堂变革［J］．教育研究，2020，41（6）：64-77．

以牛津译林 2020 年版英语教材第三单元"The World Online"为例，教师在备课环节设计的思维导图（图 3），确立了帮助学生树立批判性思维，解决实际情境问题的教学大概念目标。

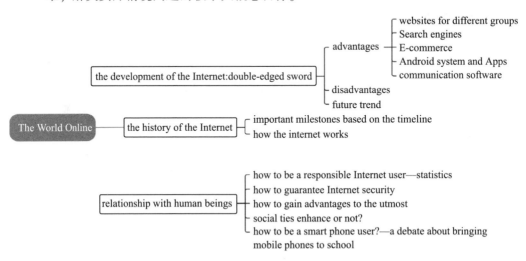

图 3 "The World Online"思维导图

基于该思维导图，教师将核心问题拆解为阶梯形或不同视角下的任务，并对教学内容进行理解与重组，利用 SWOT 分析法分析教学情境，并进行问题链和具体活动的设计。（表 2、图 4）

表 2 利用 SWOT 分析法设计教学

• 创设情境：想象自己要向全班同学介绍互联网发展的前世今生。 • 小组讨论：与大家分享你对互联网的看法。 • 学生思维导图制作：制作有关互联网的思维导图，从不同角度阐释，可参照书本案例。	SWOT 分析法： • 互联网的优势。 • 互联网的劣势。 • 如何规避劣势，保证网络安全健康。 • 如何充分发挥优势，做到造福全社会与全人类。
• 辩论赛：阐发是否能将手机带入校园的看法，论据充分。 • 班级演讲：如何成为一位合格的网民？ • 海报制作：互联网正确使用指导宣传手册	• 如果制作一款手机 APP 或软件，你想涉及哪个领域？ • 如果你的朋友网络成瘾，你想通过何种方式帮助他摆脱困境？（建议信） • 你满意被互联网充斥的时代吗？你想对这个时代和裹挟在时代中的人说些什么？

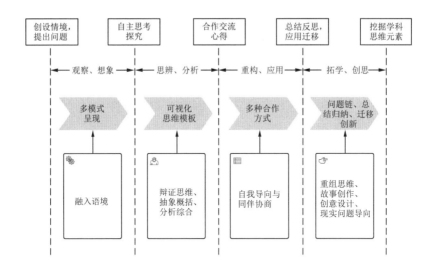

图 4　教学情境设计图

教师在提出问题时应该预判学生的所思、所学、所感，给予学生充分的、有价值的学习资源、思维工具、评价量规等支架，为学生创设多样的具有综合性、关联性和实践性特点的英语学习活动，并最终指向大概念核心要义。

教师为学生提供与单元大概念主题内容相关的课外补充拓展材料，旨在对主题意义、单元内容、语言知识、文本特征等进行深入探索和延伸，深化学生对主题的感悟，从而达到育人目的。大概念在单元教学中的作用如源头活水，会让课堂教学清如明镜，让教学设计一目了然。

二、激发"启智"：打造思维型层级式深度课堂

《普通高中英语课程标准（2017 年版 2022 年修订）》指出：普通高中英语课程作为一门学习及运用英语语言的课程，旨在为学生继续学习英语和终身发展打下良好基础。普通高中英语课程强调对学生语言能力、文化意识、思维品质和学习能力的综合培养，具有工具性和人文性融合统一的特点。其中，思维品质的培养对于学生发展的价值与意义毋庸置疑。

杜威在《我们如何思维》中道："无疑教学这个词的主要意义，是同传递、灌输别人的观察和推理的结果连在一起的。在教育工作中，过分强

调积累知识的理想，其根源在于不适当地突出了学习别人的知识的重要性。问题的关键在于怎样把这种形式的学习转化为理智的财富。"① 学生的学习需要思考，做到"做"中"思"。对于英语学习，教师不应停留在简单地复述、记忆词汇等，而应增加教学内容的丰富性，查找具有研究价值的文本材料，鼓励学生发掘学习材料中的语言美、结构美、形象美、意境美，提升思维的范畴、内容的广度和精度，从而提高学生学习语言的兴趣与积极性。

在课堂中，教师要积极开启思维对话，给予学生适时反馈，做到对学生的多维度了解、倾听，甚至与学生对话。教学强调互动性，教师要关注学生的主体性，做到以"人"为本，"目"中有"人"，充分发挥学生在学习活动中的主体性和主动性，给予学生适切的思维拓展空间，把握激发思维的时间点，通过循循善诱的引导鼓励学生自我表达，如常见的以文本脚手架构筑表达框架，关键词或关键信息的提醒，通过提供线索帮助学生快速定位文本信息进行自我诠释，等等。在表现型任务引领下，教师应充分利用课堂教学的多种呈现方式，如板书绘图、思维导图设计、角色扮演、小组合作学习、辩论演讲等，不要局限于单一的教学模式，助力整合和带动多种思维发展的学习路径。

在课堂教学实践中，教师应不断追问学科本质，启迪学生心智，实现深度学习。

以牛津译林 2020 年版英语教材第四单元"The scientists who changed the world"为例，教师引导学生在学完 Reading 的部分课文内容后小组讨论，补充科学家屠呦呦的简介，并制作成人物簿，总结出科学家的优秀品质，在班级展示。学生通过小组讨论和自主查阅，逐步定位关键信息，并参与到同伴协商中。该活动培养了学生检索信息的能力，引导学生在同伴协商互助的过程中体悟科学家的人格魅力和特质，从而达到通过教育"立德树人"的目的。

三、展现"真实"：开启真实情境沉浸式学习模式

法国著名哲学家和社会学家埃德加·莫兰认为，"应该在教育中教授

---

① 约翰·杜威. 我们如何思维 [M]. 伍中友, 译. 北京：新华出版社, 2010：163.

策略的方式,使人们在应对偶然的、随机的、意外的和不确定性的事情时,能够在行动过程中通过分析搜集到的信息而做出相应的行动方式和行动方案"。① 策略因时而变,包含着对事物发展中无序性因素的正视、抵抗和利用,这就意味着个人能清醒地意识到差异性的存在,能坦然直视并加以应对。

在教学实践中,教师应从解决实际问题的角度利用教材,构建教育与真实世界的桥梁,发挥教学解决现实世界问题的终极价值,提出具有生活价值的问题。教育亟须以新的体系为学生的未来生活提供价值功用,帮助学生做好准备,在这个变化无常、不确定、复杂和模糊的世界中为学生探海导航。学生作为个体的人,脱离不了情感、价值观等的附着,教师应利用"感同身受"激发学生对于个人经历结合具体情境的认知与体悟。"真实感"具有可信性、依赖性和规劝性,在个体的价值观树立上具有重要意义,它深刻阐释了人与环境的有效联动,从而令课堂生生不息。

以牛津译林2020年版英语教材必修三第二单元"Natural disasters"为例,教师可让学生扮演联合国教科文组织地质环境灾害减灾部门的高级顾问,让学生谈谈如何有效避免灾害并减少灾害损失;也可让学生扮演蓝天救援队的队员,分享灾害发生后的救援方式与灾害的防治手段;或者结合真实情境,组织学生开展探寻汤加火山爆发的前因后果与庞贝火山爆发的现代启示相关的展演活动,寻求别国经验,了解如何减轻重大灾害损失;还可组织学生撰写关于当地自然灾害防治的新闻报道或公众号推文,制作自然灾害防治措施手册等。

在真实的问题情境中,学生通过实践迸发思维火花,丰富生活体验,做到"创"中学,强化知行合一、学用结合。为了解决"真"问题,学生主动调动已有"真"经验,运用所学"真"知和技能,去分析、探究、合作、解决问题,在此过程中形成英语学科核心素养。

四、呈现"意义":延伸课堂外反思性教学复盘

参与教与学双向互动的教师和学生,要及时进行反思总结,共同参与

---

① 邵仲庆. 试论埃德加·莫兰复杂性思想在教育领域内的体现 [J]. 学理论, 2011 (22): 174-175.

"发现教育",推动下一阶段的学习与教学工作。

教师要及时反馈和反思实际教学成果是否达成,复盘教学内容与过程。在反思过程中,教师应以学生为主体,反思课堂管理、评价标准、自身专业发展等是否有助于培养学生核心素养,是否有助于实现育人目标。怀海特曾在《教育的目的》一书中言:"我们的目标是,要塑造既有广泛的文化修养又在某个特殊方面有专业知识的人才,他们的专业知识可以给他们奠定进步、腾飞的基础,而他们所具有的广泛的文化,使他们有哲学般深邃,又如艺术般高雅。"① 在课程教学改革的时代背景与宏伟蓝图下,教师教学应旨在创造活泼的思维而非呆滞的思维,建构多姿多彩的生活而非死水一潭的场景。教师应尽可能地营造浪漫的学习氛围和真实的生活情境,实现学生的自我成长、自我成就、自我启智、自我赋能,让学生徜徉在课堂内,主动积极地汲取知识,认识到教育的交互性、对话性,以真实世界作为媒介,外延思维世界,探寻教育本质,启迪学生发现美好生活,体悟生活、探寻生活、热爱生活、感恩生活。

学生通过梳理已学知识自主反思自己学与习的行为活动和心理活动,认知自己的学习策略与学习效果,自我诊断学习中存在的问题并能反馈自己学习中存在的问题,从而调节自己的学习活动,并在新的条件、新的情境下提取已学的知识与技能来解决新的问题。例如,学生在做的过程中要有探究和反思,从过去简单地运用知识、操练技能转变为将对文化的认识、感悟与语言文字技能整合在一起,将整个学习过程视作探究和认知世界的体验过程。同时,通过社会性互动,认识到问题解决的过程也是不断改进的,比如,知道了用什么样的方法能更好地收集到资料开展交流等。正如保罗·弗莱雷在《被压迫者教育学》中所言,只有通过交流,人的生命才具有意义。② 教师应鼓励学生发现问题,及时调整自我以应对问题,并采取可行的措施解决问题。

教师还可引导学生运用认知策略、元认知策略、资源管理策略,帮助他们适应环境和调节环境。认知策略由复述、精细加工、组织三部分组

---

① 怀特海. 教育的目的 [M]. 庄莲平,王立中,译. 上海:文汇出版社. 2012:1.
② 保罗·弗莱雷. 被压迫者教育学(50 周年纪念版)[M]. 顾建新,张屹,译. 上海:华东师范大学出版社. 2020:26.

成，具体是指教师在课堂中为学生创设语言情境，组织学生复述、结构原文，并进行理解性精读。元认知策略由计划、监控、调节三部分组成。资源管理策略由时间管理、学习环境管理、努力管理、其他人支持等部分组成，其作用是及时唤醒学生自主学习。无论是教师还是学生，只有学会及时反思内省，才能突破瓶颈，寻求到教学或学习的真谛，发现生活智慧，挖掘现实意义，明确未来方向。

致力魅力课堂，"发"于大概念下的源头活水，"现"于师生教育意义之深度探寻，深耕赋能启智、创新开放的深度学习"鸡尾酒式"课堂，构筑创设展现"真实"的情境，有助于激发启智的思维，发展学生高阶思维能力，让学生不断积累"发现"的经验，使学生在真实世界图景下形成"发现"的思维方式和个性品质，从而更好地发现世界、认识世界，发现自我、认识自我、超越自我，呈现"发现教育"之意义。在教育教学实践中，教师也要发现每个学生的思维闪光点，激发学生内在驱动力，开启平等对话机制，构筑思维对话桥梁，点燃思维火花，尊重每个灵魂的独特性，实现教育唤醒学生精神世界的意义。

擦亮星空，点亮自我
——浅论"发现教育"视域下的融合与共生

颜 丹

曾经读过谢尔·希尔弗斯坦的一首小诗，单纯而美好：总得有人去擦擦星星/它们看起来灰蒙蒙/总得有人去擦擦星星/因为那些八哥/海鸥和老鹰/都抱怨星星又旧又生锈/想要个新的我们没有/所以还是带上水桶和抹布/总得有人去擦擦星星。

是啊，漆黑的夜晚，总得有人去擦亮星星，点亮星空。身为教育者，又何尝不应该是一个耐心的擦星人、一个用心的发现者？

一、唤醒：发现别样可能

"报告！"清脆响亮的声音突然响起，打破了班级原有的宁静。我定睛一看，教室门口站着一个胖胖的男孩，略微歪着的头、别在背后的手、不停抖动的双腿，以及五官分明的脸上荡漾着的不以为然的笑容。

这是我和他的第一次相遇，看着他那一直保持着的挑战式的似笑非笑神情，我知道自己碰上了一个不好对付的孩子。

果不其然，短短一个星期，他就让我全方位地领略到了他的"厉害"：每天最后一个到校的是他；不交或迟交作业的名单上有他；自习课带头起哄的是他；更让人难以接受的是他那永远后仰、双腿叉开抖动的坐姿。短短几天，他就成为各科老师公认的"顽疾"。

一天，自习课上，我看见他竟然难得安静地坐在那里练字，一笔一画，很是认真，字迹虽不是潇洒隽秀，倒也工整端正。我不由得脱口称赞道："真不错！老师从没发现你的字可以写得这么漂亮呢！"不知为何，他的脸上竟然闪过一丝红晕，宛若初夏天边半隐着的晚霞。第一次，我发现，原来桀骜不驯的他也会因表扬而害羞呢。我突然想到那个曾经被陶行知老先生给了四颗糖的男孩，正因为陶行知先生的尊重，才唤醒了这个男孩内心对错误的认知与反省。我不由得计从心来，说道："你的字的确不错，如果你能坐得再端正些，我相信你的字会更漂亮！"他看了看我，竟然顺从地坐稳了。看着他伏案书写的身影，我不由想起苏霍姆林斯基曾经说过的一句话："这些孩子不是畸形儿，他们是人类无限多样化的花园里最脆弱、最娇嫩的鲜花。"很多时候，作为老师的我们常常很慷慨地把"肥料"给所谓的尖子生，殊不知，学困生更需要"肥料"。他们或是由于基础知识薄弱、接受能力差成为学习上的学困生；或是由于自制力差，成为自由散漫、颇令老师头疼的学困生。然而，他们正因为存在这样或那样的缺点与不足，才更需要被发现、被关爱、被尊重。

从那之后，我便特别注意起他来，一旦他有进步，我便在班级里对他大力表扬。令人惊异的是，他的字在我几次三番表扬之后，竟出乎意料地飞速提升。有一次，他的硬笔书法竟然获得了苏州市的三等奖，这让同学们都对他刮目相看。也许是书法方面的成功唤醒了他内在的自信与潜能，渐渐地，他捣蛋少了，笑容多了；叛逆少了，顺从多了。最后，他终于考取了心仪的高中。

再来看我时，他已是个阳光帅气的大男孩，一脸明媚，自信洋溢。在他真诚地鞠下躬对我说"老师，谢谢您"的那一刻，我突然感受到了被认可、被尊重的幸福。我也终于明白：只有真心相待，用心唤醒，真诚激励，方能深入学生的内心世界。

教育，从本质上讲，是一棵树摇动另一棵树，一朵云推动另一朵云，一个灵魂唤醒另一个灵魂。对教师而言，只有唤醒学生内在的驱动力，方能获得另一种可能。

二、激励：发现无限精彩

我喜欢称她"丫头"，初见她时，她高挑的个头吸引了我，在一批还是小萝卜头样的初一学生中，她像一枝亭亭玉立的荷，很是引人注目。只是，彼时的她并不太爱说话，每天只是安安静静地坐着。不久，我就获悉，她来自离异家庭，由母亲独立抚养。

这样的孩子的确让人心生怜爱，可是，泛滥的同情能有效改变她目前的状态吗？身为老师的我当然清醒地知道，答案是不能。

正当我困惑之时，运动会开幕式的节目表演报名开始了。班里的学生跃跃欲试，想着要在这次运动会中精彩亮相。正在商议报节目时，有学生推荐了她，说她跳舞非常厉害，可以领舞。我看向她，她的脸突然红了，悄然低下的双眼躲过了我期待的目光。

看着她犹豫的模样，我没有追问下去，而是讲了一个故事："从前有户人家的菜园摆着一块大石头，到菜园的人只要不小心就会踢到那块大石头。儿子问爸爸：'为什么不把那块讨厌的石头挖走？'爸爸回答：'那块石头从你爷爷时代开始一直放到现在了，它的体积那么大，不知道要挖到什么时候。'就这样，日子慢悠悠地过下去，直到当时的儿子娶了媳妇，也当了爸爸。有一天媳妇被石头给绊倒了，于是想让老公搬走，老公用他爸爸当年的回答拒绝了她的请求。结果媳妇一气之下自己带着锄头和水去挖，没想到原本以为要挖很长时间的石头几分钟就被挖了起来——原来这块石头并没有想象的那么大。大家想想，这块石头为何一直没被挖走？"班里同学纷纷举手发表见解。最后大家一致认为，阻碍大家去挖石头的，从表面上看是石头巨大的外表，其实是人们心理上的障碍和思想中的顽石。

"是啊，如果我们一直心存疑虑，前怕狼后怕虎，就很难把事情做好。就像这次运动会的开幕式，只有大家同心同力、共同参与，才能最好地展现我们班的风采！你们说是不是？"同学们都点点头。看着依然不语的她，我用试探的口吻问道："老师特别欣赏会跳舞的女生，丫头，你能代表班级参加这次活动吗？"她的头终于仰起，略带羞涩地笑了笑，答应了。

接下来的每天，她都会带着大家一起编舞，教室里，常常飞出阵阵轻盈明朗的笑声。彼此陌生的孩子们，就这样渐渐生出了融洽与美好。

终于到了运动会开幕式的日子，终于等到了上场的她。九月的天空，明媚而澄澈，地面上人影攒聚。我看着她优雅地旋转、起舞，熟稔地勾腿、下腰，用心演绎着属于自己的精彩。她的舞姿，如吹过林间的轻盈的风，如穿过山涧的灵动的泉。她的脸庞，在阳光下熠熠生辉，洋溢着令人叹服的自信。

我突然明白了美国著名心理学家威廉·詹姆斯的一句话："人心中最深刻的禀赋，是被人赏识的渴望。"教育的意义不在于长度，而在于温度。每个生命都有如花般绽放的渴望，教师只有关注学生、尊重学生，不断激励，不断发现，才能呵护那充满生命光泽的缕缕馨香。

三、欣赏：发现教育真谛

他，是我见过的最憨厚、执着的男孩！

他姓方，长得却很圆实。微胖的身子、圆圆的脑袋、大大的眼睛，走起路来一踮一踮的，煞是可爱。他对食物有着无限的热情，每天下午的点心时间都是他最幸福的时刻。当他听说取消中考长跑后，脱口而出的第一句话是："啊，我终于可以放开肚皮吃啦！"

上课时的他，专注而认真。他的眼睛清亮而澄澈，像是蓄了两汪水。他的脸部表情总是很生动，或颔首示意，或愁眉紧锁，或豁然开朗，或眉开眼笑。他似乎是自带光环的孩子，只要看到他，你就会顿时觉得这堂课生意盎然。

可就是这样一个孩子，却在课堂上跟我唱起了反调。那天，我正在讲试卷，突然有学生问："老师，雕梁画栋是什么结构？""并列结构。""那雕梁和画栋又是什么结构的短语呢？"我不假思索地说："雕梁画栋，就是在梁和栋上雕刻花纹、画彩绘，应该是雕于梁、画于栋。这么来推断的话，应该是动补结构吧。"正当我兴致勃勃地准备继续往下讲的时候，他突然高高举起手说："老师，我觉得不太对！"未等我开口，他就站起来，扬起他那本一直随身携带的《新华字典》，略为得意地说："老师，您看，雕梁画栋是指房屋的华丽的彩绘装饰，常用来形容建筑物富丽堂皇。我觉得中心词应该在'梁'和'栋'上，'雕'和'绘'起修饰作用。按这种理解，那就是偏正短语。"看着他有理有据反驳的模样，我有点难堪，又有些生气，僵持了半天没有说话。班级里气氛一时有些凝重。他似乎也意识到了什么，看着我说："老师，我能坐下了吗？"看着他那明澈而略显抱歉的眼眸，看着忽然间鸦雀无声的教室，我蓦然间意识到自己的狭隘与武断。

陶行知先生曾说："民主的教师，必须具有宽容、与学生共甘苦、跟民众学习、跟小孩子学习，肃清形式和先生架子、师生间的严格界限等。"是啊，静心想想，作为学生，他能够质疑并主动去探寻答案，这是多么可贵的精神！而我，面对学生的质疑，不是虚心聆听，不是欣赏鼓励，而是先端着所谓的师道尊严，这样的老师谈何民主？古语有云："弟子不必不如师，师不必贤于弟子。"他能积极思考，勇于质疑，并勇于纠正我的错误，我难道不应该向他这个"小孩子学习"吗？

思考至此，我清了清嗓子，对着仍然低头不语的他说："方，你特别厉害！老师刚才仔细想了一下，'雕梁画栋'的确应该是偏正结构的并列短语。老师要感谢你！小而言之，你的积极思考、勇于质疑、敢于探索，让老师发现自己讲课过程中的错误；大而言之，你的质疑提醒老师，要时时保持对教学的敬畏之心。今天的确是老师太随意了，没有认真去揣摩，老师要自我检讨，郑重道歉！"我话还没说完，同学们都热烈地鼓起掌来，他也抬起头，真诚地对我鼓掌、微笑，自信漾满了青春洋溢的脸。

是啊，不带偏见的欣赏，不仅让我发现了学生之长，更让我发现了自己之短。方的质疑让我重拾对教学的敬畏之心，踏上心智的自我成长之旅。

德国教育学家第斯多惠说："教学艺术的本质不在于传授本领，而在于激励、唤醒、鼓舞。"最初，我以为，是我的激励、唤醒、欣赏擦亮了那些不谙世事的学生。而今，我才发现，所谓教学相长，在一路前行的过程中，其实是学生擦亮了我，擦亮了我的生活，擦亮了我的梦想……

循二十四节气，苏州园林问雅
——发现身边的文化遗产综合实践活动探索

徐 燕

叶圣陶《苏州园林》一文是说明文的典范作品，人教版语文教材八年级上册第五单元收录了此文。"身边的文化遗产"是此册教材第六单元综合性学习的内容。《苏州园林》这篇文章与"身边的文化遗产"综合性学习有主题关联。

1997年，苏州古典园林中的拙政园、留园、网师园和环秀山庄被列入世界文化遗产名录。2000年，沧浪亭、狮子林、耦园、艺圃和退思园作为苏州古典园林的扩展项目被列入世界文化遗产名录。中国人通过观天发明的二十四节气在2016年被联合国教科文组织列入世界非物质文化遗产名录。二十四节气是我国古人对自然时间与农耕生产关系的精准把握，体现了中华民族传统农耕社会的生活经验和文化记忆，蕴含着中国人传统的生存智慧与生命哲学。

苏州古典园林是身边的文化遗产，二十四节气已融入百姓日常生活，二者均是宝贵的课程资源。拓展资源领域，丰富资源类型，设计具有学校特色、区域特色的语文实践活动，是《义务教育语文课程标准（2022年版）》（简作"课标"）倡导的课程实施理念。课标在"课程实施"子目录中指出："语文课程资源既包括纸质资源，也包括数字资源；既包括日常生活资源，也包括地域特色文化资源；既包括语文学习过程中生成的重要问题、学业成果等显性资源，也包括师生在语文学习方面的兴趣、爱好和特长等隐性资源。"

我设计"循二十四节气，苏州园林问雅——发现身边的文化遗产综合实践活动探索"语文综合实践活动，将世界文化遗产与世界非物质文化遗产有机结合，师生走进园林学堂，发现和感受时空交织的魅力。课堂空间因此有了转换，教学形式也随之发生变化，说明文阅读实现了有效延伸，综合性学习在真实情境中得到了生动落实。

一、诗文问雅

中华优秀传统文化是语文课程内容的主题之一。在苏州园林中，园名、匾额、楹联等均是中华优秀传统文化的载体，让人含英咀华，回味无穷。

2022年处暑节气，我和学生同游艺圃。艺圃始建于明嘉靖年间，前后多位园主均是有内涵、重气节的文人雅士。我有意识地引导学生关注园名的含义。

设计的游园任务单上有一项："假如你是艺圃小导游，请你给游客简要介绍艺圃的历史沿革。"学生通过园林导览图或互联网查询，了解相关信息。艺圃的第一位主人是明代的袁祖庚，他给园取名"醉颖堂"。第二位主人是明代的文震孟，他给园取名"药圃"。第三位主人是清代的姜埰，姜埰之子给宅园取名"艺圃"。以上信息表明园名在变化，园主的精神追求有所差别。

设计的游园任务单上另有一问："艺圃的第二任主人是文徵明的曾孙文震孟，他为何给园取名为'药圃'呢？"教师引导学生进一步探究园名的深意。文震孟进士及第，秉公为政，廉洁自律，在东林党与阉党的斗争中，与弟弟文震亨不屈不挠地站在东林党人一边，受到朝野正义人士的拥戴。"药"与屈原《楚辞》中常提及的"芷""兰"同义，表示清幽高洁、避世脱俗之意。

2022年大暑节气，我和学生同游沧浪亭。寻觅宋时江南，踏访苏州，沧浪亭是不能轻易绕过的雅致打卡点。它曾是北宋苏舜钦修筑的谪居之所，是苏州现存诸园中历史最为悠久的古典园林。沧浪亭的多副对联是园林名联。此前，我开设"苏州园林的对联文化"一课，在课堂里带领学生赏析苏州园林名联。暑气逼人，入得沧浪亭，看景吟联，悟得真趣。"清风明月本无价，近水远山皆有情"是远近闻名的对联，上联语出自北宋欧阳修《沧浪亭》诗："清风明月本无价，可惜只卖四万钱。"下联语出自北宋苏舜钦《过苏州》诗："绿柳白鹭俱自得，近水远山皆有情。"此联为清梁章钜题的集句联，通常用以赞美山水风月。行至仰止亭，师生品读对联："未知明年在何处，不可一日无此君。"在仰止亭前，我问学生："此君"为何君？几个学生脱口而出："竹。"在语文综合任务单里还有一项——请学生查阅沧浪亭里的竹子种类。沧浪亭里竹子种类繁多，有金镶玉竹、湘妃竹、石绿竹、寿竹和慈孝竹等几十种。

园林中诗文底蕴深厚，俯拾皆是，如留园中的两处景点缘溪行和舒啸亭出自陶渊明的《桃花源记》和《归去来兮辞》。拙政园的见山楼命名取陶渊明"悠然见南山"之意。可以说，陶渊明是苏州园林历代主人的精神导师。

苏州园林在有限的空间里，在叠山理水、栽植花木之外，用大量的匾额、楹联、书画等来反映哲理观念、文化意识和审美情趣。在苏州园林里，学生对匾额楹联的吟哦唱诵更具有情境感和真实感。循节气，游园林，我引导学生发现园林中匾额、园名、楹联等的妙趣，共同浸润其中，乐而忘返。

二、花窗问雅

叶圣陶在《苏州园林》里写门窗的文字侧重从工艺美术的角度切入："苏州园林里的门和窗，图案设计和雕镂琢磨功夫都是工艺美术的上品。"从丰富园林层次和色调的角度来说，花窗如同裁剪风景的取景框，使人虽置身于咫尺之地，却获得意想不到的观赏效果。踏着谷雨、立夏等节气，我和学生开启了花窗问雅之旅。

活动任务单如下：

> 一、寻窗
>
> 苏州园林美丽优雅的花窗令人着迷，其中许多花窗都有纹饰。请你寻找一扇这样的园林花窗，了解它的纹饰、寓意，将你的发现记录下来并附上照片。
>
> 示例：拙政园冰梅纹花窗
>
> 梅花高洁，与兰、竹、菊并称为"四君子"。梅花有吉祥平安的寓意，古人认为，"梅花四德，初生蕊为元，开花为亨，结子为利，成熟为贞"；今人则认为，梅花五瓣，寓意五福临门、五子登科。
>
> 推荐：沧浪亭的四孔植物花窗，狮子林的琴、棋、书、画花窗等。
>
> 二、问雅
>
> 在苏州园林中，花窗多被用来分割园景空间，起到隔而不断、移

> 步换景的作用。请你想象：有花窗的建筑和没有花窗的建筑在视觉感受上有什么不同？

在教师的引导下，学生不再停留于文字，停留于他人所说，而是与同伴、家人共同了解花窗的造型，发现花窗与草木的搭配协调，品味沧浪亭的四孔植物花窗、狮子林的琴棋书画花窗等极具美感的花窗。

在开展花窗问雅之旅的过程中，我除了和学生一起走进园林之外，还和学生一起回到课堂进行探究。学校一位高中女生在游览狮子林时，对琴、棋、书、画这四雅花窗印象深刻并产生了灵感：西方有十二星座，中国有十二生肖，将星座、生肖与花窗相结合，既是将动态的生物与静态的花窗相结合，也是将东方文化与西方文化相联结。她创新地将星座、生肖与花窗结合，设计出了既有典雅感又具现代感的花窗，一举拿下全国第十四届青少年"未来工程师"博览活动创意花窗项目一等奖。

初中课堂请来"高中生老师"传授花窗雕刻技艺，不但带来学习新风尚，更加深了中学生对园林花窗、对世界遗产的理解。让更多学生认识世界遗产、了解世界遗产，好比让一棵树摇动另一棵树，是苏州古典园林文化别有意义的传承方式。

初一学生如是分享学习心得："雕刻花窗的过程让我逐渐认识到手工活之难。在这次花窗雕刻活动中，我领略了园林艺术之美。我想，精益求精的工匠精神，也是苏州园林能有精美花窗的原因之一。"

花窗问雅不只指向语文学科，更有跨学科的交融。如任务单上请生物老师设计了这样的问题："请用'形色'APP了解花窗周围的植物。现在是谷雨节气，这些植物有什么特点？哪些是常绿植物？哪些植物正在开花？不同植物的配合会产生怎样的美感？你所找到的这扇花窗是怎样与周围景物配合的。请你根据上述调查内容，自己设计一扇花窗，并说说设计思路。"

这样的任务不仅指向文化自信，而且也兼顾了语言运用、思维能力和审美创造的核心素养发展。2020年，花窗问雅实践活动案例参加江苏省综合实践活动展示。同时，以此为主要内容的"让世界遗产'活'起来"案例入选中国福州"全球世界遗产教育创新案例"。

三、四时问雅

园林问雅贯四时,教师设计任务单,引领学生发现二十四节气的浪漫与诗意。处暑过,暑气止,我与学生共访小巷深处的世界文化遗产艺圃。

综合实践活动任务单第一项是请学生了解余世存《时间之书》中的相关介绍:

> 处暑分为三候:"一候鹰乃祭鸟;二候天地始肃;三候禾乃登。"鹰,义禽也。秋令属金,五行为义,金气肃杀,鹰感其气始捕击诸鸟,然必先祭之,犹人饮食祭先代为之者也。不击有胎之禽,故谓之义。二候天地始肃。秋者,阴之始,故曰天地始肃。天地间万物开始凋零,充满了肃杀之气。古时有"秋决"的说法,即是为了顺应天地的肃杀之气而行刑。三候禾乃登。"禾乃登"中的"禾"是黍、稷、稻、粱类农作物的总称,"登"即成熟的意思,古人曰成熟为"登"。

任务单上的第二项是:

> 呈现白居易《早秋曲江感怀》、陆游《闲适》及元稹《咏廿四气诗·处暑七月中》等诗。
>
> 任务设计:摘录关于处暑的六首古诗,请任选其一,说说你的发现。

此处不用"理解""说说大意"等词,特意用"发现"一词,旨在不限制学生的思维,希望学生能够自由书写感悟。学生通过对处暑节气诗歌的朗读品味,理解时令与物候的关系。

我与学生同游拙政园,赏四向而立的四座亭。春亭绣绮亭,前方是牡丹园。夏亭荷风四面亭,此为拙政园中部的"眼",居于水边,在此可以赏荷。夏亭的亭联化用大明湖边对联。秋亭为待霜亭,冬天在雪香云蔚亭赏雪。四座亭,春看牡丹夏观荷,秋待霜来冬赏雪。在不同时令游同一园子,会有不同的发现。

参与此项活动的家长不无感慨:

> 今年暑假，这节必修课显得非同寻常。徐老师推荐孩子们参加苏州园林学堂，带领孩子们循节气访园林，引领他们不只用脚步，更用心去贴近园林，寻访古人用他们留下的一砖一瓦、一花一木、一字一匾诉说的这片土地的故事。当孩子们的思想、眼光投射过去，作为世界文化遗产的苏州园林就越发鲜活，回馈给我们的也一日日地热烈起来。
>
> ——朱贞一家长

任务单上的第三项是：

> 呈现艺圃四张不同平面图，请学生推荐最欣赏的平面图，并说说理由。

通过画图，学生做出自己的判断，对园林布局有发现，有回忆，更有思考：园林主人的设计意图是什么？体现了怎样的审美理念？

叶圣陶说苏州园林让人"一年四季不感到寂寞"，因为"花草树木的栽种和修剪着眼在画意"。我认为远不止于此，只有沉浸式游园，游客才能体会到苏州园林四时皆如画。正是因为"循二十四节气，苏州园林问雅——发现身边的文化遗产综合实践活动探索"语文综合实践活动有这样的出发点，涵养高雅情趣，师生方能共同恒久地发现苏州园林这一世界文化遗产的四时魅力。

1972年通过的《保护世界文化和自然遗产公约》标志着新理念的胜利：全世界是一个紧密关联的人类文明共同体，因而所有的遗产都应由一个世界主义的组织进行管理。它强调的是："不管这些世界遗产处在什么区域，它们都属于全世界所有的人。"

苏州古典园林是世界文化遗产，是世界文明的优秀成果。在苏州园林中探寻世界文化遗产背后的学问，对师生的成长、对文化的传承和弘扬具有不同寻常的意义。陶行知说："老教育坐而听，不能起而行，而新教育确有行动的。"以二十四节气为活动节点，以苏州古典园林为优质资源，读书、行走与写作，源于教材而不止于教材，构建了开放多元的教学资源体系。二十四节气与古典园林的组合课程资源在文化传承方面必然会起到积极作用,充分发挥其促进学生发展的作用。

清华大学老校长梅贻琦说:"学校犹水也,师生犹鱼也,其行动犹游泳也,大鱼前导,小鱼尾随,是从游也。"教师设计任务,学生深度学习,师生踏着节气同访古典园林,这正体现了师生密切互动的"从游"过程。建设开放的语文学习空间,"创设真实而富有意义的学习情境,凸显语文学习的实践性",这是流动式的教育,是踏着节令的持续性的"发现教育",有助于师生在探索中拓宽向丰。

叶圣陶在《苏州园林》中说:"可以说的当然不止以上这些。"教学《苏州园林》一文,开展发现身边的文化遗产综合实践活动,立足核心素养,彰显教学目标以文化人的育人导向,可做的当然也不止这些。

发现视野下高中班级管理存在的问题及改进策略

何文娟

一、"发现教育"的内涵及高中班级自主管理的重要性

"发现教育"也称"发现学习",是教育教学中针对学生的学习心理和学习状态而形成的一种新型教学理念。"发现教育"强调学生是知识的发现主体、学习主体,学生是主动接受知识的主体。在"发现教育"视野下,高中班级自主管理可以更加有效地培养学生自主合作和自主探究的精神,促进学生的全面发展。班级自主管理是一种以学生为主的管理方式,可以在自主活动中发挥学生的自主性,从而调动起学生对于教学活动的积极性。同学们也可以在自主管理的同时增进同学之间的互助友谊,增强班级的凝聚力。在高中班级自主管理制度下,学生可以做自己的主人,积极主动地发挥自己的特长和优势为班级做贡献,在教师的妥善引导下,充分展现出对班集体的热爱和荣誉感。针对当下教育对人才培养的目标,高中班级自主管理正好为实现目标提供了基本保障。

二、高中班级自主管理存在的问题

(一) 班主任管理思想陈旧

应试教育的背景下,班主任在班级自主管理的管理分配和管理放权方面的思想比较陈旧,班级自主管理工作因此难以正常开展。

在陈旧的思想里面,考试成绩是大多数班主任评判学生的标准,进而在班级自主管理中也以此为基础进行人员的职位分配:成绩较好的,就被授予职位,在班级中充当管理人员;而成绩不怎么理想的,在班级中就是被管理人员。这种分配方式就将管理人员的选择范围变得十分狭窄,评判的标准也十分片面,没有将班级自主管理中学生的自主性发挥出来。除此以外,班级自主管理还存在一些不公平、不客观的现象,在一定程度上影响了学生的心理健康。班主任掌控着班上的大多数权力,导致学生参与活动的积极性不高,所以班主任应该转变思想,将权力下放给学生。

(二) 学生缺乏参与班级自主管理的意识

据教育局调查,在高一和高二年级,在班级自主规划上出谋划策的学生占比在32%左右,合理评判班委能力的人数占比在30%以上,参与班级自主管理人员竞选的人数占比在47%以上。但是,高三学生的调查结果与此相差甚远,其参与班级自主管理活动的人数仅占29%。由此可以分析出学生面对班级自主管理的心理特点,学生在潜意识里认为班级自主管理只是闲暇时间的消遣方式,并没有认识到其重要性。而且高三学生学习任务繁重,自然而然地,参与班级自主管理的意识就相对淡薄。一方面,高三学生担心班级自主管理会占用学习时间,影响自己的学习成绩;另一方面,高三学生更希望班主任能够对班级进行统一管理。

(三) 班级管理制度特殊化

在班级自主管理中,班干部是班级的领头羊,班干部一直扮演着重要角色。而且班干部在班级的诸多决策中也享有绝对的发言权,但是从目前的调查结果可以看出,班级自主管理制度逐渐出现了特殊化倾向。

三、高中班级自主管理的优化措施

(一) 发挥班主任主导作用的对策

要发挥班主任的主导作用,班主任首先要转变自己的思想观念,在履行自身对班级的管理职能时,要不断地学习、更新自己的思想观念,积极、主动地接受新的教育管理理念。只有认识到班级自主管理制度的重要性和关键点，才能保证班级自主管理制度的顺利实施。并且班主任应该在班级自主管理制度的实施过程中积极记录班级动态，不断反思总结，主动对学生的问题进行纠正，还要明确学生在班级自主管理中的主体地位，积极指导学生在管理方面做出改进。

（二）组建自主管理班集体的对策

1. 辅助班委制

在确定班委的职位安排制度时，采用辅助班委制。意思就是每个职位都选举两名学生，一个作为主政班委，一个作为辅助班委。比如，在选举的时候，同一个职位，选取得票数前两名、得票数最高的学生担任主政班委，得票数第二的担任辅助班委。两个班委的工作侧重点有所不同：主政班委主要负责班级各种事务的处理，不仅要对班级的表现做总结报告，还要报告自己在担任班委时的感受与不足之处；而辅助班委的主要工作是辅助并监督主政班委的工作，在主政班委处理事情的时候给出自己的意见，这样在发现问题后能够保证问题及时得到解决。

2. 事务承包制

班主任帮助学生细化任务后，要确保每个学生都能有自己的事务，以提高其参与度，周期大约为一学期。每个学生对自己班级进行自主管理时要积极，主动纠正班委工作的不足等。班上的一切工具都要及时加以维护，保证有一个干净的学习环境，并且互相督促各自的行为举止，遵守课堂纪律，尽可能做到最好。

3. 学分制

以学分的方式对学生的日常表现、班级自主管理的参与度及学习情况进行客观评价。将学生的日常表现列举出来，每一项都通过班干部或者全班同学的协商，并赋予一定的学分。在实施学分制时，要添加一个基本分数，然后根据每个学生的表现在基本分数上进行增减。实行学分制，不仅可以促进学生积极参与班级自主管理，以及班上举行的各种活动，还能提高学生自主学习的兴趣。高中三年的总学分将作为评选优秀学生的一个依据。

4. 记录班级事务制

记录班级事务是学生进行班级自主管理最重要的一项工作，能够最大限度地提高学生的管理能力。班干部平时在处理班级事务的时候必须进行记录，当班级事务管理中出现矛盾或争执的时候，班级事务记录可以作为依据。班干部还能在记录中不断总结自己的表现，提升自己的工作能力。

（三）班级自主管理的激励对策

希望得到别人的认同和理解，这种求同心理在高中生中是非常普遍的。对于学生来说，老师的认同和赞美无疑是他们积极做出班级贡献的动力之一。所以，在班级自主管理中，教师要对学生的付出表示肯定，尊重学生做出的正确决策，让学生从尊重中收获自信，从而更加积极地投入班级自主管理。班主任要从多个角度去观察学生，发现每个学生身上的闪光点，从而给出最具个性的评价。同时，还要给他们提供展示自我的舞台，发挥其在班级建设中的作用。

班主任对学生的态度直接影响到学生在班级活动和班级管理中的表现。高中生的心智还没有完全发育成熟，大部分学生并不会刻意隐藏内心的感受。如果学生觉得老师存在偏袒的现象，就会对班级活动和班级管理产生抵触心理，甚至还会对抗老师。所以，老师在指正学生的错误时，要采用合适的措辞，选择合适的时机。比如，将"你的成绩太差了"说成"你继续努力的话会有很大的进步空间"，等等。[1]

在班级自主管理中，班主任要及时和学生沟通，主动与学生进行交流，认真倾听学生的想法。比如，当科任老师提及某个学生的问题时，班主任应及时找学生了解情况，帮助解决问题。和谐的师生关系对于班级建设来说极其重要，并且班主任要时常给学生传导"同学就是另一种意义上的亲人"这种观念，只有同学之间和谐友爱、相互支持，才能形成更好的班级风气。但是，在和谐友爱的班风中，班主任不能忽视纪律方面的要求，有张有弛才能更好地发挥班级自主管理的作用。

学生可以轮流写每日道德日记来促进同学之间的交流，这样也有助于形成良好的班级自主管理氛围。学生可以在每日道德日记中审视自己、观察同学，从而培养对自己及他人的欣赏能力。教师也要及时从每日道德日记中了解学生，帮助学生解决难题。信任是亲密的基础，师生及同学之间只有相互信任，才能发挥出班级自主管理的最大优势。

---

[1] 孟万全.积极心理健康教育［M］.北京：中国轻工业出版社，2008：13-34.

高中阶段实施班级自主管理对于班主任和学生来说都是一项挑战，需要班主任主动增强自身素质，学习和接受现代教育思想和理念，积极扬弃传统的教育思想。学生作为班级自主管理的主体，要对自己有清楚的认知，认真履行自己的职责，在班级管理中提升自己的管理能力，勇敢地面对这个挑战。

发现聚焦　课堂教学

"发现教育"支撑下学校评价改革路径的探索
——以苏州工业园区星海实验中学推进评价改革为例

周晓阳

学校综合评价联系教师、学生，联通学校、家庭、社会，关联学校教育的过去、现在、将来，具备"风向标""指挥棒"的作用。星海实验中学在教育教学实践中以园区"智慧教育"为引领，紧密贴合自身"发现教育"课题研究，努力探究教育数字化转型背景下的学校评价改革理论方向、实施路径、具体方案，打造形式新、内容实、有创造、能示范的学校创新评价体系。

一、三位一体的"发现教育"支撑下的学校评价愿景

（一）追寻教育满意宗旨

该体系以"进一步减轻学生过重作业负担和校外培训负担，进一步推动教育公平发展和质量提升"为总体目标，以"教育好不好、百姓说了算"为改革思路，以"办好每一所学校、教好每一位学生、发展好每一位教师"为根本宗旨，以教育服务满意度为主要指标，推进学校、教师、学生和家长协同发展，推进学校"一校多品"文化建设和个性化品格鲜明提升，促进苏州工业园区教育更高水平、更有质量、更加公平、更可持续、更有保障地发展，促进现代学校教育教学高水平飞跃，从而让人民群众有更多的教育获得感与自豪感。

（二）对标园区评价方案

新时代学校评价必须采用"发展性学校评价模式"，教育部门要坚持以发展性教育评价观作为指导思想。所谓发展性教育评价观，是指以促进

学生全面发展为根本目标的教育评价观。① 为将学校评价改革导向化和具体化，苏州工业园区教育局制定了教育系统实施《苏州工业园区中小学五星评价办法实施方案（2021年修订）》，该方案分为教育内涵发展指数和教育服务满意指数。对标园区评价方案，星海实验中学依托园区"易加综素""易加评价""易加人才"等平台的应用，进一步创新评价机制，探索数字技术赋能创新教育的新评价路径，创制出适合自己的学校评价改革体系。

（三）依托智慧平台共享

苏州工业园区全面启动智慧教育建设，通过10年的探索实践，先后完成三期枢纽平台建设，建成了覆盖学生、教师、行政、家长及其他居民的全用户的区域智慧教育大数据应用体系。通过提供统一用户认证、单点登录、统一门户空间等服务，集成学、教、测、评、管等五大类数据应用，其中，政务管理平台、数据管理平台、教学管理平台、教学资源平台、教学应用平台、校园安全及后勤管理平台实现区域全面共享，能全面满足学校和师生的应用需求。

（四）倚重课题研究推手

学校改革创新的评价体系紧密结合了星海"十四五"主课题"数据驱动高质量发展的'发现教育'实践与创新"，是该课题研究的重要组成部分。数据驱动是一种通过数据平台不断获取、整合、分析教育教学过程中的多模态信息，捕获和研究教育教学中多方的学情动态数据，分析数据之间的内在关联，发现教育中的得与失，从而辅助提高管理和教学水平、促进师生共生共长的有力手段。

"发现教育"一般是指教育者基于发现的基本原理，窥察发展方向、遵循成长规律，以教育教学模式的改进为手段，通过大数据科学分析，促进学校从栏目数据分析和选项集中梳理中发现教育教学的得与失。它应和新时代教育发展"一核四层四翼"评价体系新要求，有利于推进优化教育资源和育人实践范式的探索，开展适合教育，激发师生主体发展的内生动力。

---

① 石长林. 发展性教育评价观：新时代学校评价的指导思想［J］. 新教师，2021（4）：5-7.

(五) 聚焦学习评价路径

教育数字化辅助评价是教智融合在学习过程中评价方式革新的路径之一，它包括教学评价、学程评价、作业评价、家校评价等多个方面。星海借鉴兄弟学校已有的学习评价方式，添置相关设备与软件，结合本校实际，利用数字技术精心制定数据采集栏目和选项，完善学生综合素质数据采集范围，与时俱进地制定综合素质评价体系和量化标准，促进数据统整的实效性和共享性，推进学生"发现教育"学习能力建设，在数据评价优化组合的基础上，促进评价过程与学习过程的有机融合。

二、三位一体的"发现教育"支撑下的学校评价路径

基于大数据的管理评价、教师评价、学生评价能够保证评价过程的持续性、评价效果的精确性和评价内容的整体性，但也存在教师职能逐渐弱化、素质测评难以开展、学生隐私面临威胁等问题。[①] 所以，深入探索智慧教育评价改革，要紧紧围绕管理评价、教师评价、学生评价三个重点，着力探究从模糊混沌到数据业绩考核的管理评价、从结果终端到数据跟踪的教师评价、从分数成绩到"五育"综合评价的学生评价，不断深化教育评价改革，强化过程评价，完善绩效评价，健全督导评价。

(一) 管理评价：加强组织建设，推进管理科学高效

坚持以人为本、民主治校、精细管理，努力做到管理精致化、责任化、明确化、制度化。充分发挥班子成员的业务技能和管理特长，形成方向一致、团结向上、坚韧有力的领导核心。建立"部门+条线"双重管理制度，让责任更明确，让管理更规范，让评价更透明。领导班子成员带头学习、遵循教育法律法规和有关政策，校督导室牵头实施教学督导和教育调研活动，定期开展自查自纠，优化内部管理，提高办事效率，把规范办学的要求落实到招生入学、规范收费、课程实施、教育教学、绩效考核、招标采购、后勤管理等环节，做到校园各项管理工作流程公开、管理评价操作规范，从而促使办学水平不断提升。建立和健全教代会制度是学校进一步加强民主管理、维护教职工合法利益、促进学校改革发展的一项有效

---

① 彭波，王伟清，张进良，等. 人工智能视域下教育评价改革何以可能 [J]. 高教文摘，2022 (3)：38-42.

措施，教师通过教代会，听取校长工作汇报，审议教职工提案，民主评议干部，使学校的民主管理与民主评价得到全面落实。

（二）教师评价：加强师德建设，深挖有效教学潜能

学校以大兼小，侧重抓住师德规范评价和教学课堂评价两大关键点，明确评价指标，积极探索教智融合的多元综合评价新路径。

1. 师德规范评价：立德修身育人，"四有"引领提能增智

传承弘扬星海创业精神，引导广大教师不忘初心、廉洁从教，用实际行动树立、维护星海教师德高行远的良好形象。学校"星晖耀海""四有"好教师团队参加苏州市首批"四有"好教师培育团队建设推进活动，并作"和远毅行育新人，踔厉奋发启新程"专题汇报，获得专家好评。在"四有"好教师团队的引领下，学校扎实开展"关于加强和改进新时代师德师风建设的意见""新时代中小学教师职业行为十项准则"等教育活动，全面推进师德师风突出问题持续专项治理的自查自纠工作，引导教师守住师德底线、远离师德"红线"，争做新时代"四有"好教师。学校建立名教师学术委员会、骨干教师学术委员会、青年教师学术委员会，打造教师发展的"三驾马车"，进一步形成了"雁阵效应"。学校已基本形成了"一三三"教师评价框架，以争做一名"四有"好教师为落实师德师风建设的中心，以学生、同行及家长构成师德师能测评的三方面主体，以师德师风、教学能力、教研能力构成教师评价的三大维度，形成良好的约束和监督机制，及时发现问题、及时反馈调整，持续优化师德师风建设。

2. 教学课堂评价：淬炼"发现教育"，全面开掘"星海表达"

在江苏省教育科学"十四五"规划课题"数据驱动高质量发展的'发现教育'实践与创新"的引领下，学校以"发现教育"为行动支点，推动教育改革和教育评价走向深入，多维度、多角度地开掘"星海表达"，探索形成适合星海教育的实践范式。

（1）"立德树人"探索发现课程，构建学校德育课程体系。以"发现教育"为驱动要素，践行大德育观，实现多元育人，强化理想信念教育，厚植爱党、爱国、爱人民的情怀，引导学生树立正确的国家观、民族观、文明观、人生观，依据大数据平台有针对性地完善"立德树人"的正确导向，启迪学生智慧生成，激励学生对已知和未知事物大胆进行质疑和探究，激发学生自主探究学习与生活的情趣，促进学生发现自我，打开成长

上升通道，提出多途径、创新性解决问题的方式方法，推动"发现教育"落地生根。

（2）细分校本课程开设原则，秉持"六个特性"方针。一是发展性，学校课程的开设以促进学生发展为目标，发现和发展学生的潜能，提高学生的参与度和学习主动性，提升学生的核心素养，促进学生全面发展；二是拓展性，学校课程的拓展不是学科课堂基础知识的变相重复，而是超越通常的学科教学，建立在基础型学科上走向细分和深入的综合性、探究课程；三是科学性，学校课程的创设和教学内容的设计体现某一学科的科学性、社会性和系统性，旨在帮助学生认识一个科学规律、一个自然或社会现象，有利于学生终身发展；四是适合性，学校课程的开发与学生身心特点相匹配，凸显学生的主体地位，不脱离、不超越学生知识储备实际与能力提升区间；五是广泛性，教师选择认为合适的内容来更新学校课程、丰富课程资源，力争涵盖所有学生的个性化发展需求；六是创新性，学校课程是滚动发现、发展的，根据实施操作情况，学校每年都与时俱进地重新修订课程内容，吸纳最新的科技进步成果，在更新迭代的过程中，自然完成对课程的评价。

（3）完善评价四个方面建设，丰富细化课程评价体系。课程评价体系由四个部分的评价分项组成：课程计划与培养目标的评价；课程预设与投入落实的评价；课程教学实施过程数据的评价；课程实施效果与目标达成的评价。这四个评价分项相应的计划、预设、实施、效果，分列在课程质量推进的四个关键点上，通过四个评价分项进一步丰富和细化课程评价体系，有利于对课程实施全程质量管理和方向督导。

一是课程计划与培养目标的评价。课程计划与培养目标的评价是课程定位、开发与实施的评估前提，是课程能否规范纳入学校课程实施的标准衡量依据之一。它包括四个方面的评估：课程的价值与意义评估、课程目标的精度和达成基础评估、课程课时规划的科学性评估、课程计划的可操作性评估。通过评估形成课程开发意见、建议或整改指导。

二是课程预设与投入落实的评价。对课程预设的评价包括教师个人的知识储备、教与学资源的筹备和开发、教学组织与安排准备、实验参观调查预案与条件等评价要素；对课程投入落实的评价包括课程计划、课程教材、教学设计、讲义作业、活动拓展等主要参评要素。课程预设与投入落实评价的主要职能是判断学校开设课程的筹备程度，前瞻性地把握学科教育教学实施的新理念、新变化、新动向，推动教研组打破常规教研模式，构建"促进教师专业成长，提升课堂教学效率"教研主线，以课程标准为研究核心，组织学、研、考、评一体化教研行动，以课程预设、集体磨课、同课异构、课后研讨多途径、多形式地促进教研活动亮新招、出实效。

三是课程教学实施过程数据的评价。在智慧教育、数字化转型大背景下，综合利用学生综合素质评价、区域教育质量监测等多种来源的有效教育信息数据，作为判断学校培养学生全面发展成效的依据。[①] 课程教学实施与过程数据的评价主要是对课堂师生教学过程与成效的评价，教师监测维度侧重了解教师的教学态度、方法、设计，学生评价维度侧重了解学生的学习意愿、方式、收获和情趣等。评价数据的获取方式为集中课堂调研与随堂问卷调查相结合，辅以学生阶段检测成绩。在课程教学的实施上，倡导教师树立正确的教学观，主动变革教与学的方式，积极构建学生自主学习的新模式，力求教学方法灵活有广度、教学风格独特有温度、教学延展多元有深度，争做"四有""五心""十问"的好老师。

四是课程实施效果与目标达成的评价。学校育人主阵地当属课堂教学，为了实施基于新课标、新理念的"发现教育"的课堂教学，教师可因材施教地开展问题式、启发式、探究式、合作式等多种任务驱动的情境化教学方式，以提高学生参与课堂研究性学习的主动性和合作性。课程教学效果的评价是课程评价的终端，通过此项评价了解课程实施对原本设计目标的达成度，有利于纠正课程实施中实际存在的偏差，为下一轮改革指明方向。课堂教学数据收集的途径以学生课后问卷、课上视频跟踪拍摄为主，以教研同行问卷和授课教师个人反馈为辅。如在学校集思广益设计的"发现教育"课堂教学评价表中，一级指标有学生表现、教师表现、师生互动、评估结论等常规项，特意增加了主动交流评估项；二级指标及说明更加注重试水型的有效先学、独立思考、适切合作，畅游型的互动交流、大胆质疑、提炼总结，深潜型的认真倾听、善于归纳、举一反三；课堂评价在整体常规评估的基础上增加加分项，即学生的课堂学习参与积极性、

[①] 李勉. 构建基于学生全面发展的学校评价体系 [J]. 中国教师，2021（1）：30-32.

参与度、参与面情况，善于引导、把握课堂节奏，使学生在试水、畅游、深潜的过程中完成知识的理解、归纳与升华等。

（三）学生评价：坚持"五育"并举，全面培养时代新人

学校以"发现教育"为生态样本，拓宽学生评价途径，进一步培育"和远·毅行"品格提升项目，坚持"五育"并举，提升德育、智育、教育内涵，着力强化体育、美育、劳动教育等必备学科的效度，积极营造"五育"融合的向上、向美、向善的育人氛围。

1. 品格提升，拓宽评价路径

尊重教育规律，以"发现教育"为生态样本，为每个学生提供公平而有质量的教育，畅通"尊重—发现—成全"育人路径，实施初高一体化人才培养模式，优化学生评价路径。

2. 推进"双改"，构建智育体系

以提升学生素养为核心，以推进"双改"（课程改革、课堂改革）研究为契机，聚焦课堂、课程研究两大探索载体，着眼学生未来发展，构建培育学生综合素养的智育体系，开展大数据驱动下的"发现教育"理念体系、课程体系、评价体系的创新研究，有机统整为育人实践体系。

3. 固本强根，推进艺体建设

借助延时服务与"双减"大课间平台，严格履行学生体质健康标准要求，合理安排每天的体育运动量，固本强根，有序推进阳光体育运动项目，努力打造校园体育"一校多品"建设，依据各项体质监测评价数据切实增强学生体质，促进学生全面发展。

4. 综合育人，颂扬劳动精神

充分发挥社会实践的育人功能，塑造劳动教育课堂新样态，重点践行三个"干"："能够干"，让每个学生都熟练掌握基本的劳动技能，会自主干；"坚持干"，让学生养成不畏艰难完成劳动任务的良好品质，会努力干；"巧劲干"，聘请校外专家传授技艺，多路径、多渠道地组织校外劳动实践和社区志愿服务活动，会有智慧地干。

5. 动态激励，完善德育评价体系

学校采用螺旋上升式的优化动态激励机制，设有星海实验中学致远奖、博星奖学金及未来之星、品学兼优生、三好生、三会生等荣誉，激发学生的进取心；改变传统的单向评价方式，通过个人、同伴、家长、教

师、社会和线上、线下多重评价的方式,带动家长和学生自主参与,打造全程参与评价模式,充分构建学校、家长和学生参与的多元主体评价体系,有力地推动素质教育在学生德育活动中的全面落实。

三、三位一体的"发现教育"支撑下的学校评价效度

在"智慧教育"、教育数字化转型的大背景下,用好园区"易加学院"评价数据,有的放矢,由"以评代管"的传统评价向多元参与、着眼未来的全面立体评价转型。① 在不断发展的信息化浪潮中,真正具有前瞻性意义的恰恰是学校治理体系的重建。② 学校评价的理论、实践、技术、文化体系随着学校的发展日臻完善,它助推数据驱动高质量发展的"发现教育"实践实现深度和广度的拓展,带动苏州工业园区乃至更大范围内的学校协同发展、共同提升,为信息化背景下教育的内涵式、多元化创新发展提供可资借鉴的案例,产生卓有成效的集团示范效应。

(一)管理评价:凝聚力量,创新工作思路

以"心连星"党员工作坊为抓手,进一步做优做强"教育益家""教育扶贫""廉洁清风""党员先锋课""教育集团(共同体)"五大行动,进一步健全学校各部门联动管理机制,定好方向坐标,创新工作思路,从模糊混沌到数据业绩考核,提高管理干部服务师生干事创业的本领。学校围绕实现"十四五"的目标与任务,聚焦增强了前瞻性、计划性、操作性的管理意识,找准服务工作的必要点、结合点、切入点、着力点、落脚点,凝聚了教师力量,发挥"智慧教育"的管理功能,细化了落实评价改革,形成了校本管理工作特色评价体系,不断推动教育教学工作高质量发展。学校推出《2021年苏州工业园区星海实验中学实施教学评价的创新方案》《苏州工业园区星海实验中学教学评价方案》《苏州工业园区星海实验中学课程评价方案》等,这些方案已在各项教学管理活动中落实推广,实施反馈良好。

(二)教师评价:智慧施教,多角赋能教学

学校教师以"发现教育"为生态样本,在"智慧教育"评价改革的

---

① 李凌艳.落实学校评价的基本认识与策略[J].人民教育,2021(1):25-28.
② 李希贵.构建高质量基础教育育人模式的思考[J].基础教育课程.2021(C1):10-14.

推动下，青年教师迅速站稳讲台，转变教育教学观念，准确把握课程内容的重难点，发挥聪明才智提升教学技能。对教材的处理，能联系学生的生活重新组合，激发学生积极思考，有效促进学生思维发展。评价教师充分借助"智慧教育"辅助功能，畅通"尊重—发现—成全"育人路径，实施初高一体化人才培养模式，教书育人成效显著。

经过对教师的评价，广大教师进一步砥砺道德情操、淬炼精神品格，为新时代培育具有更高站位、更优品质、更强技能的新时代"四有"好教师奠定良好基础，教师专业成长进步明显。学校有序推进"智慧教育"评价改革，以"星晖耀海""四有"好教师团队建设为抓手，从结果终端到数据跟踪评价，进一步赋能教师专业发展，激发教师成长活力，全力提高区级以上骨干教师占比、扩大市级以上名师份额，推进省级"四有"好教师团队和区级名师工作室建设，提升教师区域专业知名度和学科建设影响力。

（三）学生评价："五育"并举，升级内涵建设

在智慧教育、数字化转型大背景下，从分数成绩到"五育"综合评价，以学定教，更新观念理念，优化资源效能，推进以"发现教育"为核心的系统化内涵建设项目，致力打造"大数据赋能高质量'发现教育'的实践研究""声入我心：'融浸式'吟诵课程的德育建构与实施""生命科学与健康理解教育课程基地（2.0）""'星海+'科创学院"四大项目。"五育"并举，助推筑峰新成长，关键看学生的学习体验与收获，学生学习的主动性、求知欲有没有被激发起来。实践证明，进一步优化数据时代评价方式的可视化，将静态"三色图"升级为动态"五色图"，对学生学程评价做出恰当、具体、有激励性的分析，有助于激发学生自主学习的潜能，有助于90%以上的学生以"自悟—觉悟—感悟—醒悟"为成长路径，在交流知识、思考、情感流程中形成自主发现的学习能力。

星海实验中学以评促教、以评提效，推进"智慧教育"评价改革，打好"双减"组合拳，努力全面提升学校管理工作法治化、规范化、精细化水平，进一步优化评价教学环节，践行"畅游式"苏式课堂教学理念，实现"试水、畅游、深潜、发现"四重课堂教学主张，通过多元评价激励机制促进学生从"小我"走向"大我"、将"自我"融入社会成长路径，助推学生成为"爱党爱国、阳光自信、身心健康、学业精进、智慧优雅"的具有星海特质的时代新人。

"发现教育"理念引领的《乡土中国》阅读实践

肖 璐

我将《中国高考评价体系》对学生能力培养的要求与教学实践相结合，以"发现教育"理念引领学科教学，在新教材的一轮教学中，通过《乡土中国》的阅读实践，开展了书面阅读与语文活动两个层面的尝试。

《中国高考评价体系》指出：核心价值"是在各学科中起着价值引领作用的思想观念体系，是其在面对现实的问题情境时应当表现出的正确的情感态度和价值观的综合"。高中语文必修上册第五单元"整本书阅读"要求阅读学术著作《乡土中国》。教材的说明是："从传统农村入手研究中国基层生活，缘于作者对中国乡土社会的了解与情感，这是一种可贵的文化自觉。通过阅读这本书，我们可以进一步认识我们的国家和人民。"如何将"正确的情感态度和价值观的综合"落实在"进一步认识我们的国家和人民"，引导学生"面对现实的问题情境"，是研究的重心所在。

一、书面阅读阶段：理解书中的关键概念，把握全书的逻辑思路，迁移到对现实的感知与理解上，帮助学生发现学术著作的阅读有哪些切实可行的经验

传统中国的各种要素仍在以不同形式对今日中国产生影响，全面地理解传统仍是必经之途。而传统乡村与当代学生的现实生活离得较远，他们很难有真实的体验和情感认知。"所谓时间上的阻隔有两方面，一方面是个人的今昔之隔，一方面是社会的世代之隔。"研读费孝通先生阐释的传统中国，尤其《乡土中国》前五章（《乡土本色》《文字下乡》《再论文字下乡》《差序格局》《系维着私人的道德》），能使当代学生跳出以往的刻板印象，解决"今昔之隔"与"世代之隔"，更加全面地认识"我们"是谁、"我们"从哪里来。

这五章的阅读最重要的是把握若干核心概念，如"礼俗社会""差序格局""系维着私人的道德"等。这些概念虽然对高一学生而言难度较大，但只要耐心梳理文本，还是可以从原文中找到并整理出来的。教材的要求是基本读通、读懂、理解内容，而学生阅读的"预期"不妨先设置为初步了解中国乡村的历史与文化。这样以若干基本概念为引领，可以形成一个大致的认识。

《乡土中国》第十二至十四章讨论的是传统向现代转变的历程，从血缘到地缘的社会变迁，对当下城市化背景下的种种现实尤有启发意义。《名实的分离》是整本书中阅读难度最大的章节之一，一方面牵涉到的理论知识最多，另一方面名与实的关系涉及历史、文化、政治、经济的方方面面，大部分是中学生的阅读经验尚未触及的。因此，对这一部分的阅读，我不强求形成清晰的逻辑链，而是组织小组共读，通过"疑义相与析"，尽量解决阅读中遇到的困难，实在无法弄通的，也姑且存疑，将教学的重点落在对现实的思考上。

当今中国社会正处在转型的关键时期，传统与现代的交织和转换、乡村与城市的碰撞和融合，种种现实冲突处处可见。书面阅读基本完成后，我设计了一个活动任务：每小组根据阅读《乡土中国》一书获得的理论知识解读一件时事或分析自己日常生活中的一种行为方式，并制作成小报，向全班同学讲解。这一任务考查的是学生对《乡土中国》一书的学习掌握程度如何，是否能获取充分的信息、理解掌握再进行知识整合，进而调动这些知识应对问题情境，再灵活运用各种文本形式表达出来。令人欣慰的是，在整个小报的制作和讲解过程中，同学们都显示出了不同程度的历史的、辩证的、审美的、系统的思维方式。

例如，对于"老人摔倒了扶不扶"这个由来已久的社会问题，某一小组不是一刀切地下判断，而是能够充分认识到当代社会最突出的特点是时间与空间的重组。"生于斯、死于斯"的熟悉社会改变以后，来到了陌生人社会，人与人之间由亲密关系产生的信任消失了，也由此产生了冷漠和焦虑。在对这个现实社会问题进行研究的过程中，学生能够透过现象分析本质，体现了人文思维的提升；能够运用开放性思维方式应对问题情境，体现了创新思维的发展。对不良社会风气加以批判很容易，但能够分辨这种风气的成因、思考应对这种风气的方法，才是道德实践的真正动力。社会学著作进入高中语文教材,最大的意义是帮助学生发现为什么相关问题是重要的,以及如何寻找更好的答案。

二、语文活动阶段:引导学生发现传统与自己的家族、与我们生活的当下世界的联系,进而对民族文化传统有更深的认同感,对积极承担社会责任的必要性有清晰的认知

如何将对书本内容的认知内化到个人情感中,从而实现爱国、爱乡的升华?我设计了一个"我的家族树"任务。这个任务要求学生访问父母、祖父母,"发现"自己家族的历史,了解自己的家族从哪里来到本地,保留了哪些地方的特殊风俗习惯,有什么固定的家族仪式或重要的纪念物,每一代都有哪些亲属,他们的职业是什么。设计这个任务的目的是让学生理解,无论今天他们生活在多么现代化的都市里,三代以前的长辈基本都有乡村生活经验,也就是"我们"都是从乡村走出来的。家乡的特殊风俗习惯和家族仪式或多或少地体现了"礼俗社会"的传统,"差序格局"在书本上只是一个概念,但在访问长辈的过程中,随着对家族人口的梳理,几代人生活中的若干重要事件也获得了回顾,学生可以真正理解这种格局在生活中的体现。苏州工业园区尚年轻,真正来自本地的学生并不多,通过"我的家族树"图谱,同学们对自己的来处产生了真切的感受,虽然那也许曾经只是地图上的遥远名字,是归乡旅途中未曾好好看一眼的陌生小镇,是现代化和文明程度远不及他们现在生活的地方,但那是他们的根。乡土的意义由此确立,爱乡与爱国情感有了依附。

在"成为你自己"一类口号下成长起来的中学生,固然是前所未有的拥有自信、自主和创造力的一代,但当下社会存在的价值标准混乱、道德规范失序和人生意义迷失现象,也在他们身上显现无疑。《乡土中国》的阅读教学,可以帮助学生获得对当下现实的新的理解,发现并建立起一个更完善的自我。

根据美国心理学家柯尔伯格的"道德发展阶段"理论,人的道德认知发展可分为三个层次,中学生处于第二个层次,即"道德成规期",并且正在向第三个层次即"道德自律期"转化。通过阅读《乡土中国》,同学们获得了这样的认识:人类历史所有实际存在的个体总是生活在社会群体和政治秩序之中的,先在于社会群体的独立个体,只是一种建构出来的自

我理解。每个中国人的自我，首先是处在一个整体的关系结构中的自我，根据在这个结构中占据的位置来获得自我认同、行为规范、价值感和生活意义。正如钱穆先生所言，要做人，得在人群中做，得在家庭、社会、国家乃至天下人中做。"故中国传统文化精神，乃一切寄托在人生实务上，一切寄托在人生实务之道德修养上，一切寄托在教育意义上。"只有理解了"我"的位置，才能正确处理"我"与"群"的关系，面对社会生活中的各种道德难题，诉诸自我理性思考，在尽可能普遍的范围内，考虑所有人的利害和利益，真正实现道德自律。

通过阅读经典，我们得以回顾传统、观照现实，更重要的是，探索通向未来的可能路径。来到追问"走出乡土以后怎么办"的时代，身处社会剧变的当下，阅读、理解和运用经典，就是一场对话。发现经典作品的现代解读途径，发现适宜中学生的情境活动，提升学科素养、培养关键能力，帮助学生认识我们的国家和人民，厚植爱乡、爱国情感，强化社会责任感，是对"立德树人"根本任务的落实和践行。

品悟"处一化齐"之妙，撬动学生的"发现力"
——《黄州快哉亭记》课例分析

范红梅

根据《国务院关于深化考试招生制度改革的实施意见》《中国高考评价体系》《中国高考评价体系说明》《普通高中语文课程标准（2017年版2020年修订）》等相关高考政策文件，高中语文课旨在提升学生的语文综合素养，具体包括语文能力、语文知识、思想情感、语言积累、语感、思维品质、品德修养、审美情趣、个性品格、学习方向、学习习惯等综合素养。同时，新高考以深化新时代教育改革为驱动，要求优化发展学生的"关键能力"，这个"关键能力"的核心就是学生的思维力，这就要求教师在平时的教学中，不断启发并引导学生在理解知识、巩固知识、运用知识的过程中进行多元而系统的思维训练，结合《国务院办公厅关于新时代推进普通高中育人方式改革的指导意见》对于语文能力的要求，优化学生语文学习的"关键能力"，使之形成理解掌握文本、深度探究文本、有效拓展创新的思维品质。

星海实验中学从"让教育成为发现与创造的艺术"办学理念中提炼精研"发现教育"，基于发现的基本原理、教育的发展规律及学生的身心发展规律，建立"尊重—发现—成全"的教学育人路径和"自我发现—自我赋能—创造成就"的学生自我发展路径，让教育成为以发现和激发学生的潜能并促成其自我发展为目标的育人行为。

为了进一步提高高中学生的语文素养，使学生具有较强的语文应用能力和一定的语文审美能力、探究能力，并形成良好的思想道德素质和科学文化素质，为终身学习和个性的发展奠定基础；同时，针对学校"发现教育"的研究实施，在语文上进一步提升学生学习的"关键能力"——思维力，提升学生在面对探索问题情境时高质量地认识问题、分析问题、解决问题的能力，我试着以一堂课例研究为抓手，从提高以思维力为核心的学习力，让学生由自发到自觉的角度，探究如何在一堂课中让学生提升综合思维力。

一、课例分析

《黄州快哉亭记》是一篇传统的游记散文，本课在教学设计上做了些尝试与创新，即以情境任务为载体，以群文阅读为手段，以比较分析为呈现，提升阅读的难度，培养学生的综合思维力与探究能力。

首先探究课题，引导学生思考读到哪些信息，巧妙引出建亭者、名亭者和作记者，并分析三人的共同点；然后与苏轼《水调歌头·黄州快哉亭赠张偓佺》进行比较阅读，通过对比写景的异同，初步探究苏辙认为快哉亭之所以为"快"的原因，再让学生深入思考江流胜景和流风遗迹中哪个是"快哉"的主要原因，并说明理由，同时透过景物描写中的"玩"字，深入探究"快乐"的深层原因。在领悟了"快哉"的原因之后，针对学生课前的问题，即"为什么要写楚襄王和宋玉论风的典故"，再次与苏轼的词比较异同，得出"快与不快，皆由心生，与外物无关"的主要原因，与苏轼"一点浩然气，千里快哉风"有异曲同工之妙，再迁移阅读苏轼在山东密州任上的一篇游记《超然台记》，带领学生深入领会三人面对贬谪"坦然自适，游与物外"的共同心态，然后链接秦观、韩愈、柳宗元、白居易、刘禹锡、范仲淹、欧阳修等人面对贬谪的不同心态，得出"风狂雨骤处，有波恬浪静的风光，才见处一化齐之妙"的人生境界。最后用一个情境任务——假如古代贬谪文人都穿越到了今天，苏辙登高后心血来潮，在微信朋友圈发了这篇文章，请你以古代贬谪文人的身份，用一句话回复他（这句话须证明身份）来让学生当堂写一句话，建构学生的个性化阅读体验。

二、课堂实录（部分）与插评

师：古往今来，亭台楼阁总有着穿越古今的魅力。登临者，凭栏遥望，视涌千里，思接千载，他们的思绪或飞扬或深沉，如苏辙就曾在亭台之上临风而呼"快哉"，今天，让我们一起走进《黄州快哉亭记》，走进苏辙的文字，感受他的内心世界。

师：从课题中你读到了哪些信息？

生：苏轼，元丰二年（1079）到六年（1083）被贬黄州；快哉亭，表明地点；记，一种文体，包含记叙、抒情和议论。

师：快哉亭在哪里？建亭者谁？名亭者谁？

生：在黄州，建亭者张梦得，名亭者苏轼。

生：张梦得是苏轼的知己，《记承天寺夜游》里有"念无与为乐者，遂至承天寺寻张怀民"，张怀民就是他。

师：他们三人有什么共同点？

生：都是被贬之人。苏轼写《超然台记》，"超然台"之名是由弟子由所题；苏辙写《黄州快哉亭记》，所记"快哉亭"之名却是由他兄长所题。《超然台记》和《黄州快哉亭记》因是亭台杂记中著名的"兄弟篇"而流传。

师：古人喜欢临江登高远眺，寄意遥深。但既是被贬之人，为何如此之"快"呢？

【插评】《黄州快哉亭记》是一篇传统散文，上出新意是不容易的。教师以题目导入"快哉"，创设疑问，激发学生探究文章的兴趣，以此引发出与课文相关的几个人物及相关名作，在较为宏大的背景下展开对文章内容的研读。

这篇文章难度不大，所以教师跳出传统单篇教学的设计窠臼，强化了比较阅读，让学生在比较中探究文本的丰富意蕴，高起点、高标准、高要求，凸显出"发现教育"中"自我发现"的要求，撬动学生学习的"关键能力"。

师：本文与苏轼的《水调歌头·黄州快哉亭赠张偓佺》比较，在写景上有何异同？

生：苏轼的《水调歌头·黄州快哉亭赠张偓佺》景物开阔无际、波涛汹涌、变幻莫测。但苏辙文更有层次感，更突出"江流三变"之美——平地、益张、海若，这样更显得人物眼界开阔，心境渐次开阔。

生：苏辙文还突出对"流风遗迹"的议论——在此战略要地，周瑜破曹，陆逊擒关羽，曹孙窥视谋夺，周陆率兵驰骋，缅怀这些轰轰烈烈的往事，远眺宛然在目的遗迹，足以使世俗之人称快。

师：你觉得江流胜景和"流风遗迹"是"快哉"的主要原因吗？

生：我感觉好像不完全是。在第二段作者用了一个词"玩"，有玩赏之意，可见作者在玩赏之时心情是平静安适的。

【插评】教师在比较阅读中充分调动学生思维，让学生发现感、参与感增强，强化了细读文本与深读文本的意识。同时，教师以探究"因何而快"为整堂课的主问题、主线索，引导学生从景物描写、"玩"这个关键字等角度，品味文章的情感，深层次探究"快"的原因。

此处，教师抛出问题，激起课堂的浪花，有效激发了学生走入文本的兴趣，让学生主动参与课堂，深入探究文本，体现了课堂过程中的有效生成，凸显出"发现教育"中"自我赋能"的要求，提升了学生的思维力。

师：只要心中坦然，无往而不快。用文中苏辙概括张梦得的一个词，叫？

生：过人。

师：很好。而自放山水之间，其中宜有以过人者。张君的"过人者"，结合历代贬谪文人的境遇，他们有什么共性？

生：士生于世，将何适而非快；一箪食、一瓢饮，在陋巷，人不堪其忧，回也不改其乐；无论身处何种境地都不妄自菲薄，即使尘泥渗漉，也要"偃仰啸歌"；且放白鹿青崖间，看庭前花开花落，望天空云卷云舒；

不以物喜，不以己悲……

师：能否用文中三个词概括？

生：自得、自放、自适。

师：是啊。苏辙一生虽然仕途坎坷，但他坚守心中的信念，不因功名利禄而失却本性，他的一生可谓"登孔孟之堂而入老庄之室"。正因他受到孔孟儒家思想、老庄道家思想、佛家思想的影响，他才会在被贬黜之时仍然发出"不以物伤性"的感叹。

【插评】此处旨在加深学生对于拓展的名作的理解，促进其对课文文本的解读，课堂的主体内容和背景内容彼此呼应、彼此促进，使学生能高屋建瓴，由一篇文章初步了解一个历史时期下一类文人的普遍心态及生活状态。然后拓展开去，结合唐宋时期代表性文人对贬谪的不同心态，和学生一起探究那个时代文人的人生抉择与心路历程。这样的教学设计由点及面，引导学生读出了文本的文化品位、人文情怀、时代风貌，让"发现教育"的"自我赋能"进一步外延。

师：在写楚襄王的典故上，苏轼词和苏辙文有何异同？

生1：苏轼词："堪笑兰台公子，未解庄生天籁，刚道有雌雄。"他是讥笑宋玉可笑，不理解庄子的风是天籁之说的，硬说什么风有雄雌。其实，一个人只要具备至大至刚的浩然之气，就能在任何境遇中都处之泰然，享受到无穷快意的千里雄风。

生2：苏辙笔下的楚襄王是享受清风快意的，而宋玉因势利导，微妙进行讽刺，意在借风之雌雄来说明人间之不平等。楚襄王认为是快乐，而庶人认为是忧患，这是人因地位、境遇不同而产生的不同感觉——实乃常情。

生3：碧涧泉水清，寒山月华白。有时候一个人不同于寻常的境遇遭际，会产生别样的人生风景。

生4：试上超然台上望，半壕春水一城花。无限辛酸、满腹怨愤而不改其乐的苏轼也留下了佳话。

师：是啊，苏轼在《超然台记》中说："以见余之无所往而不乐者，盖游于物之外也。"世上总有人执拗于物，被物所困，很难找到真正的快乐。人生短暂，又怎么可能得到世间万物呢？游于物之外，"心无挂碍，无挂碍故"，感受生活中的美好，体验心灵的释然，方为人生乐事。

生：我明白了，二苏、张君的忧乐观正说明：快与不快皆由心生，与外物无关。

【插评】这个环节是全文的重难点所在，体现了"发现教育"背景下的教学改革与研究，重点在于培养学生的阅读能力、思考能力与创新思维。此处环节紧凑，重难点突破设计合理。《菜根谭》有言："学者动静殊操、喧寂异趣，还是锻炼未熟、心神混淆故耳。须是操存涵养，定云止水中，有鸢飞鱼跃的景象；风狂雨骤处，有波恬浪静的风光，才见处一化齐之妙。"此处拨开世上尘氛，胸中自无火炎冰兢；消缺心中鄙吝，眼前时有月到风来，恰有"处一化齐之妙"。

师：假设古代被贬谪的文人都穿越到了现在，某天，苏辙登高后心血来潮，在微信朋友圈配图发了一句话："快哉，此风！"请你以古代被贬谪文人的身份，用一句话回复他。

生：秦观回复——物随心转，境由心造，读君此文，吾得"桃源"矣！

（"桃源"，语出秦观《踏莎行》之"雾失楼台，月迷津渡。桃源望断无寻处"。）

生：柳宗元回复——吾之"千里目"今日重得清明矣！

（语出柳宗元《登柳州城楼寄漳汀封连四州》之"岭树重遮千里目，江流曲似九回肠"。）

【插评】学生的学习兴趣被充分激起后，在其理解全文的前提下，教师最后利用情境引导其走入文本内核，生发出自己的体悟与思考。教师通过教学设计，在撬动学生思维，提升学生学习能力，培养学生创意活动能力，践行"发现教育"之"自我发现—自我赋能—创造成就"这一发展路径上，切实提升学生阅读体验，建构学生的个性化阅读经验。

程颐有言："涵养须用敬，进学则在致知。"（《二程遗书》卷十八）在传统高中文言文教学中，教师侧重采用逐字逐句串讲法教学，不少学生完全没有学习兴趣，而本课就如何实施高效、灵动的文言文教学进行了一些探索，引导学生对文本进行体验，让学生经历阅读过程，发现问题，教师顺着问题引导学生阅读与思考，充分调动学生学习的主观能动性，让学生浸润在中国传统文化精华的滋养中。

三、感悟与反思

诗家不幸文章幸，文人们的贬谪经历带来了质量上乘的作品，且绵延流传至今，成为古代文坛一道独特的风景，他们从宫廷庙堂走向僻远的江湖，从尔虞我诈的官场走向民间，走向自然，走向生活，不仅找回自我，也进入文化的广阔天地，实现了艺术的新生。他们走出了精神困境，完成了生命从困顿到豁然开朗的突围。这篇文言文质量上乘，对遇到学业困惑或生活苦恼的青年学生而言，不失为一剂"心灵良药"。而且，让学生课后再去阅读苏轼的《超然台记》、冯至的《杜甫传》、林语堂的《苏东坡传》、史铁生的《病隙碎笔》《命若琴弦》、大江健三郎的《个人的体验》、罗曼·罗兰的《约翰·克里斯多夫》等一系列文章，更是让学生通过一文阅读打开群文阅读的大门，培养学生全方位、多角度的创新思维。

本课优化"发现教育"实施策略，通过创意活动，发现学生思维品质，挖掘学生潜能，主动应和新时代教育发展"一核四层四翼"评价体系的新要求，激发学生思维力的内生动力，在撬动学生思维、提升学生阅读能力、丰富学生阅读体验、建构学生群文阅读能力上有一定的实践与思考。语文课标准明确提出，要注重学生的阅读主体性，让课堂真正活动起来。课堂上教师的作用应该是"抛砖引玉"，一堂课的最终目的不是展示教师，而是让学生自我发现、自我赋能，解决疑惑、领悟道理，熏陶感染、创造成就，"畅游"学习天地。

"发现教育"视域下《清兵卫与葫芦》教学案例研究

孔 璐

教育需要"发现"，更需要"被发现"。"发现教育"，从课堂教学组织者的角度来说，其目的在于发现施教者和受教者的积极性，引导师生共同发现自身智慧，挖掘彼此的内在潜力，促进师生教学相长。在讲解《清兵卫与葫芦》一课时，教师积极践行"发现教育"的理念，设置"发现情境"，让师生在情境的推进中实现共同成长。

一、发现"创造力"之情境一：小说创作

在将这篇小说发给学生阅读之前，教师先给学生布置了一个任务：假设你是一名新生代编剧，知名导演孔导想测试你的编剧能力，现场让你以"小清上课摸葫芦被老师发现，老师家访向父母告状"为主要情节，扩写300字左右以情节叙事为主的小说片段。

二、发现"思辨力"之情境二：趣味研讨

情境导入：看到你所写的片段后，孔导眉头紧锁，认为这些情节并不太能吸引观众。你虚心向其请教改进方法，他让你仔细研读小说《清兵卫与葫芦》……回家后，你发现《清兵卫与葫芦》第28~36段所写的主要情节就是"清兵卫上课摸葫芦被教员发现，教员家访向父母告状，最后他失去了所有的葫芦"。你开始比较这个片段和自己所写的A/B片段在情节叙事上的优劣，反思原因。

情境要求：用3分钟时间快速阅读两个具有典型意义、基本反映了大多数同学所写情节范式的创作片段，然后分为两组，前后讨论，形成观点。

1. 学生初步讨论

（1）情节更加丰富跌宕。

自编小说情节概述：发现摸葫芦→家访见父母→孩子解释，和解/父亲打孩子→父亲理解孩子为何摸葫芦，道歉和解

《清兵卫与葫芦》小说情节概述：教官先见到母亲，没见到父亲→母亲和父亲的反应不一样→怕他发现其他的葫芦，结果教官没发现葫芦→突发性事件，危机爆发：父亲突然发现葫芦，砸碎葫芦。

（2）情节冲突更加强烈。

A文：老师、母亲、父亲、小清的形象都是善良而包容的，四人的观念基本不产生冲突，只有小清的心理在变化。

B文：老师和小清的形象是模糊的，母亲较为通情达理，而父亲粗暴，但知错能改，并在了解真相后很快化解了冲突。

2. 教师深度启发：小说中为何会产生如此强烈的冲突？

（1）原文中不同人物外在的身份地位和内在的性格、认知不同。

① 教员推崇武士道，断定"玩葫芦"等于没出息。教员对于清兵卫和清兵卫的母亲、父亲而言，是一种威压和强权。

② 母亲胆怯、懦弱，不敢反抗这种强权压制。

③ 父亲粗暴无礼，不仅不敢反抗教员，同时他自身也代表家庭内部的一种强权，他也认为清兵卫"没出息"，鄙视孩子的爱好，扼杀孩子的天性和潜能。

（2）原文情节中的细节更为丰富、富有表现力。

3. 师生共同绘图

师生共同画出明晰的示意图来看"失葫芦"的情节运行。

4. 教师总结知识点

一部好的以情节取胜的小说，永远不是十分畅通直接一步奔着结局去的，小说家总会在小说情节中设置波折，使其不至于平铺直叙、毫无悬念地奔向结局。情节在绝大部分时间里呈现出一种一波三折、跌宕起伏的状态，即为情节的"摇摆"。

三、发现"拓展力"之情境三：举一反三

情境导入：然后，你开始思考整篇小说的情节运行是否也具有"摇摆"的特点……

问题1：请你用3分钟时间再次快速浏览小说，以"葫芦"为中心，在（　　）里添加一个动词，概括情节。

（看）葫芦→（议）葫芦→（买）葫芦→（失）葫芦→（卖）葫芦

问题2：小说是围绕清兵卫对葫芦的兴趣与爱好展开故事的。如果将"符合清兵卫或促进其兴趣的发展"视为"正向发展"，把"不利于或阻碍其兴趣的发展"视为"反向发展"，那么"看—议—买—失—卖—忘"的情节分别属于"正向发展"还是"反向发展"？[①]

看：第2段，清兵卫玩带皮葫芦。第3段，错把秃脑袋看作葫芦（单

[①] 欧阳国胜. 小说叙事：情节的运行与动力："文本互涉"视域下的《清兵卫与葫芦》教学[J]. 语文建设，2020（11）：25-28，50.

纯、痴迷)。第4段，呆站在店铺门前望葫芦。第5段，不知疲倦地收拾葫芦。第6段，看过镇上的所有葫芦。

议：成人秉持世俗的审美观念打压清兵卫的审美观念。清兵卫的父亲是一贯粗暴、专制家长的典型代表，总是以世俗的价值观来要求孩子，教育方式简单、粗暴，不尊重孩子的选择与爱好，扼杀孩子个性。

买：第21~27段，清兵卫买葫芦（仔细把玩、心头发着跳、急匆匆、呼呼喘着气）。

失：第28段，清兵卫片刻不离这个葫芦，还带到学校里。教员和父亲鄙视孩子的爱好，扼杀孩子的天性和潜能。

卖：被没收的葫芦卖出天价，与前文写清兵卫对葫芦的痴迷形成照应，肯定清兵卫的艺术天分和非凡的鉴赏力、创造力，讽刺了大人们的愚蠢、无知、自以为是，批评封建家长制的专制管理。

忘：清兵卫的爱好是在自己的不抵抗和作为孩子的不自知中被扼杀了的，他在葫芦上卓越的审美天赋在萌芽阶段就被埋没了。最后，清兵卫又有了绘画这个爱好，彰显矛盾永恒存在，悲剧意味更深一层。

由此可见，这篇小说的整体情节也具有"摇摆"的特点，一直在正向发展和反向发展中摇摆。

小说创作背景：第一，在"渡良川矿毒事件"的劳资斗争中，志贺直哉同情工人，与其父发生冲突。第二，父亲坚决反对志贺直哉上大学时提出与家里的女佣C结婚，并强行拆散二人。第三，父亲不同意资助志贺直哉自费出版处女作品集《留女》……1911年，志贺直哉离家出走，辗转漂泊各地。1915年，志贺直哉正式与父亲断绝关系，直到1917年父子关系才重归和睦。

四、发现"应用力"之情境四：戏剧创作

情境导入：你和孔导畅聊了《清兵卫与葫芦》的情节运行技巧，孔导高兴地邀请你进组编剧，拍一部反映现代家庭教育问题的电视剧《小欢喜》。单亲妈妈宋倩呕心沥血抚育女儿，想让女儿乔英子报考清华、北大，乔英子却一心想报考南大天文系。聚焦当代父母与子女之间的矛盾，孔导让你简要设计"母女二人讨论上哪所大学"的情节片段，写出"情节的摇摆"。（提示：交流的三种状态）

学生大胆创作，积极分享，示例：谈论—心不在焉—吵架—表面和好—吵架。在这一环节中，教师利用评价体系，进一步发现学生是否能够掌握"情节摇摆"这一知识点并将其运用到文本创作中。

教育的使命在于"发现"，只有发现学生的个性，挖掘他们的创造潜能和创新潜质，才能打造高效而有魅力的"发现教育"课堂。在这一课堂中，层层深入的情境设计使教师得以激发学生"发现"的兴趣，引领学生"发现"的途径，开拓学生"发现"的眼界，提升学生"发现"的能力。与此同时，教师本身也在一步步"发现"学生的创造力、思辨力、拓展力、应用力，进而反哺自身教学，实现对自己教育生涯的"发现"。在"发现教育"理念下，教学相长，魅力发现，深研教育，共图发展。

在创设问题情境中发现数学
——以"初识'圆锥曲线'"一课为例
王文杰

《普通高中数学课程标准（2017 年版 2022 年修订）》在教学建议中指出：基于数学学科核心素养的教学活动应该把握数学的本质，创设合适的教学情境、提出合适的数学问题，引发学生思考与交流，形成和发展数学学科核心素养。那么，教师如何在问题情境中引导学生发现数学，培养学生发现问题和提出问题、分析问题和解决问题的能力？我有幸在一次省外教学交流活动中开设研讨课——"初识'圆锥曲线'"，对在数学课堂教学中实践"问题情境中发现数学"有一点体会，现将教学过程及思考总结整理如下。

一、课堂重现

（一）教学目标

（1）通过平面截圆锥面，让学生感知静态的圆锥曲线。

（2）通过创设情境，让学生探索动态的圆锥曲线。

（3）引导学生发现圆锥曲线的特征，掌握圆锥曲线的定义。

（4）培养学生发现和提出问题、分析和解决问题的能力，引导学生学会用数学眼光观察世界，渗透数学文化，提升学生核心素养。

【设计意图】关于本课的教学内容，在高中数学人教 A 版选择性必修第一册第三章"圆锥曲线的方程"的前言里，只简单叙述了用平面截圆锥面可得到圆锥曲线；苏教版高中数学教材（选修2-1）第二章也仅用一节内容简单讲述了圆锥曲线的形成。而本节课研究的主要目的是让学生感受到数学知识与现实生活的紧密联系，学会看到生活中的数学问题，即"学会用数学眼光观察世界"。另外，本课从"感知静态的圆锥曲线"到"探索动态的圆锥曲线"，既符合圆锥曲线发现和研究的历史，渗透数学文化，又遵循学生认知的规律，知识研究循序渐进。

（二）教学过程

1. 设置情境，引出问题

（1）情境一：生活中你见过图1和图2这样的图形吗？

图1　建筑之一　　　　　图2　建筑之二

师：同学们，我们在生活中见过这些图形吗？我们看到过哪些特别的曲线？

生（合）：见过……

【设计意图】借助学生身边常见的图形，激发学生研究的兴趣，逐步引出研究的问题。

（2）情境二：观察图3中圆锥形酒杯的液面，发现水平放置时与微倾时液面图形有何变化？

师：请观察老师手中酒杯的液面变化？

生：圆锥形酒杯中液面从一个圆面变成了一个"扁圆"面。

师：轮廓曲线呢？

图3　圆锥形酒杯

生：从圆变成了"扁圆"。

师：那什么是"扁圆"？"扁圆"又具有怎样的特征呢？

【设计意图】用生活实例，现场演示，让学生"真"观察，进一步激发学生的探究热情，并引导学生观察生活，发现问题。

图4　课桌上的几何模型

（3）情境三：公元前三四世纪，古希腊不少学者在圆锥面中用截面截得不同的曲线。请4~5位同学合作观察课桌上的几何模型（图4），若用一个平面截该几何模型，可以得到几种曲线？（学生观察讨论后，教师动态演示结果，见图5~7）

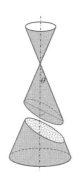 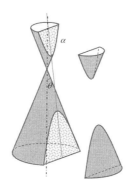 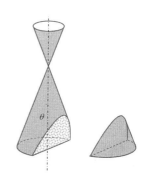

图5　动态演示图之一　　图6　动态演示图之二　　图7　动态演示图之三

生：…………

师：我们分别称其为"椭圆""双曲线""抛物线"。又因为这两种曲线最早都是由截圆锥面得到的，所以又将其统称为"圆锥曲线"。

师：今天我们重点研究圆锥曲线中的椭圆。

【设计意图】将历史文化与现代科技相结合，学生既知其然又知其所以然。

（4）情境四：模拟点光源投影实验。

师：当点光源位于球心的正上方时，平面上的投影是个圆面，轮廓曲线就是个圆（图8）；如果点光源稍微偏离正上方一点，平面上的投影是个椭圆面，轮廓曲线就是个椭圆（图9），其实就相当于情境三中的平面截圆锥面得到的曲线椭圆。

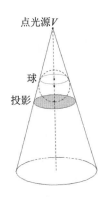 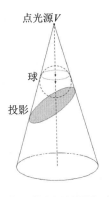

图 8　模拟点光源投影实验之一　　　图 9　模拟点光源投影实验之二

师：类比圆的特征，你能发现椭圆的特征吗？

生：圆上的点到切点（圆心）距离等于定值。椭圆上的点到切点的距离不等于定值。

师：为什么不是定值？

生：因为切点有点偏在右侧。

师：提醒一下，椭圆图形好像也有对称性的，如果考虑对称性，左侧是不是也应该有个切点比较合理。这个切点怎么得到呢？我们可以在投影的下方放一个球，这个球与上方的球一样，满足与投影面相切，与圆锥面相切（图 10）。当有两个切点后，你的想法是什么？

生：曲线上的点到两切点的距离之和是不是定值？

师：好，下面我们一起来证明它。如图，过 M 点作圆锥面的一条母线分别交圆 O_1、圆 O_2 于 P、Q 两点，因为过球外一点作球的切线长相等，所以 $MF_1=MP$，$MF_2=MQ$，所以 $MF_1+MF_2=MP+MQ=PQ$，即 $MF_1+MF_2=$ 定值。

图 10　模拟点光源投影实验之三

师：上面的结论，最早是在 1822 年由比利时数学家旦德林证实的，我们将其称为"旦德林双球实验"。

【设计意图】考虑数学课堂上实现点光源投影实验有一定难度，且为了避免教学重点"本末倒置",所以简化为模拟点光源投影实验,既让学生体会到生活实例的熟悉感,又快速引出对椭圆定义的研究。

2. 数学建构,探究问题

问题:类比"圆"的定义,你能给出"椭圆"的定义吗?

师:平面内到一定点 O 的距离等于定值(定值大于零)的点的轨迹叫"圆",这个定点叫"圆的圆心",定值叫作"圆的半径"。那么椭圆的定义呢?

生(讨论后,合作补充完成):平面内到两定点 F_1、F_2 的距离的和等于常数(大于 F_1F_2)的点的轨迹叫"椭圆",两个定点 F_1、F_2 叫"椭圆的焦点",两焦点间的距离叫"椭圆的焦距"。

【设计意图】通过生活中的实例,以及问题情境的引导,使学生发现数学问题,进而将发现的"数学"进行抽象概括,培养学生数学的核心素养和能力。当然,抽象概括数学的概念、性质、定理等都是数学教学的难点,学生数学抽象能力的提升不是一蹴而就的,更不能因为数学的抽象概括是难点就避而远之,只读教材、抄板书,这样学生的数学抽象能力永远不可能培养起来。本节课在数学知识建构时,引导学生思考圆的定义,教会学生用类比开放式的思维方式去抽象概括,并以师生合作、生生合作的方式慢慢"打磨"椭圆概念,培养学生的能力,提升其核心素养。

3. 数学运用,解决问题

问题:由 2~3 位同学合作,试用所给的棉线画出一个椭圆。

师:你确定自己画的曲线是椭圆吗?若是,请说明理由;若不是,也请找出问题所在。

【设计意图】学会运用数学的眼光观察世界,生活中处处都是数学。当学生拿着棉线画出一个个圆扁不一的图形时,他们的心中已经感受到了数学无限的魅力。当然,教师会充分挖掘圆扁不一的图形的价值,追问学生:你所画的图形是不是椭圆?如果是,理由呢?如果不是,为什么?进而让学生看着自己画的圆扁不一的图形,进一步掌握椭圆的定义,内化数学知识,升华教学重点。

二、教学反思

(一) 问题情境是学生发现数学的窗口

本节课的四个问题情境，从静态初识圆锥曲线到动态初识圆锥曲线，从生活中的圆锥曲线到数学图形中的圆锥曲线，从感性地发现圆锥曲线到理性地证明圆锥曲线，既符合数学历史上发现与发展的客观实际，又遵循学生发现数学的认知规律。《普通高中数学课程标准（2017年版2020年修订）》提出：教学情境是多样的、多层次的，教学情境包括现实情境、数学情境、科学情境，每种情境可以分为熟悉的、关联的、综合的。所以，教师设计的问题情境不仅要很好地引出新知，更要在潜移默化中让学生感受数学知识与现实世界之间的密切联系，设计的问题情境要简洁高效、精彩有效、科学正确，既不能哗众取宠、喧宾夺主，也不能简单堆砌、不知所云，更不能歪曲历史、违背科学。教师设计的问题情境要结合现实生活、要研究数学文化、要综合其他学科的知识，要洞悉学生的学习兴趣点、了解学生知识的最近发展区、要把握课堂教学的方向和目标，要让学生感到既远又近、既陌生又熟悉、既精彩又科学。只有这样，教师设计的问题情境才能成为学生喜爱数学、发现数学的窗口。

(二) 问题情境是学生思考数学的引擎

高中数学课程的教学要提高学生从数学角度发现和提出问题的能力、分析和解决问题的能力，这就需要教师设计的问题情境必须多样、多层次、变化、灵动。例如，本课师生探究"情境二"时，学生课堂意外生成了扁圆，教师借力追问："什么是扁圆？扁圆又具有怎样的特征呢？"当学生用棉线画出圆扁不一的图形时，教师适时提问："你确定自己画的曲线是椭圆吗？若是，请说明理由；若不是，也请找出问题所在。"教师要做好学情分析，了解学生的兴趣点、挖掘学生身边的数学素材、把握知识之间的相互联系，善用追问提出问题，让学生在问与答之间思考与再思考，引导学生学会用数学眼光观察世界、用数学思维思考世界、用数学语言表达世界，让学生在思考和解决问题的过程中理解数学内容的本质，只有这样，教师设计的问题情境才能成为学生思考数学的引擎和学生核心素养培育的点火器。

让"发现教育"助力学生发现数学之美

冯 俊

著名数学家陈省身说:"数学是美的。"数学的美体现在它的简洁美、对称美、悬念美、和谐美、方法美和逻辑美等方面,它是自然美的客观反映,也是科学美的核心。纵观高中数学课堂,我们发现数学的美更多地体现在方法美、悬念美,而且这种美基本上来源于教师的告知,学生很少能自主发现和谐美、逻辑美、简洁美、对称美。也就是说,教师呈现给学生的数学之美主要体现在解题层面,作为概念生成方面的数学之美略显单薄。鉴于升学压力等因素,高中数学课堂略显沉重,缺乏快乐学习、个性张扬等,更谈不上发现数学之美。某种程度上来说,从小学到中学,随着数学学习的不断深入,数学课堂在激发学生学习兴趣、引导学生发现数学之美等方面是在倒退。

"发现教育"一般是指教育者基于发现的基本原理,窥察发展方向、遵循成长规律,以教育教学模式的改进为手段,以发现和激发学生共性与个性的潜能并促成其自我全面发展为目标的育人活动。数学"发现教育"并不是要求师生能够有数学家创造数学那样的发现,而是要求师生能够通过探究活动发现已有的规律、知识、方法,重视的是发现的过程。

兴趣是最好的老师,亲其师,信其道。如何激发学生学习数学的积极性?那就要构建发现的课堂,让发现植根于日常教学,让学生感受到数学是美的,学习数学是快乐的,能够获得满满的成就感。结合高中生的年龄特点,搭建发现数学之美教育平台的有效手段是:努力让学生通过观察图形、数据、表达式等数学组成要素及其本质特征,自主归纳、概括出数学概念,感悟简洁美、对称美;教师设计探究活动,激发学生自主提出有意义的问题,并进行推理论证,感悟逻辑美;教师引导学生把握同一知识体系下数学知识之间的异同,探索其内在联系,拥有大单元思维意识,感悟和谐美;等等。这既是摆在教师面前的问题,也是"发现教育"植根于数学课堂的尝试。下面就我开设的"椭圆的离心率问题"一节课为例,浅谈自己对"发现教育"的理解。

一、教学设计

离心率是椭圆的一个重要性质,它是表征椭圆扁平程度的重要量。这部分内容在解析几何中是重点,也是难点,在高考中也是常考内容。离心率的差异代表了不同的圆锥曲线,圆锥曲线的统一定义体现了和谐美,解题方法的可迁移性彰显了方法美。与离心率相关的考点众多,体现的数学思想和方法也很多,顺利解决与离心率相关的问题需要较高的数学素养。

解析几何是利用解析式研究几何对象之间关系和性质的一个几何学分支,它是把错综复杂的"形"借助"数"的运算来表达的。所以,学习离心率这部分内容时,我的教学设想是基于几何背景,通过代数运算来刻画、验证几何猜想,让学生的感知从感性走向理性,在不知不觉中自然地发现数学之美。

教学设计分为以下四个部分:知识建构,素养奠基;知识应用,素养形成;知识深化,素养提升;知识内化,素养升华。

具体设计如下。

一、知识建构,素养奠基

问题:通过对前学资料的学习,你有什么收获?

二、知识应用,素养形成

1. 椭圆离心率的求解问题

例1 已知椭圆方程为 $\dfrac{x^2}{a^2}+\dfrac{y^2}{b^2}=1$ ($a>b>0$),点 P 为椭圆上一点,若 $\angle PF_1F_2=30°$,$\angle PF_2F_1=60°$,则椭圆的离心率为_____。

例2 如图,在平面直角坐标系 xOy 中,F_1,F_2 分别是椭圆 $\dfrac{x^2}{a^2}+\dfrac{y^2}{b^2}=1$ ($a>b>0$) 的左、右焦点,顶点 B 的坐标为 $(0, b)$,连结 BF_2 并延长交椭圆于点 A,过点 A 作 x 轴的垂线交椭圆于另一点 C,连结 F_1C。若 $F_1C \perp AB$,求椭圆离心率 e 的值。

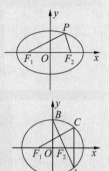

2. 椭圆离心率的取值范围问题

例3 已知椭圆方程为 $\dfrac{x^2}{a^2}+\dfrac{y^2}{b^2}=1$ $(a>b>0)$，若椭圆上存在点 P 使得 $\angle F_1PF_2=90°$，则椭圆离心率的取值范围是_____。

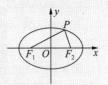

三、知识深化，素养提升

3. 已知离心率的椭圆问题

例4 （1）如图，已知椭圆 $C：\dfrac{x^2}{a^2}+\dfrac{y^2}{b^2}=1$ $(a>b>0)$ 中，右焦点为 F，右顶点为 A，上、下顶点分别为 B_1，B_2，若 $B_2F\perp AB_1$，求该椭圆的离心率。

（2）新定义：我们将离心率为 $\dfrac{\sqrt{5}-1}{2}$ 的椭圆称为"优美椭圆"。

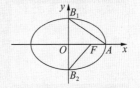

问题：你能说出"优美椭圆"的一些性质吗?

四、知识内化，素养升华

（略）

二、教学过程

作为基于苏州工业园区"易加学院"平台的新型教与学模式的尝试，我的学案分为前学单、共学单和延学单三个部分。前学单是让学生借助平台、课本等资料先行预习的任务单，共学单是课堂教学中使用的学案，延学单是课后巩固、拓展训练。

如何在课堂上迅速地让学生进入学习状态？如何让学生带着强烈的求知欲走进课堂？我的前学单包括 10 个几何画板动画和 7 道试题，既注重基础性，又关注方法层面。第 7 题是一道开放性问题："通过以上前学单的学习，你有什么收获？"学生可以通过几何画板动画直观感受椭圆的部分结论和性质，以此为基础有助于解决前学单上的试题。虽然前学单的学习对学生来说是有一些困难，但可以让学生带着思考和问题走进课堂，只有让学习成为学生的迫切需要，学生的积极性和求知欲才能被提升到最佳状态。

在知识建构、素养奠基环节，我展示了第 7 题学生的开放答案：了解椭圆离心率的常见题型；了解求椭圆离心率的方法；了解刻画椭圆离心率的参变量；了解离心率对椭圆形状的影响；直观了解椭圆中一些长度、角度等的变化趋势；等等。

在"知识应用，素养形成"环节，我设计了 3 道例题，同时还增加了几个变式题，主要是有关离心率的求值和取值范围问题。此环节设计了多个变式题。题目条件经历了"静—动——般化"的变化过程，目的是让学生能够在学习中感受与之对应的结论，经历"定值—范围—研究"的变化历程，力争通过利用"易加学院"平台提供的 5 分钟倒计时训练，提高学生的运算能力（图 1）。

图 1 "易加学院"平台学习界面

变式题1：已知椭圆$\dfrac{x^2}{a^2}+\dfrac{y^2}{b^2}=1$（$a>b>0$）的两个焦点分别为$F_1$、$F_2$，若$\angle PF_1F_2=30°$，$\angle PF_2F_1=60°$，则椭圆的离心率为_____。

变式题2：已知椭圆$\dfrac{x^2}{a^2}+\dfrac{y^2}{b^2}=1$（$a>b>0$）的两个焦点分别为$F_1$、$F_2$，$A$、$B$、$C$、$D$为椭圆上四个点，且六边形$ABF_2CDF_1$为正六边形，则椭圆的离心率为_____。

变式题3：已知椭圆$\dfrac{x^2}{a^2}+\dfrac{y^2}{b^2}=1$（$a>b>0$）上有一点$A$，它关于原点的对称点为$B$，点$F_2$为椭圆的右焦点，且满足$AF_2\perp BF_2$，设$\angle ABF_2=\alpha$，$\dfrac{\pi}{12}\leq\alpha\leq\dfrac{\pi}{6}$，求该椭圆离心率的取值范围。

变式题4：已知椭圆$\dfrac{x^2}{a^2}+\dfrac{y^2}{b^2}=1$（$a>b>0$）的两个焦点分别为$F_1$、$F_2$，$P$为椭圆上一点，若$\angle PF_1F_2=\alpha$，$\angle PF_2F_1=\beta$（其中$\alpha$，$\beta$为常数），则椭圆的离心率为_____。

变式题5：已知椭圆方程为$\dfrac{x^2}{a^2}+\dfrac{y^2}{b^2}=1$（$a>b>0$），若椭圆上存在点$P$使得$\angle F_1PF_2=120°$，则椭圆的离心率范围为_____。

在"知识深化，素养提升"环节，我设计了一个开放性问题："你能说出'优美椭圆'的一些性质吗?"目的是让学生通过此项活动对已知离心率的椭圆问题有更深刻的认识，也希望他们能在思维碰撞中更好地掌握椭圆的相关性质。在教学中，我利用"易加学院"平台提供的随机点名功能，增强学生的新鲜感和紧张感。

学生的回答如下。

1. 通径长为$2c$；
2. 焦准距为a；
3. $\angle F_1BA=90°$；
4. $k_1k_2=-e$；
5. a、b、c成等比数列；
6. 四边形F_1BAD四点共圆。

同时，我还就这道试题做了课后延伸：继续思考其他性质；右准线上存在一点 P 使得 PB 的垂直平分线经过点 F，求椭圆离心率的取值范围。

"知识内化，素养升华"环节是课堂小结部分，我引导学生将与离心率有关的三类问题及解决问题的方法进行梳理和提炼。

三、教学反思

本节课，从教学设想角度看，我希望能够让学生通过前学单资料包的学习初步了解椭圆的离心率，带着问题和思考走进课堂，师生合作并感悟从解题到解决问题的历程，循着命题人的思维去研究数学问题，以探究者的身份去发现数学。在充满挑战的开放性问题环节，我希望能够拓宽学生视野，提升学生的数学素养。我个人觉得这样的设计应该会水到渠成，事实上有点遗憾。

课堂上，在知识建构、素养奠基环节呈现了学生的开放性作业摘录。这个环节如果能够让学生自己说出他们的困惑和收获，效果会更好。这样，学生就会对本节课更有期待，因为带着问题学习更能激发学生学习的积极性和兴趣，同伴的困惑可能也会引起其他学生的共鸣，对其他学生的学习有启发作用，而边聆听边思考则能够促进学习的不断深入。

前学单资料包发布了 10 个几何画板动画，这些内容对于基础较好的学生有较强的启发性，能够在他们做试题遇到困难时助力其思考。但它同时也是一柄双刃剑——在直观上有优势，但缺少推理证明。学生不可能时刻借助软件学习，平时也没有时间去研究，他们需要的还是代数论证和数学方法，这样的教学设计可能导致解题和观察之间脱节。所以，如果能够在课堂上将这些资料结合相应的试题边演示边演算，效果会更好。

"知识应用，素养形成"即例题讲解环节，教师讲完例 3 后，可以继续将 90°变为 120°，甚至于变为一般角度 α，追问学生如何解决。例 2 是一道高考试题，课堂上留给学生 5 分钟进行限时训练，由于时间偏少，多数学生思考不够充分，没能够解答出来，再多给几分钟会更好。如果学生没能算到答案，他对解析几何运算能力的高要求感受就不会太明显，也就不能关注到运算中的细节。只有在经历了运算挫折后，才能记忆深刻，也才能在圆锥曲线中感悟运算的优化，从而促进数学运算、数据处理等数学核心素养的提升。

"知识深化，素养提升"这个环节本身是一个很好的设计，如果开展顺利，学生能够畅所欲言，充分提取自身的知识网络信息，调动学习的积极性和兴趣。由于课堂时间的限制，我感觉这个环节进行得比较仓促，学生思维没有放开，学生的参与度偏低。所以，此处如果将有限的课堂延伸到无限的课外，将课堂思考变成课后合作探究，也许学生的收获会更大。

四、延思感悟

如何让学生感受数学之美？如何将"发现教育"融入课堂的各个环节？"发现教育"植根于课堂的教学手段有哪些？如何探索高中数学课堂"发现教育"的教学模式？如果说"发现教育"有它实行的必要，以上这些问题就成为亟待解决的问题。

教学前后的思考让我认识到，课堂的四个环节可以承担各自不同的功能：

知识建构，素养奠基——激发"发现教育"的渴望。

知识应用，素养形成——探索"发现教育"的途径。

知识深化，素养提升——尝试"发现教育"的实施。

知识内化，素养升华——感悟"发现教育"的提炼。

兴趣是最好的老师，如何激发学生学习的兴趣？基于学生的年龄特点，以及网络的无处不在，网上学习就成为首选途径。"易加学院"是一个很好的网络平台，教师可以在课前将教学资料上传至该平台，课堂上可以随时打开，只要设置好学生的可见权限，他们就能进行二次学习，在课后将课堂上没有搞清楚的地方进行再研究。在"易加学院"平台上，还可以看到很多类似问题的资源，这些都是教师精挑细选、认真打磨后的成果，我相信只要学生愿意去研究，一定会有收获。这无疑也告诉我们，在高中数学课堂可以借助信息技术提高学生的学习兴趣并引发猜想，它是实行"发现教育"的一个有效途径。

"发现教育"的"发现"应当理解成只有先"发"才能"现"。浅显的、没有难度的数学知识或无效试题难以引起学生学习的兴趣，只有在面对具有挑战性的问题时，学生才会认真对待，解决问题后也才会有成就感。所以，高中的数学课堂前学任务、共学任务和延学任务都要有适度的难度与梯度，教师要做好度的把握，因为任务太难会让学生失去信心，在他们的最近发展区设置问题比较妥当。

高中生趋于沉稳和内敛的年龄特点决定了他们可能缺少主动性，需要教师搭建研究、发现的平台，让他们主动地参与数学课堂的教与学。开放性问题就成为不错的选择，它没有固定的正确答案，只有答案的优劣，每个学生都能给出答案，这样的问题设置无疑在思维碰撞中可以促进数学的"发现"。《教育部关于做好2021年普通高校招生工作的通知》指出，要增强试题的开放性、灵活性。《教育部办公厅关于做好2022年中考命题的通知》指出，要增加探究性、开放性、综合性试题。可见，无论是政策导向还是教学需要，都将开放性问题提升到了一个前所未有的高度，唯有观念"放开"才得见教学"开放"。"发现"效果的高与低不是目前问题的关键，学生有没有发现的眼光、有没有发现的意识、有没有参与发现的激情才是当下亟须解决的问题。

"发现教育"应当植根于高中数学课堂，让学生能够发现数学之美也应当被纳入教师备课范畴。教学的需求推动了教育手段的创新，"发现教育"能有效帮助教师提升教智融合背景下的教学组织实施能力，助力学生从自我发现走向自我赋能，享受自在成长的乐趣。教师要将学生学习的兴趣激发作为"发现教育"的驱动要素，借助信息技术、开放性问题、思考题、区域共享智慧教育平台等，为学生提供适合的学习策略，叩开学生的思维大门，促进其发现能力的提升，实现学生的终身学习与发展。

发现学习　自主建构　提升素养
——以"平面与平面垂直的性质定理"为例

王　娜

与传统的学习形式相比，发现学习注重建构而不是接受，主张以小组为单位，团队合作，以探究作为主要方式，让学生亲自参与所学知识体系的建构，自主发现，自主成长。学生能够领悟定理教学中所蕴含的数学思想方法，形成理解和分析问题的学科思维能力是数学核心素养形成的最高表现。[①] 因此，数学定理的教学要以学生为本，引导学生开展发现学习，在创造、建构、合作、发现的过程中培养直觉思维和内在机制，提升数学核心素养。

我于 2021 年 5 月参加了苏州市高中数学优质课的比赛，所上的课为人教 A 版高中数学教材 8.6.3 "平面与平面垂直的性质定理"（第一课时）。下面以发现学习为导引，呈现本节课的教学过程。

一、教学内容

"平面与平面垂直的性质定理"是人教 A 版高中数学教材第八章第六节中的内容，是"直线与平面位置关系"的最后一节。此时，学生的知识积累、解决问题的方法都较为丰富，所以本节内容充分类比直线与平面垂直性质定理的研究方法，借助创设的辅助线和面，通过特殊位置关系的研究获取性质定理和结论。本节课的重点是"平面与平面垂直的性质定理"的发现和探索过程，难点是研究图形几何性质的一般思路和方法。

二、教学内容预设

本节课设置了学生感兴趣的生活情境——《山河令》主题演唱会的舞台实景图片，让学生直观感知情境中所蕴含的数学问题。通过小组合作研究，抽象出数学模型，提出猜想并严谨论证，培养学生自主探究、团队合作的能力。类比直线与平面垂直性质定理的研究方法，通过直观感知、操作确认、推理证明，获得平面与平面垂直的性质定理，享受具体实例的直观感受与逻辑推理的严谨论证所带来的数学之美。

三、教学过程
（一）设置情境：复习中引入

（1）问题 1：前面我们学习了线面垂直的性质定理，即垂直于同一平面的两条直线平行，那么我们是如何研究线面垂直的性质的？

生：在线面垂直的条件下去寻找新的命题。我们添加了新元素（线和

[①] 喻平. 数学核心素养评价的一个框架［J］. 数学教育学报，2017，26（2）：19-23.

面），新元素与已知的线面具备特殊的位置关系，如线在面内、线在面外、平行、垂直等，由此获得了性质定理和结论。

师：很好，以上就是线面垂直性质的探究方法。

【设计意图】复习直线与平面垂直的性质的研究过程，强化研究方法，让学生体会研究线面的平行、垂直的判定定理与性质定理，就是研究元素由少到多、由简单到复杂的过程，以及类比研究的过程和方法，为学生探究面面垂直的性质做好铺垫。

（2）问题2：上节课我们已经学习了面面垂直的判定定理，那么在两个平面互相垂直的条件下，我们又可以研究哪些性质？

【设计意图】学生通过前面7个定理的探究与学习，具备了一定的数学素养，故本节课采用小组讨论、合作研究的方式：研究的对象由学生提出，研究的内容由学生发现，研究的方法由学生讨论，经历"直观感知—操作确认—推理证明"的历程。

（二）知识构建：合作中生成

1. 图片展示

师：在刚刚结束的五一小长假期间，在苏州热度最高的当数"生来知己 《山河令》主题演唱会"，这两幅图片（图1、图2）就是演唱会现场的舞台实景，请同学们结合图片看看对我们研究面面垂直的性质有哪些启示。

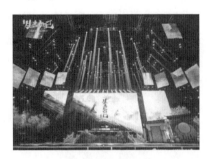
图1 图片展示二

图2 图片展示三

以小组为单位，相互协作、合作探究，此时课堂气氛活跃，之后由小组代表展示成果

【设计意图】从学生感兴趣的话题切入，使其体会舞台实景中蕴含的数学问题，突出发现与体验，培养学生的直观想象、数学抽象等素养。

2. 成果展示

(1) 小组 1 成果展示。

生：我首先发现了地面与舞台背景面垂直，而从背景面射出的灯光有水平的、斜着的、竖直的，可以把地面和背景面抽象成两个互相垂直的平面，把灯光抽象成直线。

师：你能将上述问题抽象为数学问题吗？

生 1：如果两个平面 α 和 β 互相垂直，直线 b 在平面 β 内，那么它与另一个平面 α 会有怎样的位置关系？

生 2：我们小组共画出了四种情况，所以我们觉得可以分成四类：图 3，$b \subset \alpha$；图 4，$b // \alpha$；图 5，b 与 α 相交；图 6，b 与 α 应该是垂直。

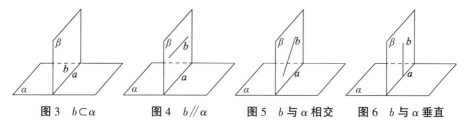

图 3　$b \subset \alpha$　　　图 4　$b // \alpha$　　　图 5　b 与 α 相交　　　图 6　b 与 α 垂直

师（追问）：两个平面垂直，当直线 b 满足什么条件时可以得到特殊的位置关系？

生 3：图 4 $b // a$，可证 $b // \alpha$；图 6 $b \perp a$，猜想 $b \perp \alpha$。

师：那么我们就可以猜想：两个平面垂直，如果一个平面内有一直线垂直于这两个平面的交线，那么这条直线就与另一个平面垂直。

【设计意图】课堂展示的过程就是学生感知发现、抽象猜想的过程。通过小组交流，组内成员共享经验，抽象出数学问题，并提出猜想。这一过程体现了"直观感知、操作确认"在发现图形位置关系中的作用，有利于提升学生的数学抽象、直观想象等数学素养。

师：（追问）猜想的条件和结论分别是什么？能否用符号语言表示出来？能否证明？

以小组为单位继续讨论，教师巡视，之后投影学生的书写过程并让学生讲解自己的思路。

条件：$\alpha \perp \beta$，$\alpha \cap \beta = a$，$b \subset \beta$，$b \perp a$。结论：$b \perp \alpha$。

生：要证线面垂直，就要找到线垂直于面内的两条相交直线，而 $b \perp$

a，故只要再找到一条直线与 b 垂直即可。再联想到条件 $\alpha \perp \beta$，由面面垂直的定义可以知道二面角的平面角为直角，所以就想到要去构造二面角的平面角，即在两个半平面内分别作棱 a 的垂线，这样就构造出了一条直线与 b 垂直，于是得到了线与面垂直。

【设计意图】在学生提出猜想后，教师引导其将猜想的条件和结论用符号语言表示出来，为面面垂直的性质定理做好铺垫，再通过小组讨论、合作探究，整理证明过程，并让学生讲解自己的证明思路，以提高其表达能力和抽象概括能力。

师：非常好！小组 1 的同学借助背景面中不同方向的光线，研究出与地面的位置关系，并从实际模型中抽象出具体的数学问题，猜想后给出了严谨的论证。（此时教室里响起了掌声）这就是平面与平面垂直的性质定理，请同学们分别用文字语言、图形语言、符号语言来表示。

【设计意图】通过三种语言的转换，帮助学生更好地理解性质定理，培养学生抽象概括的能力。

（板书）用三种语言表示平面与平面垂直的性质定理。

（2）小组 2 成果展示。

生：我们小组发现性质定理中，在一个平面内作交线的垂线，垂直于另一个平面，那么如果背景面中射出的光线垂直于地面，该光线是否一定在背景面中呢？也就是说，经过一个平面内的一个点作另一个平面的垂线，该垂线是否在第一个平面内？

师：你能将上述问题抽象为数学问题吗？

生：如果两个平面 α 和 β 互相垂直，对于平面 α 内的点 P，如果过点 P 向平面 β 作垂线 a，那么直线 a 与点 P 所在的平面 α 有什么位置关系？

猜想：如果两个平面垂直，那么经过第一个平面内的一点垂直于第二个平面的直线，该直线在第一个平面内。

师：（追问）猜想的条件和结论分别是什么？能否用符号语言表示出来？能否证明？

【设计意图】类比性质定理的研究历程，结合图形（图7、图8），把猜想的条件和结论用符号表示出来，强化三种语言的相互转化，再通过小组合作探究，培养学生严谨的逻辑思维能力。

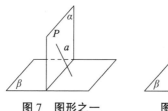
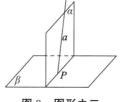

图7 图形之一　　图8 图形之二

师：（追问）经过一点有几条直线与已知平面垂直？

师：我们知道，过一点有且只有一条直线与已知平面垂直，所以若过一点有两条直线与平面垂直，那么这两条直线重合。

以小组为单位继续讨论，教师巡视，投影两位学生的书写过程，整理如下。

条件：$\alpha\perp\beta$，$P\in\alpha$，$P\in a$，$a\perp\beta$。

结论：$a\subset\alpha$。

生1的证明过程如下。

证明：如图9，设 $\alpha\cap\beta=c$，过点 P 在平面 α 内作 $b\perp c$。

∵ $\alpha\perp\beta$，$\alpha\cap\beta=c$，$b\subset\alpha$，$b\perp c$，∴ $b\perp\beta$。

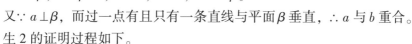

图9　$b\perp\beta$

又∵ $a\perp\beta$，而过一点有且只有一条直线与平面 β 垂直，∴ a 与 b 重合。

生2的证明过程如下。

证明：如图10，假设 $a\not\subset\alpha$，则 a 与 α 相交。设 $\alpha\cap\beta=c$，过点 P 作 $b\perp c$。

∵ $\alpha\perp\beta$，∴ $b\perp\beta$。

又∵ $a\perp\beta$，∴ $a/\!/b$。

与 $a\cap b=P$ 矛盾，即假设不成立，∴ $a\subset\alpha$。

师：请仔细观察这两位同学的证明过程，并思考其证明的方法及使用定理的条件是否完备。

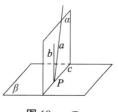

图10　$a\subset\alpha$

生：在方法2中，使用面面垂直的性质定理必须满足4个条件，该同学漏掉了 $b\subset\alpha$。

师：很好！也就是我们证明命题时要规范书写。

【设计意图】对比展示两位同学的证明过程，生1用的是同一法，生2用的是反证法，在展示与纠错的过程中暴露学生的思维，在规范书写的同时引导学生体会、反思和总结条件的完备性。

板书（略）。

(3) 小组 3 成果展示。

生：刚才我们研究的都是从背景面中射出的灯光，事实上，舞台的上方也有从不同角度射出的灯光，如果射出的灯光与地面具有特殊位置关系，那么灯光与背景面是否也有特殊的位置关系呢？

师：你能将上述问题抽象为数学问题吗？

生：两个平面垂直，如果直线不在两个平面内，当直线与其中一个平面具有特殊位置关系，即平行或垂直时，能得出哪些结论？

生1：（猜想）如图11，已知平面 $\alpha \perp$ 平面 β，直线 $a \perp \beta$，$a \not\subset \alpha$，则 $a // \alpha$。

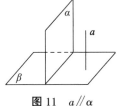

图 11　$a // \alpha$

生2：（猜想）如图12，已知平面 $\alpha \perp$ 平面 β，直线 $a // \beta$，$a \not\subset \alpha$，则 $a \perp \alpha$。

生3：我觉得生2的猜想是错误的，直线 a 可以旋转，与平面 α 的关系不确定。

师：说得很好！通过举反例，说明该猜想是错误的，即当直线 $a // \beta$ 时，由于直线 a 是可以旋转的，所以并不能确定与平面 α 的关系。

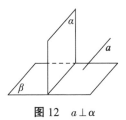

图 12　$a \perp \alpha$

【设计意图】探究的过程不仅仅是发现新性质的过程，也是发现错误、找到思维漏洞和提升思维严谨性的过程。教师引导学生在相互讨论中进行思维的碰撞，在反例教学中提升学生思维的严谨性。

板书（略）。

(三) 演练提升：思考中深化

例题　如图13，已知 $PA \perp$ 平面 ABC，平面 $PAB \perp$ 平面 PBC，求证：$BC \perp$ 平面 PAB。

【设计意图】使用性质定理的关键是在一个平面内找到或作出交线的垂线，同时引导学生体会面面垂直、线面垂直、线线垂直的相互转化，掌握研究直线、平面位置关系的重要方法——转化法。

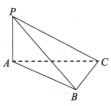

图 13　例题示意图

（四）课堂小结：回顾中提炼

1. 知识框架（图 14）

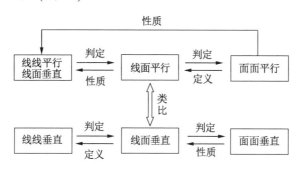

图 14 知识框架示意图

2. 思想方法：分类讨论、类比、转化与化归

【设计意图】通过小结，回顾本课所学知识及本章的知识框架，掌握线线、线面、面面之间的相互转化关系，培养学生反思与总结的意识和习惯，体会立体几何研究的内容和方法，同时也帮助学生将所学知识系统化、结构化，掌握学习方法。

（五）课后拓展：类比中研究

师：类比线面垂直性质定理的探究历程，我们研究了面面垂直的性质定理及结论，请同学们课后思考并探究：两个平面垂直，如果将问题 3 中的直线换成平面，当第三个平面与已知两平面具有特殊位置关系，即平行或垂直时，又能得出哪些结论？

学生课后探究成果如下。

成果 1：如图 15，已知平面 α，β，γ，且 $\alpha \perp \beta$，$\gamma // \alpha$，则 $\gamma \perp \beta$。

成果 2：如图 16，已知平面 α，β，γ，且 $\alpha \perp \beta$，$\gamma \perp \beta$，$\alpha \cap \gamma = l$，求证：$l \perp \beta$。

成果 3：已知三个平面两两垂直，则三条交线也两两垂直。

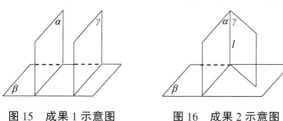

图 15 成果 1 示意图　　图 16 成果 2 示意图

四、教学反思

(一) 注重培养团队协作，提升合作能力

"群体动力"理论认为，在一个合作性的集体中，具有不同智慧水平、不同知识结构、不同思维方式的成员集中在一起，相互依赖，建立"利益共同体"并成为其中一员，用集体的力量共同完成学习任务，形成一个密不可分的整体，相互启发，相互补充，在思维的碰撞中，产生新的认识。发现学习注重团队协作、注重探究、注重学生的感知与操作，是主动认识、主动发现的过程，是将学生已有的知识和经验结合起来，类比研究的方法与历程，自主提出问题、解决问题的过程。

(二) 注重训练直觉思维，培养直观想象

直觉思维的结果属于合情推理，所得结果未必正确，但可以充分调动学生的积极性，使其认真思考，通过反复推理与归纳去验证猜想的合理性和正确性，在创造性思维的关键阶段起到重要的作用，不仅为逻辑推理提供了研究的方向，也为直觉思维转化为逻辑思维提供了有力前提。徐利治教授曾指出："数学的直觉是可以后天培养的，是可以通过训练提高的。"因此，在发现教学中，教师可以根据教学内容的不同，设置合适的情境来培养学生的直觉思维，肯定学生的灵感和猜想，及时给予鼓励，因势利导，解除疑惑，使学生通过自己的直觉收获成功的喜悦。

(三) 注重妙用错误财富，促进动态生成

华罗庚说过："天下只有哑巴没有说过错话；天下只有白痴没有想错过问题；天下没有数学家没算错过题的。"本节课是在平面与平面垂直条件下研究性质，我预设了发现学习中可能出现的错误，并思考相应的策略，巧妙利用错误财富，合理进行引导，让学生经过质疑、思考的认知冲突，促进课堂的动态生成。整个教学过程是开放的，需要不断调整，生成目标。在本节课的成果展示中，小组2第二位同学的证明过程不严谨，小组3第二位同学的猜想错误，都与教师的预设不谋而合。

在情境中发现，在发现中感悟，在感悟中探究
——以"太阳光线下的数学问题"教学设计为例

戴 惠

教育源于生活，教师需要引导学生用数学的眼光观察世界，发现和提出生活中的问题并抽象成数学问题，通过构建数学模型解决生活中的问题，让数学学习更具趣味性，从而激发学生学习数学的兴趣。本文以一节关于太阳光线的数学问题的公开课为例，谈一谈在课堂教学中如何基于学生的个性差异、兴趣爱好、个体特质等因素引导学生发现并提出问题，提供有针对性的启发式、开放性的教育，让学生初步感受数学建模的一般步骤，渗透模型思想。

一、教学过程的设计

（一）情境发现，感受建模

（1）**问题 1** 如图 1 所示，一棵高 8 m 的树，当太阳光线与水平面的夹角为 30° 时，影子在什么位置？影长是多少？

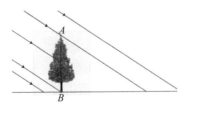 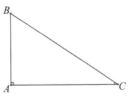

图 1　问题 1 示意图　　　图 2　Rt△BAC

师生活动：学生回顾用三角函数解决问题的方法，将树干抽象成线段 AB，将太阳光线抽象成平行线，于是得到 Rt△BAC（如图 2 所示，∠A = 90°，∠C = 30°）。已知对边求邻边，可以利用正切求解。

【设计意图】 学生在学习"图形的相似"这一章节时，曾遇到过将树

干抽象成线段 AB，将太阳光线抽象成平行光线，由于是熟悉的情境、简单的问题，学生很快就能得到答案。在解决问题的过程中，学生初步体验将实际生活中的问题抽象成数学问题，用三角函数解题的过程其实就是一种建模的过程。

（2）问题 2　如图 3 所示，一个直径为 22 cm 的足球，当太阳光线与水平面的夹角为 30°时，影子在什么位置？影长是多少？

师生活动：将球抽象成圆，由两条与圆相切的平行线确定影子的位置。连切点（B，C）和圆心（O），可证 B、O、C 三点共线，BC = 22。师生共同探究，得出：

方法 1：如图 4 所示，过点 E 作 EG⊥BF 于点 G，易证四边形 CEGB 为矩形，在 Rt△EFG 中，∠F = 30°，可得 EF = 44。

方法 2：如图 5 所示，过点 C 作 CI∥EF 与 BF 相交于点 I，易证四边形 CEFI 为平行四边形，在 Rt△BCI 中，∠BIC = 30°，可得 EF = CI = 44。

方法 3：如图 6 所示，延长 BC 与 EF 相交于点 J，在 Rt△JCE 中，∠CEJ = 30°，JE = 2CJ；在 Rt△BJF 中，∠BFJ = 30°，JF = 2BJ，由△JCE∽△JBF 可得 EF = 44。

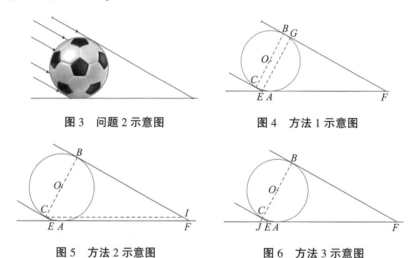

图 3　问题 2 示意图　　　　图 4　方法 1 示意图

图 5　方法 2 示意图　　　　图 6　方法 3 示意图

然后总结方法和思路，通过添加辅助线将已知的边和角集中到同一个直角三角形中，再用三角函数解决。

【设计意图】　根据维果斯基的最近发展区理论，求足球的影长能调动学生的积极性，发挥其潜能，超越其最近发展区而达到下一发展阶段的水平；让学生再次经历建模的过程，参与课堂活动，用数学语言描述问题，积极地分析、思考、解决问题，感受到数学源于生活，与生活密切相关。

（二）问题深究，感悟建模

（1）问题 3　如图 7 所示，遮阳伞可以抽象出什么数学图形？画出太阳光线下影子的位置。

小组讨论：如图 8、图 9 所示，遮阳伞可以抽象出线段、弓形等数学图形，引导学生用数学符号语言刻画出所研究对象的主要位置关系和数量关系。

图 7　问题 3 示意图

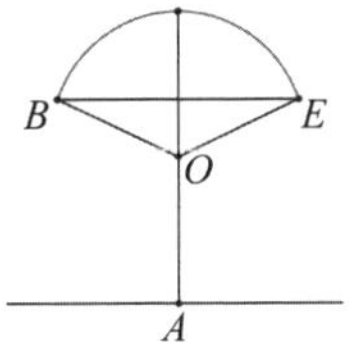

图 8　小组讨论示意图之一

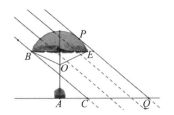

图 9　小组讨论示意图之二

（2）问题 4　如图 10 所示，BC 过点 O，PQ 与圆 O 相切于点 P，圆的半径为 1 m，$PQ \parallel BC$，$\angle BOE = 120°$，求此时伞面的影长。

动手操作：画平行光线，找到确定影子位置的两条平行光线，类比问题 2，共同探究影长的求法方法，然后请小组代表上台展示。

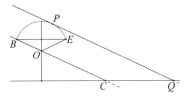

图 10　问题 4 示意图

方法 1：如图 11 所示，连 OP，过点 C，作 $CN \perp PQ$ 于点 N，易证 $\angle PQC = 30°$，四边形 $POCN$ 为矩形，在 Rt△CNQ 中，$CQ = 2$。

方法 2：如图 12 所示，连 OP，过点 O 作 $OM \parallel CQ$，与 PQ 交于点 M，易证 $\angle PQC = 30°$，四边形 $OCQM$ 为平行四边形，在 Rt△OPM 中，$OM = CQ = 2$。

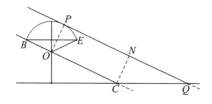
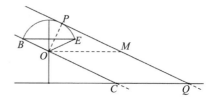

图 11　方法 1 示意图　　　　图 12　方法 2 示意图

【设计意图】 学生自主探究与小组合作探究相结合，在集体中相互交流个人的看法，相互启发、相互学习；教师设置的问题由浅入深、循序渐进，通过类比前面所学的方法，每个学生都能想出至少一种解决本题的方法，从而逐步构建良好的认知结构，从整体上掌握相关知识；同时，帮助学生认识自我、建立信心。

(三) 应用拓展，探究建模

(1) 问题 5　如图 13 所示的遮阳篷，遮阳篷宽 100 cm。

① 当太阳光线与水平面的夹角为 30°时，求太阳照射不到的高度。

② 当太阳光线与水平面的夹角变大时，被遮阳篷遮挡的区域会发生怎样的变化？什么时候太阳光恰好照不到室内？

图 13　问题 5 图片展示

③ 当太阳光线与水平面的夹角为 30°时，要让阳光恰好照入室内，应如何安装遮阳篷？

师生活动：学生自主探究，抽象出数学图形，提出数学问题：在 Rt△BCD 中，∠BDC = 30°，BC = 100 cm，求 BD 的长。当夹角变大时，通过几何画板的动态演示，发现 BD 在变大，教师再引导学生逻辑证明：BD = tan∠BDC · BC = 100tan∠BDC，当∠BDC 变大时，tan∠BDC 的值变大，BD 也变大，当点 B 与点 A 重合时太阳光恰好照不到室内（图 14、图 15），求得遮阳篷应安装在门上方 $\dfrac{100\sqrt{3}}{3}$ cm 处。

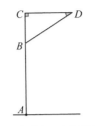 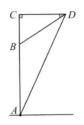

图 14　问题 5 示意图之一　　图 15　问题 5 示意图之二

【设计意图】从研究影子落在水平面上转换到影子落在竖直墙壁上，从利用三角函数解决具体的数学问题到利用三角函数的知识去解决实际生活中安装遮阳篷的问题，让学生经历知识形成与应用的过程，从而更好地理解数学知识的意义。

（2）问题 6　① 若玻璃门 AB 高 200 cm，冬天某一时刻，阳光刚好全部照入室内，此时太阳光线与水平面的夹角为 31°；夏天某一时刻，阳光刚好全部被挡住，此时太阳光线与水平面的夹角为 80°，则遮阳篷的宽是多少？（$\tan 31°\approx 0.6$，$\tan 80°\approx 5.7$）

② （一般化）若玻璃门 $AB=h$，冬天某一时刻，太阳光刚好全部照入室内，太阳光线与水平面的夹角记作 α；夏天某一时刻，太阳光刚好全被挡住，此时太阳光线与水平面的夹角记作 β，用 α、β、h 的代数式表示遮阳篷的宽。

师生活动：请学生将题目信息标注在图形中，利用一体机投影学生答题情况，由学生讲解。

【设计意图】冬天某一时刻，阳光恰好全部照入室内；夏天某一时刻，阳光恰好被挡住，这就为后面学生自主设计遮阳篷做好了铺垫。将具体数据换成字母，让学生体会从特殊到一般的思维方法。

（四）迁移应用，内化提升

课后作业：为我们学校门卫室设计一款遮阳篷。

【设计意图】设计遮阳篷问题是北师大版数学教材九年级下册"综合与实践"的一小节内容，要求把这个完整的建模作为课后作业，由小组协作完成。由于学生的直观感受不同、所处的地理位置不同、太阳光线与水平面的夹角不同等，其中涉及很多学科的知识，因此需要学生查阅资料，找到合适的夹角。多学科融合有利于提升学生的核心素养，促进学生数学能力的提升。小组协作分工完成作业，可以激发学生学习的积极性和主动性，并有效发挥学生的学习潜能，培养学生的创新意识和实践能力。

二、思考

（一）模型思想在课堂中的逐步渗透

数学建模是数学学科六大核心素养之一，"模型思想"是《义务教育数学课程标准（2011年版）》指出的十个核心概念之一。在实际教学过程中，教师引导学生用数学的眼光观察世界，从学生的实际生活经验中提取教学素材创造机会，转化成教学资源，使学生经历"观察实际情境—发现提出问题—抽象成数学模型—解决实际问题"的过程，从简单到相对复杂，从具体到相对抽象，逐步了解建模的一般步骤，掌握建模的一般方法，渗透模型思想；引导学生从情境中发现，在发现中感悟，在感悟中探究，发展学生的数学核心素养。

（二）通过数学建模改善教与学的方式

数学建模不同于简单完成一道应用题，它是一个综合性非常强的过程，从传统的教师教转变为学生学，教师引导启发，学生作为学习的主体自主查阅资料、分析解决问题、撰写报告，可以有效提升学生的数学应用能力。建模的过程可以帮助学生认识数学、体验数学，形成正确的数学观。学生通过这一过程学会数学思考，掌握数学思维方法。在实际教育教学中，教师可以从很多方面尝试数学建模。例如，可以尝试以课堂教学作为铺垫，确定数学建模课题，在课后作业中尝试建模，采用小组协作式学习，提交课题研究报告；也可以在学校趣味社团活动中组织学生从实际生活经验出发，自主确定建模课题，走入社会进行调查，收集相关信息；还可以组织计算机技术好的学生，借助计算机特有的编程功能，寻求建模新方法。

数学建模不仅是数学学科六大核心素养之一，还是高中数学课程内容的四条主线之一，教师应将数学建模理念贯穿整个高中数学教与学的始终。根据心理学家皮亚杰的研究，初中生还处在从具体思维到抽象思维的过渡阶段，数学建模对初中生的能力要求比较高，对于很多初中生来说有一定的难度，如何根据具体课程的内容要求，逐步渗透数学建模理念，做好初高中衔接，让学生的"学"更自主、更有效，值得一线初中数学教师研究。

"发现教育"背景下高中英语教学的创新化途径

何文娟

受传统教学观念影响，高中英语课堂上教师和学生的地位并不对等。处于被动学习地位的学生缺乏发现知识、探究学习的主动性，这种状态不利于学生学习能力的提升，久而久之会限制学生的思维发展。"发现教育"在高中英语教学中的应用强调让学生成为知识的发现者与探究者，强调让学生在学习中形成探究思维，提升学习能力。在"发现教育"背景下，高中英语教师要尊重学生的主体地位，为学生创设自主学习与合作探究的空间，让学生发现知识，发展思维能力，从而提升课堂教学质量。

一、"发现教育"的内涵

"发现教育"，也可以叫作"发现学习"，是教育教学中针对学生的学习心理和学习状态凝练而成的一种新型教学理念。"发现教育"强调学生不仅是知识的发现主体、学习主体，还是主动接受知识的主体。"发现教育"在教学中的应用目的在于培养学生的探究性思维方法，提升学生的核心素养。在"发现教育"背景下，学生通过对英语内容的学习，通过对英语听、说、读、写四个模块的综合学习与训练，掌握英语知识，形成跨文化意识，提升自身的实践能力。[1]

"发现教育"强调教学过程，开发学生智力，激发学生内在学习动机，促进学生学习的主动性。在高中英语学习阶段，学生不仅要掌握教师教授的内容，更要在学习的过程中主动思考，发现知识，提升思维能力。学生在主动发现与探究知识的过程中，自然而然产生学习英语的兴趣，成为知识的探究者。知识需要记忆，记忆知识的过程也是学生发现学习、发现知

---

[1] 程岚岚. 基于"发现学习"的英语语法教学活动设计与实施：以定语从句教学为例 [J]. 教学管理与教育研究，2021，6 (21)：38-40.

识的过程。

二、"发现教育"在高中英语教学中的应用优势

"发现教育"遵循以学生为本的原则,有助于提升学生的自主学习能力。"发现教育"是对学生思维能力的培养,学生在发现知识、学习知识、探究知识、总结知识的过程中获得发散性思维能力和创新思维能力。在"发现教育"背景下,高中学生通过自主探究完成英语知识的学习,运用所学的英语基础知识完成知识的创新与延伸,感受到英语学习的乐趣,提升英语学习的热情。

三、"发现教育"背景下高中英语教学的创新途径

(一)自主探究发现学习

"发现教育"强调学生学习的主观能动性,强调学生自主学习能力的提升。在高中英语教学中,"发现教育"的应用需要教师为学生设计自主探究学习的空间,让学生在自主预习、自主学习中发现知识和学习知识,完成知识的探究与总结。《新课程改革》指出,教师是学生学习的引导者和促进者,学生是学习的主体。[①] 在自主探究发现学习的过程中,教师要发挥自身引导者和促进者的作用,提升学生自主学习的效果。在引导学生自主学习的过程中,教师要尊重学生的认知方式,尊重学生的思维方式,满足学生的学习需求,巩固其所学知识,提升课堂教学质量。

比如,在译林版高中英语高二选择性必修第二册"Unit 4 Living with Technology"的教学中,教师在引导学生理解重点句型"It may seem like building castles in the air, but given the rate at which artificial intelligence, or AI, is being developed, in the future such dreams may actually come true"时,可以让学生对教材中的经典例句进行学习,并在自主完成相关练习题的过程中掌握与巩固相关句型。

在学习的过程中,部分学习基础较弱的学生可能由于理解问题和接受能力问题,跟不上教师的步伐。针对这种情况,教师在运用自主探究发现学习策略的时候要为学生留出足够的自主预习和学习空间,让学生完成对

---

① 李萍. 发现学习在高中英语教学中的应用研究 [J]. 中学生英语, 2020 (36): 114.

知识的预习、复习与总结，完成对知识的内化与吸收。

（二）小组讨论发现学习

在高中英语教学中，教师常用的教学方法包括教师讲解、小组讨论。小组讨论是学生互动学习、合作学习的主要方式之一。在"发现教育"背景下，教师可以借助小组讨论引导学生进行发现学习，通过不同层次学生的互相帮助与合作达成教学目标，完成小组合作任务。[①] 不同层次学生的学习能力、思维方式存在一定差异，学生在讨论和分析问题的过程中思考的角度不同，侧重点不同，发现的问题也各不相同。学生在思维碰撞与交换观点的过程中能够发现新的问题，学习新的知识。

比如，在译林版高中英语高一必修第三册"Unit 1 Nature in the Balance"的教学中，教师引导学生完成文本的阅读，掌握重点词汇、短语和句型。在阅读学习的过程中，学生还需要了解文本中提到的主要问题及相应的解决措施。在教学活动中，教师为学生设计问题情境"How to realize the harmony between human and nature? What is sustainable development? How to understand the green water castle peak in the jinshan silver?"学生在小组讨论中进行分析和总结，提出自己的观点和看法。

学生的讨论有时候无法形成统一的认识，有的学生认为："The harmony between human and nature is far away from nature and respect nature."有的学生认为："The ecological balance needs human beings' appropriate intervention and help."当学生寻求教师帮助的时候，教师要根据学生讨论的结果对学生进行指导，让学生思考生态平衡都包括哪些内容、它们之间的关系是怎样的，然后让学生完成二次讨论，统一意见。小组讨论式发现学习能够提升学生参与讨论的积极性，发挥学生的学习优势，让学生在良好的学习氛围中发现知识、掌握知识，提升学习效率。

（三）联想发现学习

"发现教育"中的联想发现学习也是常用的教学方式之一。在高中英语教学中，教师通常用设计的问题让学生思考，在多个问题的串联中鼓励学生发散思维，多角度思考。[②] 在教师提出的问题的辅助下，学生需要结

[①] 田敬会. 高中英语学习中发现学习的有效运用 [J]. 高考, 2020 (13): 108.
[②] 闫秋香. 发现学习在高中英语学习中的运用 [J]. 校园英语, 2019 (22): 203.

合所学知识进行适度的联想和发散,然后回答教师的问题。联想发现学习不仅有助于学生巩固基础知识,提升分析问题的能力,也有助于学生形成良好的学习态度,养成正确的学习习惯。在联想与发散的过程中,学生形成创新思维,提升学科素养。

在高中英语学习中,学生需要掌握大量的形容词、副词,在引导学生学习形容词、副词的过程中,教师可以利用联想和发散的方法,通过对同一个词语在不同语境中词性、用法的分析来掌握形容词、副词的使用方法与技巧。还有一些词会在词根、后缀、前缀的演变中形成多个单词变形,这些都需要学生对词汇本身进行联想和分析,掌握词汇的基本结构、词汇的各种变形规律,并且在辨析的过程中对两个相似的英语单词进行总结和应用。在阅读理解的练习中,学生也可以通过词汇和句子的联想与发散来推断句子的含义,推断出某个生词的意思,帮助自己完成阅读理解。

综上所述,"发现教育"是教师根据高中英语课程教学目标,根据学科核心素养的培养要求,结合学生的实际学习能力和学习兴趣,为学生创设问题情境,鼓励学生在自主学习、自主探究中发现知识、掌握知识、总结知识的一种方法。教师在教学中要认识到"发现教育"对培养学生自主学习能力、提升学生综合素养的重要促进作用,通过合理设计教学策略、应用"发现教育"方法促进学生的全面进步。

指向深度学习的初中物理"发现教育"教学实践研究

——以"电能表与电功"教学为例

薛钰康

从新课程改革倡导科学探究到落实《中国学生发展核心素养》,实践"立德树人"根本任务,"学生发展核心素养"主要指学生应具备适应终身发展与社会发展需要的必备品格和关键能力,学校教育教学的重要任务就是发展学生学会学习与终身学习的能力。"发现"是科学探究的本质指向，体现在物理教学中就是教师积极设计与开展科学探究，着力于教育教学中学生与教师的发现，通过发现促进学生知识与能力的建构，以实现学习的深度化。

"让教育成为发现与创造的艺术"，教育教学需要发现，更需要培养发现的能力。布鲁纳认知结构学习理论认为，为了培养具有创造性的科技人才，应该采用发现式的学习方法。物理学是研究物质结构、性质及其运动规律的学科，物理教师理应用发现的眼光、发现的方法、发现的过程进行教育教学，只有通过这样的教学，所培养的学生才能成为面向未来、具有发现能力、能够终身学习的时代新人。

一、"发现教育"与知识建构

教育的本质是什么？1996 年，联合国教科文组织在《教育——财富蕴藏其中》中指出，"学会认知、学会做事、学会共同生活和学会生存，是现代教育的四大支柱"；2017 年，在《反思教育：向"全球共同利益"的理念转变？》中指出，反思教育的目的和学习的组织方式从未像今天这样迫切。现代学习科学达成了以下几个共识：更深刻理解概念的重要性；注重教，也注重学；创设学习环境；建立在学习者已有知识上的重要性；反思的重要性。对此，我们可以用一个词来概括，那就是"发现"，教育学生发现，教育学生学会发现，教育也是发现，"科学探究"也是一种"发现"，学会"科学探究"也就是学会"发现"。布鲁纳的"发现学习"观指出：学习是一种学生自己去发现的积极的认知过程。奥苏贝尔的"意义学习"观指出，只有通过新信息与学生认知结构中已有的有关概念的相互作用，才能实现意义的理解，即发生意义学习。建构主义认为，学习是学习者基于原有的知识经验生成意义、建构理解的过程，而这一过程常常是在社会文化互动中完成的。在知识的建构过程中，学习是学习者基于原有的知识经验，在新情境中通过协作不断发现与生成的过程，即建构是发现与生成、生成与反思、反思与发现螺旋上升的过程。

发现学习既是教的方法，又是学习方法。美国教育学家 R. 格拉泽主张，应把"靠发现而学习"与"以发现为目标的学习"区分开来，前者是指通过发现过程进行学习的方法，后者则是把学习发现的方法本身作为学习的目的。实际上，"发现"既是学与教的方式，也是学与教的内容，教、学双方既通过发现获得知识与能力的提高，也通过教育教学学会发现。因此，"发现教育"既是教育的方式，也是教育的一项目标，我们的教育是"为了每位学生的发展"。《中国学生发展核心素养》指出，研究学生发展核心素养是落实"立德树人"根本任务的一项重要举措，也是适应世界教育改革发展趋势、提升我国教育国际竞争力的迫切需要。学生发展核心素养，主要是指学生应具备的、能够适应终身发展与社会发展需要的必备品格和关键能力。物理教学实施"发现教育"就是为了通过知识建构的方式积极促进学生形成适应终身发展与社会发展需要的必备品格和关键能力。

二、"发现教育"中的"学生发现"

物理课堂教学实施"发现教育"，就是要引导学生亲自参与所学知识的体系建构，自己去思考，自己去感悟，自己去发现，自主建构知识。物理是一门实验科学，物理学习既发展学生的物理知识，也发展学生的实验技能，物理课堂实施"发现教育"能够发展学生多方面的能力。这里主要围绕学生发现学习，以学生自主发现问题、发现知识、发现技能三个方面为例予以分析。

（一）发现问题

发现问题是发问（提出问题）的基础。在"电能表与电功"课堂教学中，构建"电功"这个概念，是电功教学的重点与难点。"电功"很抽象，看不见、摸不着，我们可以创设以下情境：

"活动一：观察串联电路灯泡发光"，如图1所示，从活动观察中发现开关闭合后灯泡能发光，且两个灯泡亮暗不同的现象，针对发现的现象发问：光能从何而来？

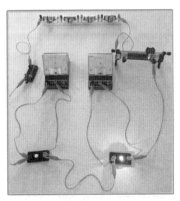

图1　串联电路灯泡发光

相同时间两个灯泡产生的光能不同说明什么？从而帮助学生从机械功的概念迁移建构：光能是从电能转化而来，这个能量转化的过程是电流做功的过程，两个灯泡亮度不同，即同样时间内转化得到的光能多少不同，亦即电流做功多少的不同，这个电流做功及多少的不同可以用"电功"来量度，从而建构"电功"的概念。灯泡发光是常见现象，从常见现象中"发现问题"很困难，这时可以通过"两个灯泡发光怎么会不同？"进行回溯，以"灯泡怎么发光？光能从何而来？"助推学生思维，促进学生的思维进入"疑问与发问"状态。观察法是物理学研究的重要方法，物理教学往往会通过实验活动、展示图片和视频现象等方式促进学生参与观察，教师要积极预设、引导学生通过观察有所发现。这样做一则是课程教学的需要，二则是培养学生观察发现能力的需要。物理教学要培养学生发现问题的能力。

（二）发现知识

物理科学知识来源于对物理现象的观察、实验、分析、归纳。归纳与演绎是物理科学知识发展的基本方法，初中物理以归纳法学习为主，学生的物理知识往往通过科学探究总结归纳建构。知识建构缘于发问、始于猜想、行于探究、成于归纳及反思，这是发现知识的过程。如图1所示，学生建构"电功"的概念后，教师提出问题："两灯泡相同时间做功不同的原因是什么？"再通过对实验电路的比较分析和课本阅读，发现与认识电功可能与电压、电路强度、时间等有关。在此需要注意的是，学生的物理知识不是其原生创造的，学生只是经历了知识形成的过程，电功、电流、电压都是不能直接看到与摸到的，完全让学生去猜测是很困难的，因此，要让学生通过阅读课文来获取信息，并适度降低学习进程中的台阶，以实现有效的学习进阶。如图2所示，由此学生通过探究"活动二：电流对电功的影响"实验，深刻认识、建构"电功的大小决定于电流、电压与时间：$W=UIt$"的知识。

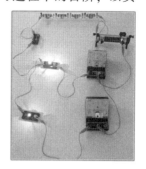

图2 电流对电功的影响实验图

学生的物理知识来源于实践与建构，经历知识发现的过程，有助于学生了解物理知识的形成过程，使学生形成面向未来的基本科学素养。

（三）发现技能

物理实验是物理学发展的根本，物理实验能力素养提升是物理学习非常重要的一项内容。而实验能力不仅是思维的素养，更是实践动手的素养，实验技能的发芽、生长都是在实际操作中发生与发展的。上述"活动一：观察串联电路灯泡发光""活动二：电流对电功的影响"能发展学生实验的观察能力、控制变量法的操作运用能力、数据比较分析能力等。再进一步,由于对定量测量的内在需求,学生会发现与提出"能否测量电功""怎样测量电功"等问题,教师应激发学生对测量的内在驱动力,引导其设计出利用电压表、电流表和钟表测量电功的方法,电路如图3所示,即发现同样可以用伏安法来测量直流电路的电功。

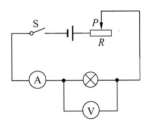

图3 电功测量电路图

教师进一步提出"能否直接测量电功""有没有直接测量电功的工具""如何才能直接测量电功"等问题,引导学生通过联系生活实际,了解生活中有"用电—消耗电能"的直接测量工具——电能表,如图4所示。在认识电能表的教学中,教师引导学生通过电能表实物阅读与实际实验测量来发现电能表的规格、各参数的意义、测量数据的阅读、电功的计量方法等,发展与提升学生对陌生物理测量工具认识与使用的方法、学习及实操能力,发现与提升学生实验技能。

图4 电能表

三、"发现教育"中的"教师发现"

在实施"发现教育"的过程中,学生的发现学习不是孤立的学习过程,而是在教师引导和协助下的发现学习过程。发现学习强调学生学习的主动性,强调学习的认知过程,重视学生认知结构的形成,注重学习者的知识结构、内在动机及独立性与积极性在学习中的作用,有利于激发学习者的探究欲望,培养学习者分析问题、解决问题的能力。但是,每个学生都是一个独立的个体,他们分别来自不同的家庭,他们各自的经历不同、体验不同,他们有不同的前概念、前知识,他们各自的思维方式有差异。因此,实施"发现教育"不仅是学生开展发现学习的过程,而且是教师发现学生和实施发现指导的过程,其中,教师的"发现学生"这一点尤为重要,它是实现有效引导的前提与基础,是开展有效教学和深度学习的前提与基础。

（一）发现迷思

学习总是在原有知识背景下发生的，进入课堂的学生并不是一个个等着被填满的空容器，他们带着各种各样的半成型的观点和迷思概念。迷思概念是指学生在学习科学概念之前即具有的直觉知识或与正统科学知识不符的概念。每个学生迷思概念的形成可能有多方面的原因，可能是学生自身因素所致，也可能是社会文化因素所致，如有可能因日常生活概念和科学概念掌握的要求不同，学生在掌握科学概念时遇到很大的认知和元认知困难所致。但不管是怎样的因素所致，迷思概念影响了学生对科学概念的掌握，教师在教育教学中积极发现学生的迷思将能有效地促进学生的学习。

在前述"活动一：观察串联电路灯泡发光"中，学生会认为电流从电源正极出发经导线、用电器流向负极，在这个过程中，学生往往会用水流类比电流，确实课本上在教学电流时就是如此类比的，因此，学生会形成"电路中靠近电源正极的用电器，由于电流先经过而先获得电能，从而得到的电能较多"这样的想法，如果在实验中恰好是靠近正极的灯泡发光更亮，就会强化学生这样的认识与观点。教师在教学过程中要善于发现学生的这种迷思，用证据帮助学生纠正。我们可以设计将该串联电路中的两个灯泡进行交换，引导学生观察是否总是靠近电源正极的灯泡更亮，再换用不同的灯泡重复实现。迷思概念的来源有多种情况，但是多与学生原有的知识经验有关，教师要善于降低身子，从学生的认知与思维角度看问题，尽早发现学生的迷思，通过设计纠正学生迷思的方法，促进学生的学习与成长。

（二）发现思维

教师不但要帮助学生纠正迷思，还要通过发现学生思维的过程来促进学生思维能力的提升与发展。教师在教学设计中往往要思考内容知识序、学生的认知序与自己的教学序等问题，教学序的安排要尽量让内容知识序符合学生的认知序，使学生在春风化雨、润物细无声的过程中实现发现学习。在"电能表与电功"的教学设计中，缘于生活中每家每户都有电能表和要交电费的情况，课本是把电能表内容安排在电功内容之前，这样安排有利于情境创设，让学生带着生活常识走进物理；但是，具体的情况是，城市中每家每户的电能表都是集中安装于楼道一处的，学生不易观察到，而且很多城市已实现网上缴费,学生看不到缴费单,所以该情境与现实不是很相符。同时,家用电能表测量的是交流电的电功,而教材中欧姆定律部分研究的是直流电路,在学习了电能表知识之后,又先借助学习直流电路建立"电功"的概念,中间穿插交流电路比较突兀,与学生的认知序不是很相符。针对此,在发现该认知序后,教师将内容知识序做适当调整,让学生先通过"活动一:观察串联电路灯泡发光"建构"电功"概念,接着通过"活动二:电流对电功的影响"理解电功大小的决定因素与计算方法,再通过"直流电路电功的测量"过渡到电能表的学习,其过程比较符合学生的认知序,也符合学生的思维发展过程。教师在教学中不但要发现整体的认知序,还要关注并发现局部的认知序。

(三)发现进阶

使知识建构过程与学生认知序相符的目的是促进学生的学习进阶。"活动一:观察串联电路灯泡发光"旨在使学生通过灯泡亮暗的定性讨论研究、发现电能转化的不同,从而定性建构"电功"概念。"活动二:电流对电功的影响"理解电功大小的决定因素与计算方法,将电功从定性到定量是知识的发展,也是从定性思维到定量思维方式的进阶;"直流电路电功的测量"的设计是从伏安法测量电阻到测量电功的思维进阶;再从"直流电路电功的测量"过渡到"交流电路电功的测量"也是思维的进阶与发展,从而为后续家庭电路的学习奠定初步的认知基础。

在"电能表使用"教学中,学生用"增量"思维方式,认识较长的一段时间内(如1个月)电能表读数增量 $W = W_2 - W_1$ 即该段时间的用电量(做的电功),再积极理解电能表常数(如3200imp/kW·h),用"分配"的思维方式,认识短时间通过指示灯闪烁次数计算用电量,从解决问题的角度实现思维的进阶,完成该部分内容的深度学习。

不论是知识建构过程中迷思概念的发现,还是思维发展过程中进阶的发现,都要求我们从物理知识形成的角度、从现代认知理论的角度研究教材与学生,设计符合学生认知进阶的课堂教学方式,以促进学生发现学习与关键能力的发展。

"让教育成为发现与创造的艺术",在教育中积极地用发现的眼光、发现的方式去实现学与教的过程,就是创新、创造、深度学习的过程。在课后教学反思中,我是这样认识的:"从实际教学实践中来看,该设计符合学生的认知逻辑，也符合物理本身的知识逻辑，通过引导学生逐步深入与探究的深度学习，既促进了学生科学知识、方法与技能的提高，也发展了学生的高阶思维。"科学探究是科学发展的原行动；科学探究是学生认识科学、发现科学知识的主动学习行为；科学探究是认知过程的不断深入与推进，是深度学习的行动实践；科学探究是基于发现的探究，是一种发现行为，是"发现教育"的重要方法。"发现教育"的"发现"不但指向学生的发现学习，更重要的是，它还指向教师在教育教学（设计与实践）过程中的教育发现。"发现教育"是实现学生深度学习和促进学生高阶思维发展的重要途径，有利于促进学生必备品格和关键能力的形成。教育发现，发现在处处，发现在时时，人人发现，发现人人。

（此文发表于《物理教师》2021年第42卷第12期，后被人大报刊复印资料全文转载，有删改）

发现现象　深究历史　阐明主张
——以2022年全国乙卷文综历史第42题《后汉书》"虎患型史事"试题为例

陈小军

（2022年全国乙卷文综历史试题·42）阅读材料，完成下列要求。

解读史料，获得历史认识，探寻史料表象背后的意蕴，是历史学的魅力所在。下表为史书所载东汉时期几位良吏的事迹。

姓名	任职地	事迹
刘陵	安成（今属江西）	先时多虎，百姓患之，皆徙他县。陵之官，修德政，逾月，虎悉出界去，民皆还之

续表

姓名	任职地	事迹
法雄	南郡（今属湖北）	（郡）多虎狼之暴，前太守赏募张捕，反为所害者甚众。雄乃移书属县曰："凡虎狼之在山林，犹人民之居城市。古者至化之世，猛兽不扰。皆由恩信宽泽，仁及飞（禽）走（兽）……其毁坏槛阱，不得妄捕山林。"是后虎害稍息，人以获安
刘平	全椒（今属安徽）	县多虎为害，平到修政，选进儒良，融贪残，视事三月，虎皆渡江而去
童恢	不其（今属山东）	民尝为虎所害，乃设槛捕之，生获二虎。恢闻而出，咒虎曰："天生万物，唯人为贵……汝若是杀人者，当垂头服罪；自知非者，当号呼称冤。"一虎低头闭目，状如震惧，即时杀之。其一视恢鸣吼，踊跃自奋，遂令放释。吏人为之歌颂

——据《后汉书》等

阐述从上述材料中发现的历史现象，并得出一个结论。（要求：现象源自材料，结论明确，史论结合，表述清晰。）

初读上述四位良吏的事迹史料，"山大王老虎能懂人情、听人话、知罪过、会鸣冤"，感到莫名惊诧，觉得纯属臆想胡扯，南朝刘宋范晔的私家著作《后汉书》竟然记载这类惊奇古怪、天方夜谭的历史故事，真是跌破史学家编撰史书"求真务实"的底线，但转而一想，又觉得史学著作夹有特定时代的气息和作者的主观价值判断也属正常现象，是历史中主观创造因素和客观写实因素的交融，因为东汉时期社会尊崇"天人感应""以人为贵"的儒学思想。材料里刘陵为官，通过修德政，虎去民安；南郡前太守仅仅采取张捕的方式处理虎患，反而让更多百姓受到伤害，之后法雄恩信宽泽，仁及飞（禽）走（兽），虎害稍息，人以获安；刘平为官，修德政，举儒良，虎患解决；童恢崇尚人本（民本）思想，在捕虎的同时，以"天生万物，唯人为贵"之理训诫老虎，以其正气感染老虎，令虎暗通其言，知过伏罪。这四位东汉官员通过修德政（或仁政）达到感化万物、治理虎患的目的，体现了儒家"为政以德""天人感应""德刑并举"的主流价值观对当时社会的深远影响和为人处世、为政一方的威力。四位官员因推行德政治理虎患成效显著被列入《后汉书·良吏传》，说明史书记载的内容体现了作者个人的主观认识和价值取向。考生论述该题时，要结合材料中东汉时期几位良吏治理虎患的事迹，再结合所学的东汉史实，把东汉儒家思想影响官员执政论述清楚，史论结合，最后可进行简单小结，呼应主题即可。总之，该题构思新颖独特，给人耳目一新的感觉，也充分体现了历史学的魅力所在——探寻史料表象背后的意蕴。

一、承行执政理念：理政原则角度

解读角度一：本题可抓住关键词"德政""仁及飞走""选进儒良""黜贪残""唯人为贵"，从刘陵、法雄、刘平、童恢等四人的为官功绩，看出儒家的德政（仁政）、宽则得众的理政原则和作者的深刻见解。从史事的叙述中会发现儒家思想深刻影响了东汉官吏的为官意识这一历史现象，得出"东汉时儒家仁政思想深刻影响了东汉官吏的理政原则"这个历史结论。

观点：东汉时儒家仁政思想深刻影响了东汉官吏的理政原则。

论据：南郡前太守曾悬赏招募人力来捕获山林虎狼，但弄巧成拙、适得其反，更多百姓因此被虎狼伤害。刘陵担任安成官员，通过修德政，一个月过后虎去民安；法雄担任南郡官员，效仿古人恩信宽惠、泽及禽兽，传递文书到南郡各县，要求不要妄捕山林中的虎狼，自此以后虎患解决，人民安居乐业；刘平担任全椒官员，修德政，举儒良，整顿吏治，虎竟然渡江而去，虎险因此解除；童恢担任不其官员，百姓曾被老虎所害，童恢在下令捕虎的同时，以"天生万物，唯人为贵"和"王法规定，杀人者死，伤人也要以法论处"之理训诫老虎，以其正气感染老虎，令老虎知罪伏法。从史书所载东汉时期几位良吏通过修德政（或仁政）达到"可以感物而行化"、治理虎患目的的事迹中，我们可以发现，儒家的仁义笃诚仍是东汉时期的主流思想，也是循吏治理地方的指导思想。

二、应和时代脉搏：生态文明角度

解读角度二：本题古今贯通、以史为鉴，引导人们要从中国传统文明中汲取"天人合一""道法自然"的哲理思想，善待自然，这应和了建设美丽中国和生态文明的时代要求。材料通过法雄为官时恩信宽泽、仁及飞禽走兽、不妄捕山林、虎患解除等四个典型事例，说明1600多年前的作者就有人与自然和谐共生的思想，就有了希望关注民生、发展经济要鉴前事之违，不能对生态环境资源"竭泽而渔"，不要对生态环境乱作为、瞎作为，不要人为干扰野生动物原有自然生存状态的理念，因为人与自然应是一荣俱荣、一损俱损的命运共同体。

观点：作者提倡刚柔相济的生态文明发展观。

论据：《后汉书》的作者范晔笔势纵放，叙事生动，以老虎与人相处的四个典型事例阐明了人与自然要遵循和谐相处原则的主张。前南郡太守设槛阱和"赏募张捕"，过分侵扰山林之中虎狼的正常生活，改变甚至破坏了虎狼原有的生活环境，导致虎狼伤人事件愈发不可收拾，后法雄要求不扰猛兽，毁坏槛阱，禁止张捕虎狼，彼此和谐相处后，虎狼伤害百姓的事情逐渐停止，人民重新过上安居乐业的生活；刘陵在安成做官，修德政，虎悉出界而去；刘平在全椒做官，选儒良，黜贪残，反对对社会和自然过于索取与贪婪，三个月后虎皆渡江而去。我们还发现作者不是一味提倡对侵扰的虎狼无为而治，而是提倡刚柔相济、德刑并用的生态文明发展观，主张对虎狼恩威并重，该惩罚的惩罚，决不手软，如童恢担任不其官员时，对残害人命的老虎即时杀之，对垂头认罪、呼号称冤的老虎则放之归山。总之，他们之所以赢得老百姓的称赞，就是因为为政一方，给老百姓营造了人与自然和谐共生的生态环境。

三、教育引领民众：宣传教化角度

解读角度三：《后汉书》是南朝刘宋范晔私家修史的杰作，作者撰《后汉书》，记载东汉时期社会各阶层行迹可传的人物，在介绍过人物后往往会从儒学道德品质层面对书中历史人物的治乱得失进行评价，以起到"情之所托，故当以意为主，以文传意"的社会教化引领作用。材料中四次出现的"虎患"中的虎，在中国文化史上蕴含着特殊的文化意义，也折射出中国传统伦理文化的说教色彩。①

观点：作者编撰史书注重对儒学思想的宣传教化。

论据：在两汉时期，儒家思想是主流思想，仁政思想和天人感应是儒

---

① 孙正国. 人虎缘故事的文化解读[J]. 荆州师范学院学报, 2001（6）：29-33.

家思想的主要内容。《后汉书》的编撰显示了私家著史作者范晔借修史来宣传教化儒学的人生观和价值观。由《后汉书》所载东汉时期四位良吏的除虎患事迹我们可以发现，作者认为"仁政"和"天人感应"可以达到"可以感物而行化"的教化功效。四则材料中的虎狼暗通其言，被人为感化，从现代科学知识的角度来看，此类故事古怪离奇，可谓无稽之谈，荒诞不经，① 但对于历史中的人与事，我们要将其放在特定历史环境下来感知，撰写《后汉书》的作者显然受到浓厚的仁政思想和天人感应思想的熏染，这说明在东汉时期儒家思想仍是主流思想，深刻影响了作者的意识形态，作者借修史来进一步宣传教化社会民众。这样我们就不难理解刘陵用修德政，法雄用仁及飞（禽）走（兽），刘平用修政、选儒良、黜贪残，童恢用"天生万物，唯人为贵"能感化虎狼之兽，使得"虎悉出界去""后虎害稍息""虎皆渡江而去""遂令放释"的原因了。

四、惩腐倡廉旋律：整饬吏治角度

解读角度四：本题可以从"反腐""惩凶除恶"（除吏中之"虎"）等角度切入。由《后汉书》所载东汉时期几位良吏除虎患的事迹我们可以发现这样一个现象：东汉时期，如果地方官吏不黜贪残，仅是抓捕老虎，反而使虎患危害更大，而通过德治仁及畜类，则收效甚佳，即虎患的治理效果受到吏治好坏的影响（或虎患惧怕良吏），不除官吏之"虎"，仅除"山林之虎"，达不到治理虎患的理想效果，这也体现了儒家"天人感应""天人合一"思想的影响。

观点：以整饬吏治解除虎患，说明"苛政猛于虎"也。

论据：苛政是指残酷压迫、剥削人民的统治，要除去虎患，首先政府要轻徭薄赋，减轻百姓负担。材料里前南郡太守赏募张捕，乱作为惹得民不聊生，百姓深受虎害，之后刘陵修德政减轻百姓负担，虎悉出界而去，民皆还之；法雄恩信宽泽，仁及飞（禽）走（兽），后虎害稍息，人以获安；刘平罢黜贪腐残忍的官吏，视事三月，虎皆渡江而去；童恢对欺压百姓的两类老虎恩威并重、德刑并用，吏人为之歌颂。这渗透了儒家为政以德、实行仁政的思想，只有关注民生，整饬吏治，"明发奸伏，吏端禁

---

① 万雷. 东汉"虎患型史事"论析［J］. 咸阳师范学院学报，2012，27（1）：35-38.

止"，才能赢得民心、感化万物。这段记载说明作者受儒家思想的影响至深，他推崇的东汉良吏的治民主张与儒家的主要教义相通，即倡导仁政和民本思想，反对苛政。东汉时期，如果地方官吏不黜贪残，不修德政，而仅是抓捕山林老虎，治标不治本，反而使得虎患的危害更大。而通过德治仁及畜类，则收效甚佳，说明不除官吏之"虎"，仅除"山林之虎"，达不到根治虎患的理想效果。

五、经济发展态势：地理区域角度

解读角度五：历史事件离不开天时、地利、人和，我们要通过历史地图厘清历史事件的时空关系，梳理事件的演变趋势，养成国家版图意识，维护多民族国家的统一。考试时如果遇上历史地名，先要借助已学地理知识大致了解今日地名所处的空间位置，再留意图表中的数字、文字、符号、地形、人物、事件等有效历史信息。我们发现这四位良吏的任职地多分布于我国的南方或沿海地区，这些地方在当时正处于经济新开发地区，进而引导学生结合所学知识予以融会贯通。

观点：东汉时期中国经济区域发生了新的变化。

论据：从材料里可以看到东汉时刘陵、法雄、刘平和童恢这四位官员在治理虎患方面成效显著，从材料中关于他们任职地的记载又可知，这些虎患分布于我国南方的安成（今属江西）、南郡（今属湖北）、全椒（今属安徽）和沿海的不其（今属山东）地区，相对于包括关中在内的物产富饶、人口密集的黄河中下游地区而言，这些地区经济欠发达、人口较少，原始山林、野生动物资源丰富，虎狼出入较多。之后随着东汉社会经济的恢复与发展，以及人口的增加，南方和沿海的某些土旷人稀地区开发速度加快，大规模耕作导致毁林开荒时有发生，生态环境遭到破坏，出现了人与包括虎狼在内的野生动物争夺地盘的现象，造成虎患不断。刘陵、法雄、刘平和童恢这四位官员修德政或仁及飞（禽）走（兽）或轻徭薄赋或恩威并重，减轻了百姓的负担，人与自然良性互动，使得"虎悉出界去，民皆还之""虎害稍息，人以获安""虎皆渡江而去""吏人为之歌颂"，有效地保护了生态环境和百姓的人身安全。从材料可推论出，东汉时期黄河流域仍是社会政治和经济中心，但新开发的南方和沿海地区已成为东汉新的经济和发展区域。

发现·重构·发展
——"发现教育"视域下的蜡染课程创新实践

朱光荣

"发现教育",指基于学生个体成长关键性因子(潜能)的发现而实施的开发性教育,其内涵定位为"发现·重构·发展":让每一个孩子发现自己的天赋秉性,唤醒他们的潜能,帮助他们找到隐藏在体内的创造能力。"发现教育"需要教育者依据有效数据、按照发现的基本原理、遵循学生成长规律与发展方向,改进教学模式,发现学生共性和个性的潜能,促成以全面发展为目标的育人活动。

课程创新为学校教育的根,有效的课程创新不仅可以提高学生的综合素养,还可以起到加强学校品牌建设,实现学校办学理念的重要作用。"让教育成为发现与创造的艺术"是星海的教育理念,在此背景下,我们的艺术特色教育为点亮生命的色彩而潜心探索。在"发现教育"背景下,星海主要从三个方面对蜡染艺术的创新发展进行实践探索。

一、发现:蜡染技艺是传统文化的载体

蜡染需用蜡做防染剂,靛蓝膏做染料,提前准备好白布,将蜡放入锅中加热,温度达到 70 ℃左右时蜡块溶解为液体,蜡刀蘸溶蜡在布面上描绘各种图案,放入靛蓝液中浸染,布料刚提起来是草绿色,遇空气而氧化变蓝。布料经过多次浸染与氧化后,再放入清水中煮沸,随着布面上蜡的溶化,蓝白相间的图案逐渐呈现。

蜡染技艺是我国劳动人民集体智慧的结晶,具有深厚的历史和文化底蕴。作为一种美术形式,它以最原始、最朴素的方式从生活和劳动中诞生,又在实践中完善。它是从人们的手中和心中生发出来的,传达着人们对美好生活的向往。2006 年,蜡染技艺被列入第一批国家级非物质文化遗产名录。

作为我国传统工艺的典型代表,随着社会生活的图景发生改变,古老

的蜡染艺术正经受着现代生活方式和审美理念的冲击，其作为主要饰品的地位已不复存在，并出现了诸多问题，如图案过于老套、缺少时尚创意、机器生产一刀切的制作模式、化工染料粗制滥造、应用空间单一、年轻人不愿意学习其技能等，蜡染工艺面临失传的危机。

蜡染主要在我国贵州偏远地区流行，当前的中学生民间美术知识匮乏，对民间美术的保护意识普遍淡薄，不少中学生对非遗的概念也比较陌生，缺乏对相关知识的深入学习、了解与积累。古朴的蜡染技艺储存着民族独特的记忆，这一传统而古老的文化，值得我们重新拾起。蜡染工艺在当今社会中需要不断传承并焕发新的生机与活力，年轻一代的中学生肩负重任，要自觉传承蜡染技艺，让蜡染技艺存旧貌、展新颜，探索非遗文化传播的新方式与新途径。如何让蜡染艺术枝丫在学校这棵大树上生长出繁叶，我们正积极探索并思考着。

饱含着对传统艺术的热爱与传承非遗文化的责任感，为了引导学生用发现的眼光挖掘中国文化，星海学校组织创建了蜡染非遗工坊，它有三方面作用：一是为了渗透非遗等优秀传统文化教育，培养学生对传统艺术文化的兴趣，增强保护与传承创新中国传统文化的责任感；二是让学生掌握民间工艺制作的基本技能技巧，提高审美能力和动手制作的创造能力；三是让蜡染等传统艺术成为学校亮点和品牌，对学校打造美术特色教育、构建校园文化有一定的参考价值和实践指导意义。

二、重构：从课程层面引导蜡染技艺的教与学

1. 课程规划

为确保蜡染技艺特色建设任务的有效落实，我们将此项目的保护工作纳入常规议事日程，纳入学校年度工作计划和艺术特色课程发展规划。提前制订工坊活动的计划、规章，由专人负责工坊的日常管理、活动组织等工作，并贯穿理论与实践指导的各个环节，形成了多样化、高质量的蜡染工坊课程体系。

美术教师带领学生充分挖掘蜡染资源，把民间美术同国家统一课程有机结合，开发出更加丰富、更具个性、更能激发学生学习兴趣的校本课程。面向学生开展蜡染非遗文化宣传，把特色活动计划与学校的教育教学实际紧密结合起来，开展切实可行的理论与实践研究，正常化、规范化开

展活动。对所进行的实践工作及时进行理论概括，形成独具星海特色的教育模式。以培养学生主动学习能力为目标，以锻造能终身学习的高素质的人为旨归，依托学校"发现教育"理念，细致周密地推进学生研究性学习的开展。工坊老师带领学生走进图书馆、美术馆，徜徉书海，查阅资料，撷取思想，为蜡染特色研究性学习奠定基础，让学生了解蜡染的历史、特色、技法、功能，以及选择研究蜡染的原因。

2. 课程实施

星海是一所完全中学，蜡染课程分为三个层次：第一层次，初一学生从简单的传统纹样学起，了解纹样造型的视觉语言，运用夸张、变形等手法表现纹样，对生活中的事物进行写生与图案创作，将传统图案与流行元素进行整合、创新，加强主题性创作，主要目的是集聚蜡染图案创作底稿；第二层次，初二学生学习油水分离法，了解各种布料与染料的特性，感受蜡染形成的原理，发展学生的创意思维；第三层次，高中学生学习蜡染制作全过程，从布料的选择、画稿、点蜡、染色到脱蜡、晒晾，一步步实践，并开发出与扎染的结合课程。在学习过程中，加强蜡染与地方文化的结合，如与甪直水乡妇女服饰、苏扇等结合，并结合语文、化学、政治等进行跨学科学习。例如，在"指尖上的民间风情"一课中进行如下教学设计（表1）。

表1 "指尖上的民间风情"教学设计

课时	第一课	第二课	第三课	第四课	第五课
环节一	查阅民间美术与非遗相关资料，探讨民间美术与农业文明等的关系	搜集蜡染创作素材，寻找灵感，分小组写生、临摹	学生观看水乡服饰短视频，传承人进教室，进行现场授课与交流互动	传承人进课堂示范各种针线活，如绲边、锁边、制作琵琶扣等，学生尝试制作	策划举办蜡染水乡服饰展示会，学生以走T台的形式向公众展示设计的服装作品
环节二	参观学校蜡染特色橱窗，了解蜡染非遗文化，如蜡染的历史、文化价值等	小组"头脑风暴"，确定创作主题，修改设计稿	以甪直水乡妇女服饰创意设计比赛为驱动，学生展开关于水乡服饰的辩论赛，了解服饰设计理念	对服饰半成品进行再次修改、调整和完善，传承人现场指导	小组成果汇报，分享学习成果和感悟

续表

课时	第一课	第二课	第三课	第四课	第五课
环节三	观看视频，了解蜡染的特点和制作步骤	教师示范蜡染制作过程并讲解化学的氧化原理，学生分组创作图案，进行点蜡、染色过程体验	学生进行服饰的设计与制作，传承人现场指导学生完成设计与制作	制作服装成型。对遇到制作困难的学生，教师提供多渠道的帮助	反思、评价，填写课时评价表和单元评价表
环节四	图像识读蜡染作品，了解传统纹样的形式特征与造型手法；课堂评价	讲述苏州非遗项目及其特点；课堂评价	展评与拓展，填写课时评价表	课堂展评，填写课时评价表	拓展，师生研讨艺术节方案；完成单元学习评价监测

3. 课程环境

为了顺利开展特色研究，学校将艺术中心改建为蜡染专用教室，为特色教学的开展提供充足的创作空间和基础性保障，画蜡、染色、脱蜡等专业器材设施全部配齐配足，投入数十万元的经费进行运作。每个学期初，学校统一从贵州地区采购白蜡、黄蜡、靛蓝膏、还原剂、固色剂、白布、蜡刀、恒温溶蜡锅等，并划分不同工作区域，如画稿区、点蜡区、染色区、脱蜡区、晾晒展示区等，以满足星海师生随时都可以到工坊中尝试蜡染制作的需求。学校设有专门的展厅与蜡染作品展示橱窗，创作好的作品被悬挂起来作为艺术品进行展示。蜡染作品展示橱窗成为一道富有艺术气息的风景线，吸引了不少师生驻足观赏（图1，图2）。

图1 蜡染展厅

图2 蜡染作品展示橱窗

4. 课程资源

教材是教育活动的桥梁,可以将教师、学生和知识三者连接起来。我们借鉴优秀校本课程资源,把所思、所得、所获、所长悄然汇编成了《蜡染》校本教材。该教材从蜡染艺术的起源、工具材料、基本技法、传承、创新、宣传与推广、作品欣赏等几个方面进行编写。《蜡染》校本教材内容确定后,教师分工协作,编写《蜡染》校本教材的教案,并对教案进行反复修改,然后授课,课后又及时反思、总结。

在研究过程中,教师把不同版本美术教材中涉及蜡染的内容进行整合,如把普通高中美术必修《美术鉴赏》(人美版)第五单元"淳朴之情/民间美术"、美术选择性必修《工艺》(人美版)第二单元"传承传统手工艺"之"印染工艺——布面上的无限创意"、人教版普通高中美术选择性必修5《工艺》第4课"蜡染工艺"相结合,并参考贺琛、杨文斌所著的《贵州蜡染》、贾京生编著的《蜡染艺术设计教程》、甪直镇志编纂委员会编著的《甪直镇志》等书籍完成深入教学。

5. 课程拓展

学校还把课堂延伸至课外,组织开展专题研讨培训、交流展演等活动,以提高工作坊的艺术水平和认识,推动工作坊的快速提升和健康发展。蜡染特殊的造型和独特的符号内涵都具有鲜明的特色,更重要的是,其独具魅力的艺术创作方式对现代设计艺术有着重要的启示作用。只有把民间艺术的多样性、色彩和造型的独特性与现代设计理念互补,既让人们认识蜡染艺术,又在传承传统手工艺的过程中加入新的设计理念和新的技法,才能真正让民间美术更好地为教学服务。我们开展丰富多彩的校园艺术活动,将艺术与公益融合,把蜡染作品产品化,学生的课堂作品如星海特色手提袋、笔记本、书签、服饰、餐具、手机壳等,悄然成为学校的"热门文创",校园蜡染义卖也成了同学们翘首以盼的活动。学校还举办手工制作、展示交流等蜡染系列文化活动(图3),不仅让学生通过学习与观摩,直观感受和体验蜡染文化,加深对蜡染文化的了解,也为学校师生深入了解蜡染文化提供

图3 蜡染手工制作及展示系统

了一个实践平台。

6. 课程评价

在评价机制上，学校为学生制定学习手册与评价细则，将评价嵌入每个课时的每个环节，切实考量学生的学习成效。学校将评价细分为网络学习、档案袋、课堂表现等三个部分，最终用图表来分析学生的学习效度。每个环节均制定具体可操作的评价量规和标准，使评价更加真实。

注重形成性评价。除了独立于教学过程的专门评价单外，教师在教学过程中随时观察、随机记录学生的表现，并将之纳入学生课堂表现考评。阶段性学习结束后，教师向学生提供一份详细的成绩报告，帮助他们分析问题，寻找改进的方向和途径，同时也促进教师改进教学策略与方法。教师通过评价机制刺激学生主动探究，引发学生自主学习，达到教、学、评的一致性。

三、发展：师生在蜡染技艺的传承中共生长

高质量推进"蜡染文化进校园"活动，将非遗课程与创新有机融合，需要有一支复合型的课程教师团队。学校充分发掘和利用一切教育资源，完善教师选拔制度，把德才兼备、创新能力强的优秀教学骨干吸收到蜡染文化传承的队伍中。对学生进行创新教育，教师必须拥有丰富的创新理论知识和实践经验。这个团队必须具有传统技能大师传承人，以及专业的教师等。一个比较可行的做法是，聘请行业企业专家担任兼职教师和技术顾问，将蜡染大师请入课堂，培养非遗技艺代代相传的生力军。于是，星海采用"走出去、请进来"的方式开展多样化活动，把专家请进校园进行现场教学指导，师生走出去参观学习，与其他地区、其他学校共同开展蜡染非遗文化的研究活动。

苏州大学的教授和非遗传承人来校指导，为星海师生打开了一扇更亮的窗（图4）。从大学生优秀蜡染作品的展示，到染料成分的讲解，以及蓝靛膏、固色剂等的配比，再到布料的氧化，专家们对蜡染技艺的全过程做了一一指导。苏州甪直水乡妇女服

图4 专家进校园现场教学指导

饰传承人满怀着对传统服饰的热爱和传承苏州非遗文化的责任感来到了星海，将蜡染技艺与苏州甪直水乡妇女服饰相融合：苏州传统水乡妇女服饰有着古朴的美与张力，而蜡染这门技艺的绝妙之处就在于皲裂的蜡迹会形成蜡染独一无二的灵魂，二者交融，美不胜收！

"艺术源于生活，又高于生活。"星海的教师赴南通蓝印花布博物馆跟着民间艺人手把手学习印染技艺。在体验中，教师走进民间印染作坊，目睹了传统植物印染的全过程，如刻板、制作防染浆、刮浆、染色、刮白等，明确了印染技艺使用工具的要求，为校本课程的技术资源、为开发利用蜡染技艺进课堂做了充分的准备。

学生具有多样性和个性。星海尊重与发展学生的个体差异性，以"发现教育"为生态样本，为每个学生提供公平而有个性的教育，畅通"尊重—发现—成全"育人路径，促进学生发现自我，激发学生自主探究学习与生活的兴趣，引导学生对已知和未知的事物大胆进行质疑与探究，进而提出多途径、创新性解决问题的方式方法，推动"发现教育"落地生根。

学校因材施教，发现、挖掘每个学生的潜力，发现和培养创新人才，经过考核选拔美术素养高的学生参与蜡染技艺的教学探究，并制定和落实相应的培养措施，保证后备力量充足。学校从全体初高中学生中挑选40名学生组成蜡染社团，对蜡染做更深的学习探究，加强色彩方面的拓展，将传统蜡染拓展为多色调、多层次的彩色蜡染，加强蜡染文创设计，扩大应用领域。

学校在"发现教育"的引领下，践行"缤纷社团，赋能成长——在活动中发现自我"的德育理念，大力开展社团活动，全力营造开放、活力的社团氛围，致力于提升学生社团品质（图5）。学校社团建设课程化扎实开展，社团课程孕育了一批特长鲜明、能力卓越的优秀学生。社团作为

图5　大力开展蜡染社团活动

实施"发现教育"的重要平台,有效提升了学生的创新思维和创新能力,赢得了师生、家长的一致好评,在社会上也颇有影响力。在指导老师和学生的共同努力下,蜡染社成果丰硕,成绩喜人。2018年,星海的蜡染社获评"苏州市中小学十佳社团"。

在多年的实践探索中,星海的美术教师和学生共同学习、共同进步,初步探索出了开展蜡染课程的可行性操作方法和理论。同时,学校还因材施教,关注学生学习过程与结果的多样性和个体性,尊重与发展学生的个体差异性,发现每个学生的"闪光点",精心挑选学生参加各级各类艺术展评,提升学生的综合实力。

如今,星海的蜡染工坊在市、区的多次亮相均受到社会各界的广泛赞扬,每年都有国内外师生,包括美国、新加坡、法国、日本等国的来宾莅临学校学习、体验蜡染技艺。星海的蜡染技艺已自成风格,参加过各级各类展示。苏州市教育局金色大厅、星海生活广场、苏州文化艺术中心、青少年活动中心、苏州中心等地,都留下了星海蜡染的印记。近几年,星海还丰富了展示形式,既有校内展览,如一年一度的艺术节阶段性展览,也有校外主题展览,如艺术实践工作坊展示、一校一品特色展示等。除线下展览外,星海蜡染技艺的线上展览也别具特色。校园官网与公众号的发布,让星海学子的蜡染作品走出国门,在美国康奈尔大学等诸多友好校园中一展风采,观赏者纷纷点赞。万物有灵,星海蜡染用它的魅力,给中国非遗文化的宣传推广搭起了国际化交流的平台(图6)。

图6 星海蜡染走出国门

艺术教育的内涵在于传承,在于坚守,在于创新,在于发现。很难想象,蜡和板蓝根的相遇,是出于怎样的一种偶然,但在无数的偶然中,我们看到了蜡染今天的模样。一块方巾,一尺蓝布,一笔一画,一点一捺,或似瀑布泉涌,或似烟花簇雪。因为有了蜡染,世界多了一方天空、一抹海洋,希望我们也因此从中得到创造性艺术素养的浸濡!

发乎云端心相连，现蕴课堂得者贤
——记高中生物线上课堂的发现之美

张 敏

教，上所施下所效也；育，养子使作善也。教育乃民生大计，自古至今，几经发展。新时代新气象，教育借互联网之东风，乘势而上；教育规模无限变大，不拘于一室，不拘于一时；教育模式也日新月异，不限于一招，不限于一式。尤其近三年，线上教育蒸蒸日上，无论是学前教育还是学历教育，无论是艺术教育还是主科教育，线上教育使师生足不出户即可实现教与学。线上教育创建了科学灵动的教学天地，线上教育加速了教学模式的更新和发展。

一、闲云潭影日悠悠，物换星移几度秋：时代孕育发展，"发现教育"于云端课堂中初现魅力

就生物学科的教学而言，高中生物以培养学生的生物核心素养为宗旨，内容聚焦大概念，教学过程重实践，学业评价促发展，多维度延续和拓展了传统生物教育的相关要求。时代呼吁改变，而此番改变绝不是由线下向线上的平行搬移，线上教育对教学模式提出了更高的要求，因为学生于线上课堂遇到了"三变"。

一变：居于教室的别无他选变成了纷繁网络的随时滋扰。

二变：身临其境的学习佳境变成了电子光屏的单调输入。

三变：老师和同学之间的潜移默化"渐行渐远"，孤军深入之感萌生。

发现教育应变而变，着力塑造学生的思维养成，着力提升学生的表达养成，着力培养学生的习惯养成，"发现教育"于线上施展更加灵动、更加高效。

二、问渠那得清如许，为有源头活水来；寻根且为溯源，"发现教育"之源起

蒙以养正，是为圣功。教育开蒙、教化众生。建国君民，教学为先。先秦之育，百家争鸣，因材施教，教学相长；自汉尊儒，三纲五常，隋唐兴校，科举入仕；宋元明清，崇儒倡理，科举定式，熟读精思；近代兴学，废停科举，广纳西学，民主发端；现代普教，励精图治，适应时代，不断发展。仰智慧先贤之风，君子之教，道而弗牵，强而弗抑，开而弗达。此为"发现教育"之源起。

道而弗牵，旨在注重启发诱导，师道即师导，导即引者，并非牵者。在知识呈现方面，"引"为摆事实但不讲道理，事实由师者呈现，方式多样：可视、可听、可阅、可摩；道理却只能由学生思考得出：可评、可议、可书、可演。在思维养成方面，学生或可通过见事实之果，思事由之因；也可通过见条件情状，思事之发展，思因事启，未因师起。在学习结果方面，学生完整地经历了"见鱼""思渔""获鱼"全程，他们未因偷得一时之识而窃喜，却因历经得道之全程而开怀。道而弗牵则和。

强而弗抑，旨在注重张弛之度，师强即师管，管即领者，并非抑者。在课堂管理方面，"领"即学高为师、身正为范，学高喻课前的充分准备，除备知识、备资料、备问题之外更应备学生，谓其知己知彼；身正乃教师的品德修养，此隐匿在教师的性格气度、举手投足、一言一行之中；高中课堂上，师者惜字如金更胜于巧舌如簧。在日常管理方面，师者对学生劝勉而不强制，是师亦是友，与高中生相处时师者情绪稳定，豁达包容，不可强逞口舌之快，师者字字珠玑皆基于修身修心。在养成评价方面，学生尊其师，信其道，师者严谨认真，学生便不会鲁莽草率；师者坚毅果敢，学生便不会畏首畏尾；师者脚踏实地，学生便不会人浮于事。强而弗抑则易。

开而弗达，旨在禁止开门见山，师开即师启，启即点者，并非达者。"点"即画龙点睛、点石成金。在教学方面，学生通过领会龙的相关资料、思考教师提出的问题，习得龙的相关知识，学生勾画龙的形态神情时也许尚不能通达，此时师者点一笔"睛"，便可使学生一点即通。在育人方面，学生若金石，然金无足赤、人无完人，教者可在恰当时机、恰当位置，用恰当方法点石成金，纵使学生竹柏异心，但精诚所至，金石为开，终能发

现他们的价值。开而弗达则思。

和易以思，可谓善喻也。"发现教育"自古而来，西方溯源可追溯到古希腊哲学家苏格拉底的"助产术"教学方法，几经发展，当代各国教师广泛采用此法乃是美国教育家布鲁纳积极倡导所致。布鲁纳认为，教育工作者的任务是：把知识转换成一种适应正在发展着的形势，以表征系统发展顺序作为教学设计的模式，让学生进行发现学习。所谓发现，当然不只限于发现人类尚未知晓的事物的行动，还包括用自己头脑亲自获得知识的一切形式。

三、察己则可以知人，察今则可以知古：踏源只为今用，发现教育于今日师生大有裨益

为此，"发现教育"对师者提出了更高的要求：师者由启引发，重启轻教。其内含四启之别：师者，须于知识点背后挖掘适宜资料，资料须尊重客观事实、真实而有效，资料须与所学知识相通、相携，此为师者第一启；师者，须于资料觅得后思考事实呈现方式，既能适时、适地出现，又尊重学科规律，最好还能喜闻乐见、提升学生的兴趣，此为师者第二启；师者，须于资料展示后，设计相关问题启发学生思维，该问题应设身处地以学生的思维来设计，既可居一隅以窥全貌，亦可概全貌而见微隅，亦可由此及彼，然很多时候该问题不能一蹴而就，应视其难度、维度和尺度等设计问题串，循序渐进，将逻辑顺思考之序逐一呈现，可谓"善问者如攻坚木，先其易者，后其节目，及其久也，相说以解"，此为师者第三启；师者，须于问题呈现后知而不语、宁心静气，将时间、空间留给学生，观学生之颜断其顺否，察学生之眼判其得否，约而达，微而臧，罕譬而喻，此为师者第四启。

学者，由启而发，由无发至有发则为思维养成，由浅发至深发则为表达养成，由有启而发至无启而发则为习惯养成，三成皆立，则现其大成。

谓其一，思维养成于学者为入道之法，据资料、思问题，入其道，则可断其外界纷扰，使其专心于学，此关是自律也非自律，由思入之。

谓其二，表达养成于学者为明道之策，由问题、思答辩，扬其道，则可身临其境自入学习之佳境，此关非律能为，由述通之。

谓其三，习惯养成于学者为修身之选，由答获感，就其道，则可抛却

孤军之感，此关从容已定为大成者。

四、纸上得来终觉浅，绝知此事要躬行：课堂"发现"展示，线上云端课堂的"发现教育"

现以人教版 2019 年高中生物选择性必修一"免疫系统的组成和功能"的线上课堂呈现"发现教育"的灵动之美。

案例：《特异性免疫》（第一课时）
（人教版2019年高中生物选择性必修一）

一、核心素养

生命观念	理解人体免疫系统的结构和功能，形成严谨的结构和功能观，并形成尊重生命的世界观
科学思维	通过资料分析，认识并概括出免疫系统对病原体的识别机制。通过资料分析、情景剧演绎、小组合作等方式构建并完善特异性免疫反应过程的概念模型
科学探究	运用建模方法提升归纳与概括、演绎与推理的能力
社会责任	运用免疫知识思考奥密克戎病毒的有效防疫措施，认同并宣传接种疫苗的意义

二、学情分析

1. 知识基础

学生在初中已经学习了人体的三道防线；在"必修一：分子与细胞"的学习过程获得了蛋白质结构和功能，细胞膜上的糖蛋白与细胞的识别作用，细胞的增殖、分化、衰老、凋亡等知识；在"必修二：遗传与进化"的学习过程中获得了基因的表达及调控等知识。

2. 能力基础

学生已基本具备获取信息的能力，比较、分析与综合、抽象与概括的思维能力。

三、聚焦概念

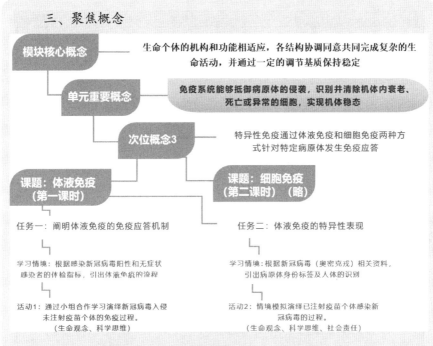

聚焦概念图

四、教学重难点

重点：体液免疫的应答机制。

难点：体液免疫的特异性。

五、教学过程

教学目标及教学过程表

教学目标	教		学	评		达成素养
	核心问题	创设情境	对应活动	评价要点	评估任务	
导入：联系真实情境问题，挖掘其背后隐藏的问题实质	新冠疫苗对奥密克戎病毒是否有效？	情境1：疫情部分传播链图片和视频信息	观看图片，大胆提出问题和看法（评论区留言、连麦提问）	1.大胆提出问题是科学探究的关键。2.找出信息的相关性，利用已学知识进行预测。	1.大胆表达。2.抓住信息的关键点和逻辑辨证点	运用演绎与推理进行大胆提问和主动探究

续表

教学目标	教			学	评	达成素养
	核心问题	创设情境	对应活动	评价要点	评估任务	
目标1：通过资料分析，认识并归纳出免疫系统对病原体的识别机制	免疫细胞如何识别自身细胞与外来病菌？	情境2：冠状病毒及奥密克戎病毒模型图	认识冠状病毒的身份标签及免疫细胞的识别机制（完成学案）	联系已学知识进行分子水平的解释	1. 说出细胞识别的原理。 2. 整理对病原体的识别机制。	归纳概括免疫系统对病原体的识别机制
目标2：运用情景剧直观演绎体液免疫作战流程	1. 体液免疫有哪些主要作战流程？ 2. 激活B细胞的两个信号是什么？	情境3：演出并评判情境配音剧，思考并构建完整的体液免疫过程	观察细节，构建体液免疫整体过程（参与演出或点评剧情细节）	问题解答情况和细节关注度	1. 剧中细节抓取和完善。 2. 关注重点免疫细胞的关系与功能。	通过情景剧进行流程模拟，实现抽象知识直观化
目标3：联系生活热点问题，引导学生利用所学判断真伪	新冠疫苗对奥密克戎是否有效？	情境4：奥密克戎病毒对已接疫苗人群的侵染	构建严谨的概念模型和实现完整清晰的表达（完成学案）	1. 模型的科学性和合理性。 2. 关注对核心问题的解释逻辑。	对疫苗有效性的合理解释	培养学生重事实、重逻辑的科学论证能力
目标4：尝试运用免疫知识思考当前奥密克戎病毒的有效防疫措施	针对奥密克戎病毒，我们要怎么做？	习近平总书记对抗疫精神诠释	认识到德尔塔病毒的隐匿性和传染性，意识到疫情防护的严峻性和重要性（直抒己见）	1. 应用新知识能力。 2. 科学抗疫的态度。	1. 学生的抗疫措施的设计是否具备科学性和针对性？ 2. 是否具有严谨的抗疫精神？	认同疫苗的重要意义，思考科学抗疫的有效措施，发扬抗疫精神

六、案例评析

本案例是以新冠疫情为情境主线进行的线上教学。教师积极利用学生已有的知识基础，设计丰富多样的活动情境，以多层次灵活设问、按步骤启发思维等形式引导学生自主探究，启发学生主动建构新知识的网络。

教师以问导课，激发学生大胆设想，并且提出与疫情相关的生物学问题。运用此法导课，将主动权交给学生，不仅激发学生的探索欲，而且将学生的思维带出教室，走进科学防疫第一线。

教师从学生的知识经验和知识背景出发，借助新冠病毒及其变异株奥密克戎的结构比较资料，设置小问题串，激发学生思考病原体的身份标签，通过免疫系统对病原体的识别，体会特异性免疫的特异之处。以对重点——体液免疫应答机制的启发最为典型：以奥密克戎入侵人体为情境，部分同学根据自己的理解设计情景剧，另一部分同学合作配音，用声音直观演绎体液免疫作战流程，其他同学倾听、品评配音剧，思考并构建完整的体液免疫过程，对情景剧的争议点进行讨论，推导体液免疫的作用流程。

线上课堂发现教育的关键在于教师的引导，具体有以下方面。

(1) 情境的呈现方式丰富多样。线上课堂的情境方式更为多样，除了图片、视频等直接的情境方式之外，还有线上实验等互动方式，学生面对的大情境相同，但可通过自己的操作呈现不同的微情境。相同的大情境、有差异的微情境在线上课堂可以实现一人一情境、一人一课堂。

(2) 教师层层深入的问题须具有启发性，教师将问题拔高一步，学生的理解就能深化一层，思考维度就能拓展一圈；若问题不能一击即成，则教师可以设置一系列的问题串，由浅入深、由表及里，逐层引导学生思维养成。在线下课堂，学生接受的问题是相同的，但线上课堂可以通过设置不同的研讨小群并设置不同的引导问题进行分组讨论。相同的大问题、有差异的小问题在线上课堂可以实现一人一问题、一人一课堂。

(3) 教师用生动形象的语言，富有层次、抑扬顿挫的声音，引

> 导学生思考及习得体液免疫的完整流程。教师在这样的课堂绝非"教者",实为"引者":引导学生逐层拨开迷雾,渐入佳境。相同的大课堂、有差异的小风景在线上课堂可以实现一人一课堂,一人一风景。
>
> 一课之终为小"得",课课相连为大"得",此"得"即学生对知识的思维凝练,它不仅会表现在习题的正确率上,更能让学生体会"学",即用思维行路。这条路不仅有光明在前,更有绚丽的风景在侧,师生无须驻足,一路花香相伴,纵使坎坷,也是坦途。

基于"发现教育"的研究性学习课程实施的调查研究与思考[①]

陈小军

光阴荏苒,研究性学习课程已被深耕二十余年,目前它已呈现出充满生机与活力的景象。那么,实施研究性学习课程的优势与困难究竟有哪些?学生、教师在实践中对研究性学习的认知程度如何?考察研究性学习成果采取何种形式更科学和贴切?研究性学习在推进过程中还存在哪些盲点与误区?制约研究性学习效果的瓶颈主要在哪里?……这些都需要我们"基于'发现教育'的普通高中实施研究性学习课程调查研究"课题组从大数据问卷调查中去采集、了解、分析和归纳。针对此,课题组对苏州地区部分高中校的教师、学生、家长、学校行政人员等四类人群进行不同类别的问卷调查,学生有效问卷354份,教师有效问卷42份,学校行政人员有效问卷6份,家长有效问卷64份,收集的问卷调查数据对研究性学习课程的开展状况与表现具有一定的现实性和代表性,对从"发现教育"

[①] 本文系苏州市"十四五"教育科学规划立项课题"基于'发现教育'的普通高中实施研究性学习课程调查研究"(2021/DC/02/037/09)的阶段性成果。

的角度看调查结果、研究分析报告具有一定的现实价值和指导意义。

一、学生：实施研究性学习课程的优势与困难

课题组专门设计学生调查问卷，以期根据调查数据分析被调查对象学生对研究性学习课程实施的认识和思考。下面该课题组选择其中两个关键调查题目加以分析，以弥补研究性学习已有理论研究的不足。

（一）调查对研究性学习课程的实施情况

在回答"按照《普通高中课程方案（2020年版）》和《综合实践活动课程指导纲要》要求，研究性学习课程6学分（完成2个课题研究或项目设计，以开展跨学科研究为主），你所在学校开展实施了吗？"这一问题时，接受采访的354名学生的选择情况为：61.9%的学生选"经常开展"，23.7%的学生选"偶尔开展"，14.4%的学生选"几乎没上过该课"，说明研究性学习课程作为一门必修课程其正常开展情况比预想的要好，普及率与以往相比有了不同程度的提高，得到了大多数学生的认可，这与教育部门和学校对开足、开齐研究性学习课程的重视程度有关。但也有不尽如人意之处，如有1/7的学生选择"几乎没上过该课"，说明个别学校还有比较强的高考功利性，没有认真落实开足、开齐研究性学习课程的基本要求。

（二）调查对研究性学习课程的了解情况

在回答"你了解研究性学习课程吗？"这一问题时，49.4%的学生选择"十分了解"，20.9%的学生选择"比较了解"，24.6%的学生选择"了解一点"，5.1%的学生选择"没听说过"。调查数据表明，受调查的绝大多数学校是实施研究性学习课程的，学校相关处室制订了研究性学习课程实施计划，向学生详细介绍研究性学习课程是一门开放灵活、动态生成的"校本课"，以发现问题、调查研究、探究应用为其主要特征。

二、教师：实施研究性学习课程的有为与无为

（一）调查教师对研究性学习课程的指导情况

在回答"在开展研究性学习课程的过程中，您一般如何指导学生？"这一问题时，接受采访的教师中有40.5%选择"对研究性学习课程开展过程中所有方面都进行指导"，有38.1%选择"对认为重要的方面进行指

导",有 21.4%选择"对学生有疑问的地方进行指导",有 0.0%选择"基本上不指导学生"。调查数据表明,受调查的绝大多数教师愿意为研究性学习课程的探究进行方法指导,且指导主要有全面指导和重点指导之分。在研究性学习课程的指导上,教师不能为指导而指导,针对不同阶段、不同领域、不同层次的研究性学习课程,教师的指导方法要因题而异,不尽相同。

(二) 调查教师对研究性学习课程的关注情况

在回答"在研究性学习课程的指导中,您主要关注什么?"这一问题时,接受采访的教师中有 45.2%选择"自己是否掌握该课题所涉及的相关知识",有 42.9%选择"学生所运用的方法是否科学",有 11.9%选择"小组的研究活动是否能进行下去",有 0.0%选择"自己能否全程参与"。调查数据表明,受调查的绝大多数教师关注与研究性学习课程课题相关联的个人兴趣和知识储备,以及学生所运用的研究方法是否科学。课题组认为研究性学习课程指导教师更应关注学生参与课题研究的整个过程,过程为王,成果为辅,能力为核。

三、家长:实施研究性学习课程的有效与无效

研究性学习课程的实施关系到学生个体与家庭的永续发展力,家长对研究性学习课程的理解深度、重视程度、配合程度直接影响实施研究性学习课程的成效。

(一) 调查家长对研究性学习课程认知的情况

学生家长在回答选择题"以下关于研究性学习课程的观点,作为家长你赞成哪些?"这一问题时,接受采访的学生家长中有 79.7%选择"学校实施研究性学习课程有助于学生探究能力的发展",有 3.1%选择"研究性学习课程学不到什么东西,会浪费学生的时间",有 3.1%选择"参与研究性学习课程对提高高考成绩没有直接帮助,因而还是不开设为好",有 14.1%选择"研究性学习课程是成绩册和高考综合评价的必需项目,要参与活动"。调查数据表明,受调查的绝大多数学生家长肯定研究性学习课程的开设有它的必要性和有效性,研究性学习课程为学生创造了发现和解决问题的真实情境,有助于学生主动参与、实际操作、提升素养。

（二）调查家长对研究性学习课程前景的期待

学生家长在回答选择题"作为家长你对研究性学习课程的前景如何看待？"这一问题时，接受采访的学生家长中有70.3%选择"会逐渐受到重视，得以广泛开展，并落到实处"，有25.0%选择"如果不搞好各种配套改革（如高考改革），就无法落到实处"，有4.7%选择"走走形式，落不到实处，最终会被取消"。调查数据表明，受调查的绝大多数学生家长认为研究性学习课程以其开放性、探究性和实践性，有助于锻炼学生的实践能力，激发学生的求知兴趣，培养学生热爱家乡、关心家乡的情感等，也有一定比例的家长对研究性学习课程开展的前景表示担忧。

四、学校：实施研究性学习课程的亮点与痛点

亮点昭示学校实施研究性学习课程的成功经验和做法，具备可复制性和可借鉴性；痛点彰显了研究性学习课程在实施过程中遇到的瓶颈与堵点，但也为更好地推进研究性学习课程、转段升级研究性学习课程提供了契机与方向。

（一）调查正常开展研究性学习课程的阻力因素

在回答不定项选择题"您认为贵校实施研究性学习课程的困难有哪些？"这一问题时，接受采访的学校行政人员中有66.7%选择"高考压力"，有16.7%选择"学校物质条件，书报资料及经费的困难"，有0.0%选择"家长不支持"，有33.3%选择"教师不愿意开展研究性学习课程"，有0.0%选择"教师教学时间紧，没有时间开展研究性学习课程"，有0.0%选择"教师水平限制"，有16.7%选择"学生对研究性学习课程不感兴趣，应付了事"，有33.3%选择"学生外出调研活动的交通安全问题"。调查数据表明，受调查的学校行政人员大多将正常开展研究性学习课程的阻力因素归结为高考压力、交通安全问题和学生对研究性学习课程的兴趣，这反映出学校管理层在推进研究性学习课程上存在一定的现实功利性和学业成绩导向性。

（二）调查对研究性学习课程活动开展的当前需求

在回答不定项选择题"您认为开设研究性学习课程当前需要些什么？"这一问题时，接受采访的学校行政人员中有50.0%选择"改革高考制度"，有33.3%选择"加强教师指导"，有33.3%选择"提高教师素质"，

有 33.3% 选择"赢得社区和家长的支持"。调查数据表明，受调查的半数学校行政人员认为不断创新改革高考制度有利于推进研究性学习课程的开展和实施，高考改革要增加实践性、应用性和综合性知识的考核内容，要改单一的书面考试形式为书面考试、口头表达和实验操作相结合的多元考核形式，要发挥学生个体多样成长成果资料在高校选拔综合评价中的作用。

五、发现：实施研究性学习课程的数据分析与问题发现

（一）现行高考教育体制下实施研究性学习课程时间"缺斤少两"的问题

在现行高考中，对学生实践性、应用性、综合性知识的考核试题不是太多。在这样一种环境下，不开展研究性学习课程，腾出宝贵时间复习高考学科知识的收益要大于开展研究性学习课程的收益，也就不难理解部分普通高中校对研究性学习课程的开展采取敷衍拖延的态度了，虽然这与上级主管部门的教学要求相悖。2017 年，教育部印发了《中小学综合实践活动课程指导纲要》，在中小学综合实践活动指导安排的课时要求中，该纲要对高中学段的要求进行了模糊的弹性表述：（小学 1~2 年级平均每周不少于 1 课时，小学 3~6 年级和初中平均每周不少于 2 课时）高中执行课程方案相关要求，完成规定学分。

（二）研究性学习课程的有效开展受校内外软、硬文化条件的制约

研究性学习课程并不是一门"货真价实"的高考学科，在高二学业水平合格性考试和高三学业水平测试中难觅它的踪迹和用武之地，加之我国大多数高中的办学经费并不宽裕，要专门为开展研究性学习课程改善和提升物质条件，如大量增添图书资料、配置创新实验器材设备等，难度较大。即便开展研究性学习课程的学校能因地制宜地发掘优势，聘请到当地富有公益心的专家给予指导，选择贴近地方的有关社会发展、企业创新、历史民风等的选题着手研究，即便研究者在捉襟见肘的教学经费上极力克勤克俭，也难保障在物资准备、文献研究、遗迹考察、成果展示等方面做到有序、有效推进。

（三）家长对研究性学习课程支持力度不足源自理解存在盲点和误区

经调查，对于研究性学习课程来自家长代表的声音是："我们根本不了解研究性学习课程是什么，不了解研究性学习课程有什么作用与价值，它能在高考成绩方面'真金白银'地加分或优先录取吗？我们连它究竟是什么、有什么作用与价值都没搞清楚，我们凭什么要不遗余力地支持？"从对家长的问卷调查中了解到，绝大多数家长并未对研究性学习课程的概念表示理解，甚至有相当比例的家长对小孩学习的关心很简单——只看学习成绩，其余概而不论，在研究性学习课程的经费和安全上他们不会给予足够多的支持，认为为"虚无缥缈"的研究性学习课程花费宝贵的学习时间得不偿失，担心影响孩子未来的高考成绩。

（四）开展研究性学习课程缺乏制度性保障

学生开展研究性学习课程势必带来一定的校外安全风险。安全重于泰山，学校和教师对学生安全问题高度重视，并采取了一定的安全防范措施，但这些措施还没形成一套行之有效的安全保障制度。当前开展研究性学习课程活动对安全责任职责分解不明确，没有对学校领导、教师、家长、学生本人各自在研究性学习课程开展中的安全防范事项和所应承担的法律职责做出明确规定。依照以往惯例，通常会把研究性学习课程的安全责任压在吃力不讨好的学校管理层面，而学校又往往会将安全责任分解到带队教师身上，带队教师为了规避安全责任便将研究性学习课程尽量安排在校内开展，研究性学习课程的成效因此大打折扣。

（五）研究性学习课程的组织指导和实施效果缺乏三方跟进性共识

从调查中了解到，在研究性学习课程的组织指导方面，有些教师不管学生研究的是"真问题"还是"伪问题"，有些学校缺乏研究性学习课程的整体教学计划和配套推进措施，只要有研究性学习活动，结果无足轻重，从形式上看似乎搞得轰轰烈烈，实则"新瓶子装老酒"，万变不离其宗，到最后连自己都没搞清楚研究性学习课程究竟研究的是什么、有什么好收获。这与学校管理人员和教师对研究性学习课程的认识不到位、观念未及时转变有关，也与学生和家长对研究性学习课程的理解不到位有关，最后评价也就很难做出精确的判定。

（六）提高教师素质水平机制及参与研究性学习课程的激励措施还不够

从对教师的问卷调查结果看，由于教师研究性学习课程的专业能力水平有限，很多学生在研究性学习课程实施过程中产生的疑问和遇到的困难得不到教师的及时指导，致使研究性学习课程的实施效果大打折扣。指导研究性学习课程的专职教师很少，兼职教师为多，加上三年疫情的影响，教师往往采取在线教育的方式，培训形式走过场、拍照留痕的占多数，有针对性的、实质性的全员培训和脱产学习活动并不多见。从学校考核的角度看，鲜有学校将这门课程的工作量与教师的实际奖励及待遇挂钩，亟须建立"部门+条线"双重管理制度，使责任更明确、管理更规范、评价更透明。

（七）亟待完善研究性学习课程质量评价机制和与之配套的奖励机制

研究性学习课程的目标以开放性、探究性和实践性为显著特点，研究的路径是多维的，这就决定了对研究性学习课程的评价不能局限于采用单一的评价方式。研究性学习课程评价体系通常由四个部分组成：课程目标与计划实施的评价；课程开设准备与师生投入评价；课程实施过程评价；课程成果展示评价。在具体操作中，可以采用档案评价、操作评价、答辩评价等方式进行评价。目前，大量存在着以传统的机械划一的评价方式对研究性学习课程进行评价甚至不评价的现象，这不仅影响了研究性学习课程目标的顺利实现，对研究性学习课程的开展与深化也有根本性的制约作用。

（八）支撑研究性学习课程应有的各类绿色资源平台有待进一步加强

1. 缺少网络互动平台

研究性学习课程网络交流平台的建立面临不少困难，不同地区、不同学校之间的同步或异步交流不畅，且基本无法实现真正意义上的校内校际网上讨论、合作、借鉴与交流。

2. 缺少创新实验操作平台

生物实验室、化学实验室、物理实验室、体育器材保管室、电教室、微机室的设施和耗材都是针对学科要求购置的，而研究性学习活动所需要的仪器设备与耗材是宽泛不一的,并无统一的标准和要求,这给经费预算和器材采购带来了不确定性。

3. 缺少共享网络资源平台

如今网上资源平台鱼龙混杂、良莠不齐,以至于网上查找相关资料的便捷性、真实性、前瞻性大打折扣,学校对学生受到网上不健康信息的毒害也忧心忡忡。

六、启示:实施研究性学习课程的初步结论与认识、反思

(一) 对"研究性学习"概念的界定应尽快出台有利于统一的权威表达

目前,教育理论界对于"研究性学习"的概念表达可谓众说纷纭,让人无所适从,更不用说去理解它的概念核心与内涵实质了。"研究性学习"的英文表达是"inquiry learning","Inquiry"是打听、询问、调查的意思,它不同于一般的学科课程,没有固定的统编知识体系,也不局限于某一学科领域,是一种开放的、灵活的、积极的发现疑难问题、调查探究问题和解决关键问题的学习过程,它以问题调查研究、实践应用综合、内外广度联系思考为基本特点,既是一种前瞻的教育理念、一种灵动的学习方式,又是一门选择性必修课程。

(二) 研究性学习课程的有效开展仰仗于其他配套教育改革的组合跟进

长期以来,我国普通高中形成了以高考备考为中心的教育教学管理模式,在这种教育管理模式下,有与之相适应的一系列的传统思想观念、组织体制、实施机构、评价方式等。而研究性学习课程是以培养创新精神和实践能力为重点的素质教育综合实践活动课程的重要组成部分,它独具一格的价值体认、问题解决和责任担当的开放教育理念与传统的教育理念有很大的不同,也与传统的以高考为中心的应试教育方式相左。研究性学习课程的开展应该与自上而下的各种配套改革同步进行,只有搞好了各种配套组合改革,研究性学习课程才有其生长的肥沃土壤及发展的广阔空间。

(三) 对研究性学习课程开展中存在的不良倾向应加以提醒和足够重视

随着研究性学习课程的持续实施,一些认识误区或不当操作也逐渐显

现在大家面前：将研究性学习方式的功能扩大化，将之与灌输式学习方式相对立；将研究性学习课程的实施过程科研化，效仿教育课题申报流程立项；将研究性学习课程参与主体对象英才化，让成绩优异的班干部担任研究性学习课程的策划者和组织者，普通学生表面上被动跟班参与研究性学习课程，实际上游离在研究性学习课程之外；研究性学习课程评价囿于传统的收场性量化评价，评价方式和评价描述过于单一；等等。这些认识上的误区或操作中的不当，不同程度地影响着研究性学习活动原预定目标的达成，而且还可能滋长拔苗助长思想和教条主义倾向，甚而产生加深学生之间的"分层构造"等负面影响。

（四）推进共商、共建、共享研究性学习课程线上和线下资源库的发展建设

互联网学习资源库具有信息承载量大、全天候检索方便、呈现方式多样等特点，它符合研究性学习课程的需要和学生线上快乐学习的秉性，是颇受学生欢迎的资源平台之一；线下传统阅览室的科普书籍、报纸期刊，也是学生易接受并普遍使用的资源。在实施研究性学习课程过程中，学校一方面要丰富并完善专题网站或研究性学习平台，建立与选题相关的开放性资源库模块，另一方面要创造条件让学生从网上或图书馆查找相关资料，学校微机房、专业室场、STEM实验室对学生定时全方位开放。

七、未来：实施研究性学习课程的调查结语与研究展望

经过此次专项问卷调查，课题组已认识到，目前高中学校深入开展研究性学习课程的效果不甚理想，这与当下高考制度和学校的应试压力密切相关，学校管理者左右为难，建议教育主管部门适时加强研究性学习课程的过程指导与组织管理，进一步优化、完善高考选拔制度；这与教师对研究性学习课程的认识、指导不到位密切相关，建议教育业务部门定期组织教学研究和培训工作，让教师认识到研究性学习课程的美好愿景、习得必备的指导方法，同时多引入各领域或各学科课程的专家，如教育研究方法专家、信息技术专家等；这与学校有限的研究资源密切相关，建议学校多与社会、高校建立联系，筹建更加丰富、完备的线上资源平台和线下图书资源共享场所；这与不少学生被动学习、不善于自主性思考的学习习惯密切相关，建议利用最近发展区激发学生潜能，把学生从落实教师指令的樊笼里解脱出来。当然，推进研究性学习课程任重而道远，还有不少关键的问题需要课题研究者进一步调查与研究，进而推动研究性学习的理论化、课程化、体系化。

"发现教育"视域下初中音乐演唱教学的思考与探索

季亚霞

《义务教育艺术课程标准（2022年版）》明确指出：演唱是音乐课程的重要内容，也是学生易于接受并乐于参与的学习形式，对激发学生音乐兴趣、发展学生核心素养、愉悦身心、陶冶情操等有重要作用。然而，我也发现，随着青春期和变声期的到来，学生在音乐课堂上参与演唱的积极性并不高，甚至有学生谈"演"色变。可以说，音乐课堂上的演唱教学面临极大的挑战。

有鉴于此，我以江苏省教育科学"十四五"规划课题"数据驱动教育高质量发展的'发现教育'实践与创新"为指引，基于"发现教育"的内核——尊重生命、尊重规律、尊重个性，从"发现—唤醒—发展"价值链出发，经由教师层面的"尊重—发现—成全"育人路径来达成学生层面"自我发现—自我赋能—创造成就"的发展路径，努力思考、探寻，打造初中音乐演唱教学的"发现课堂"。

一、尊重与欣赏："发现课堂"的施教基石

"发现课堂"上，音乐教师需要改变教学思维和教学行为，尊重学生，欣赏学生的个性表达。

（一）尊重学生的演唱心理

初中生进入青春期后会变得更加敏感，重视自己在同伴心目中的形象和他人对自己的评价。如果对演唱没有十足的自信，他们不会轻易当众表现，存在一定的闭锁心理。音乐教师要尊重和理解学生，知道不愿唱并不

是他们的真实想法，在众人面前演唱的恐惧感才是真正的原因。面对此情境，教师可以通过范唱帮助学生克服内心的恐惧感，慢慢走出"不敢唱"的困境。教师满怀激情的范唱能够感染学生，使学生迅速进入歌曲的情境，让学生与歌曲建立情感链接，从而激发学生的演唱兴趣和潜能，帮助他们发现自己独特的音乐声音和表达方式。

（二）欣赏学生的演唱行为

正向的评价对学生的演唱心理有积极的影响。音乐课堂上，有部分学生因为内心紧张、唱歌跑调等原因，演唱没有达到预想的效果，有时会遭到其他同学的嘲笑，因而对演唱不自信。教师一方面要对演唱者进行正向评价，发现其演唱过程中的优点，如演唱的音色美、声音纯、表情到位或者情感真挚等；另一方面要营造和谐、融洽、鼓励用歌声表现自我的良好氛围，引导班级同学以发现的眼光尊重、欣赏彼此在音乐课堂上的演唱，身体力行地引导学生学会尊重、欣赏他人。

二、愿唱与乐唱：演唱教学的自我发现

"发现教育"是一种主体性教育，主张以学习者为中心塑造教育的内驱力和自适力。愿唱、乐唱就是学生在演唱中所表现出的积极性和主动性。

（一）激发学生的演唱自驱力

学生"愿唱"有助于改变课堂演唱教学中教师始终"讲"、学生始终被动"听"的局面，是学生主动参与演唱的积极表现。教师要调动学生主动参与演唱的积极性，激发学生演唱的自驱力，让课堂成为学生自主表达、平等交流的平台，让学生成为课堂的主体，在课堂中充分表现。

（二）教会学生演唱的方法

"乐唱"是提高课堂演唱参与度的关键，"乐唱"的关键是"擅唱"，即学生掌握正确的演唱方法，擅长演唱。初中学生正值变声期，且大部分学生对于演唱方面的理论知识几乎是空白，需要教师进行正确的引导。

1. 用形象教学法帮助学生理解演唱方法

教师可以用形象的比喻或者贴近生活的事物帮助学生理解演唱方法和技巧。比如，训练学生的演唱呼吸，要求学生在吸气、吐气时做到匀、慢、稳，要形成平直的线条，注意恒速持续，好像在吹蜡烛的火苗，而又

不让火苗左右晃动般的感觉；缓吸气就像闻花香或像用麦管吸汽水的感觉，急吸气就像受惊或吞东西的感觉；等等。练习哼鸣可以解决演唱时声音发虚不集中的问题。为了让学生很快找到哼鸣的高位置鼻腔状态，教师可以建议学生张开嘴巴保持打哈欠的状态，或者以仿佛嘴里含着一口水的状态练习哼鸣。

2. 鼓励变声期的男生参与演唱

对于男生在变声期是否可参加演唱的问题，一直存在两种截然不同的看法：有主张坚持喊嗓子的，也有主张严格禁声的。杨鸿年在《童声合唱训练学》一书中提到禁声是一种消极的方法，他认为关键在于教师指导男生运用正确的方法演唱，使声带处于积极、兴奋的运动状态，帮助男生顺利度过变声期。具体方法是，引导男生学会在气息的支持下运用假声、轻声演唱；演唱音域以不超过八度为限，当遇到超过八度的旋律时，不唱高音和只有效音域内演唱，超过此音域时可以只张口不出声。

3. 创设开放式课堂引导学生自主探究

教师要扩大艺术歌曲在音乐课堂中的辐射力和影响力，使学生在潜移默化中产生对艺术歌曲的兴趣。课堂上，教师给学生介绍采用美声、民族等专业唱法的演唱家及其声乐作品，引导学生欣赏名家的专业演唱，再结合讲解和范唱加深学生的印象。欣赏音乐作品时，教师不仅要引导学生关注演唱者的演唱技巧，还要带领学生感受词、曲作者的创作情感和演唱者的情感表达。另外，教师还要让学生了解歌曲创作的背景及歌曲所包含的文化内涵等，让学生在沉浸式的艺术歌曲欣赏中提高对演唱的审美和理解。

三、评价与展示：发现课堂的持续赋能

发现课堂是一种创造性的课堂，它是基于学生未来发展的可能性而设置的。发现本身也隐含着创造内涵，因此，发现课堂就是要在教学过程中通过个体个性的充分展示、潜能的充分发掘，真正达成创造价值的实现。

（一）优化评价方式，鼓励学生赋能成长

演唱教学的"发现课堂"评价注重以学生为主，突破评价的角色定式，打破以教师为主的传统评价模式，将学生的自评与他评（自我发现和他人发现）结合，即教师不但要自己评价学生的演唱，更要注重引导学生

进行自我评价，并鼓励同学间互相评价，激发每个学生参与课堂评价的愿望，树立"发现者"的形象，培养学生的发现素养，引导学生从彼此赋能的视角互相给予评价。多角度、开放式的评价方式不仅能让学生客观、全面地了解自己的演唱水平，做出合理的调整，还能激发更多学生自我发现的愿望和自我发现的能力。

演唱教学的"发现课堂"采用即时评价与阶段性评价有机结合的方式进行评价，以帮助学生和教师直观了解学生音乐学习的成长轨迹。即时评价落实在平时的课堂中，在学期初要制定好课堂评价积分规则，规则要体现学生的主体性，以学生自主记录课堂中主动参与演唱、课堂评价、课堂发言等积极表现的得分作为即时评价的过程性数据。阶段性评价落实在期中和期末的综合评价过程中，可以通过集中性的演唱展示进行考核，成立学生考核评分小组，以教师评分和学生评分相结合的方式进行评价，力求客观、公正地反映学生的演唱水平。即时性评价和阶段性评价的数据能够直观、全面地反映学生的音乐学习情况，助力学生发现自己的优劣长短，赋能自我塑造。

（二）搭建广袤空间，助力学生价值实现

在演唱教学中，教师既要注重集体的演唱，也要创造机会让学生独立演唱，以增强学生在公众面前表演的自信心；还要鼓励学生在演唱过程中融入个性化的理解和诠释，进行二度创作和创意表达，这是音乐培养学生创造力的有效途径之一。

1. 课堂微型赛事情境创设

教师可以创设"班级歌王争霸赛"，鼓励学生走到台前，展示自我，发现彼此。"班级歌王争霸赛"可以与班会课结合，邀请班主任、任课教师、家长代表、同学代表担任评委，以扩大发现领域和关注群体，让学生的艺术表现价值得到充分实现。

2. 校园文化的有机融合

教师应鼓励有能力的学生走出课堂，走向更广阔的舞台。星海每年都会举办校园艺术节、迎新晚会、纪念"一二·九"运动班集体合唱比赛、艺术社团展演等大型艺术活动，为学生提供广阔的艺术表达平台。

3. 原创音乐的多元平台展播

"让教育成为发现与创造的艺术"，星海的艺术教育特别注重学生创造

力的培养，音乐组教师以"音乐创作教学"为实施路径，成立了"原创音乐工作室"，在教师的引导下，学生自己作词、作曲、编曲、录音，演唱自己创作的歌曲，学校通过创编原创歌曲电子作品集、线下原创歌曲音乐会、线上原创歌曲展播等方式，扩大学生原创歌曲的受众面。一系列举措极大地激发了学生通过音乐进行自我创作、自我表达的内驱力，让学生享受演唱的快乐，用自己创造性的方式表现音乐、表达个性，实现成长过程中的"自我发现—自我赋能—创造成就"发展路径。

"发现人的价值，发掘人的潜能，发展人的个性，发挥人的力量。"在"发现教育"的引领下，音乐课堂精彩纷呈，学生的审美能力、生活情趣、潜在能力也得到了很大提升。我以为，只有践行"发现教育"的理念，遵循"发现教育"的规律，从"发现教育"的视角努力打造音乐演唱教学的"发现课堂"，方能让学生在演唱实践中提升音乐素养，获得幸福成长。

"发现教育"视角下化学史的教学实践

孟 郊

化学是研究物质的组成、结构、性质、转化及应用的一门基础学科，是自然科学的重要组成部分，是推动人类社会可持续发展的重要力量。《义务教育化学课程标准（2022年版）》指出："义务教育化学课程作为一门自然科学课程，具有基础性和实践性……激发学生对物质世界的好奇心，形成物质及其变化等基本化学观念，发展科学思维、创新精神与实践能力，养成科学态度和社会责任，为学生的终身发展奠定基础。"化学在形成和发展的过程中经历了无数的挑战，凝聚了无数人的智慧和心血，与人类社会的发展相辅相成，所以在化学教学中引入化学史非常适切且有意义。例如，在解释某种化学定律时介绍化学观念的转变、定理的形成过程，让学生不断产生认知冲突，学生对理论的理解会更加透彻；讲述化学家的研究历程，让学生见贤思齐，树立勇攀科学高峰的理想信念；重走化学家的科研之路，在课堂内外重做前人实验，让学生形成严谨的科学探究思维；等等。

"发现教育"是一种学校教育发展中的认识、探究、创新、创造的过程。"发现教育"是以教育教学方式的改进为手段,以发掘、激发每一个学生的潜能优势为核心,以培养创新创造人才为目标的育人活动。"发现教育"意味着教育思维的转型和教育行为的改变,意味着学生作为主体的人的位置被凸显,意味着学生自身的潜能优势被关注,需要更加尊重学生的权利,尊重学生的自由,尊重学生生命的价值和尊严,并创造一种积极正向、鼓励探究的教育环境和氛围,使学生能够在此环境中正确地发现自我、发掘自我、发展自我。① 从"发现教育"的视角运用化学史,既可以让学生从化学史中发现解决问题的方式方法,也可以让学生从化学史的真实情境中发现问题,运用已有知识解决问题,更可以让学生在化学探究与实践中掌握科学观念,形成科学思维,树立积极的科学态度与社会责任感。

一、在化学史的发现中提升化学思维

当前的教育改革重视培养学生分析问题和解决问题的能力,理科教学尤其重视学生思维能力的培养,"发现教育"视角下的化学史教学要充分发掘学生的优势潜能和凸显学生的创新能力,让学生养成自主探究的思维习惯,不断提升思维的深度和广度。

(一) 提升思维的自主性

中共中央、国务院《关于深化教育教学改革全面提高义务教育质量的意见》明确指出,要"突出学生主体地位,注重保护学生好奇心、想象力、求知欲,激发学习兴趣,提高学习能力"。化学是一门实用的科学,化学的意义在于应用,在于解决生产生活中的实际问题。在教学过程中,教师要始终秉持这一理念,为学生呈现真实情境,使学生在分析、解决问题的过程中进行自发、自主的学习。化学史也是人类运用化学的历史,从化学史中能获得许多教学素材。

我通过"从酸碱盐看苏州土壤变迁"引导学生复习酸碱盐基础知识,利用土壤 pH 分布变化图让学生直观感受苏州土壤先酸化后碱化的特征。

---

① 徐金海,任志瑜. 发现教育:理论建构与实践路径 [J]. 教育理论与实践,2018,38 (34):3-7.

为了说明氯化铵溶液呈酸性，我向学生展示"苏州市主要年份国民经济指标"（表1），让学生从数据中找出苏州1980—2000年土壤酸化的原因。学生讨论并发现这20年间苏州粮食产量大幅提升，化肥用量大大增加，猜想化肥的使用使苏州土壤酸化。这时教师再提问："如何验证猜想？"学生情绪高涨，纷纷提出测量常见化肥NH_4Cl、KCl、K_2CO_3、NH_4HCO_3等溶液的pH值，NH_4Cl溶液呈酸性这一特征便是学生在实验中自己发现的。

表1 苏州市主要年份国民经济指标

指标	单位	1980年	2000年	2012年
地区生产总值	$\times 10^8$元	40.68	1 540.68	12 011.65
粮食总产值	$\times 10^4$元	254.31	193.95	116.46
工业总产值	$\times 10^8$元	3.71	3 620.74	34 528.10
粮食播种面积	$\times 10^3$ hm	600.83	290.33	159.66
城市建设用地	km^2	—	86.5	678.67
公路总里程	km	—	1 925	13 089.50
化肥施用量	$\times 10^4$ t	—	17.83	8.45
农用化肥生产量	$\times 10^4$ t	10.59	29.74	45.57
水泥生产总量	$\times 10^4$ t	73.08	526	836.88

学生在真实情境中发现问题，在问题导向中实施实验，最后在探究发现中得出结论。在这样的教学情境下，教师带着学生走向知识，而不是带着知识走向学生。"发现教育"在课堂教育教学过程中肯定学生的主体性，学生不仅将知识掌握得更加牢固，而且提升了自我效能感，感受到自己是学习的主体，是课堂的主人翁。化学教学不仅要教会学生必需的化学观念，更要锻炼学生的思维，使其养成发现问题、主动解决问题的思维习惯。

（二）提升思维的深度和广度

爱因斯坦说："什么是教育？当你从学校出来以后，把所有学到的东西都忘记了，剩下的内容就是教育。"我们的教育教学活动让学生能忘记事实性知识、细节性知识，却不会忘记观念、方法、能力和价值观。

在化学史中能够发现很多这样的实例。在建立科学的燃烧理论过程中，拉瓦锡改进波义耳、卡文迪许、普里斯特利的实验，挑战权威，一步步推翻当时人的固有思维，建立了"氧化说"。与之相反，因坚信"燃素说"，波义耳与质量守恒定律失之交臂；卡文迪许即使发现了氢气，也依然坚信"水元素"的存在；普里斯特利在有力的证据下依然选择闭目塞听。化学研究离不开实验，实验需要在正确的理论指导下进行。拉瓦锡强调实验作为认识的基础，同时重视在实践基础上进行理论思维，重视科学思维在化学研究中的重要作用。柏廷顿说："拉瓦锡没有发现新物质，没有设计过真正是新的仪器，也没有改进过制备方法。他本质上是一个理论家，他的伟大功绩在于：他能够把别人的实验工作承受下来，并用自己的定量实验补充、加强，通过严格的合乎逻辑的步骤，阐明所得结果的正确解释。总之，他依靠在实践基础上进行理论思维，就使他成了一位善于'编排和组织'的化学上的'伟大建筑师'。"① 在教学过程中，教师带领学生重做前人的经典实验，用已有知识评价化学家的成果，让学生勇于质疑权威，在理解、评价和质疑中内化知识，形成化学观念，在深度思考中使思维更加缜密。化学史也拓宽了学生的视野，为其解决其他问题提供思路，使学生的思维更加开阔。

二、在化学史的发现中提升探究能力

化学学科素养强调化学教育要重视实验探究实践，引导学生在实践探索中学习化学。因此，化学教师在教学中要有意识地为学生提供更多实验探究的机会。

（一）形成化学探究意识

化学是以实验为基础的科学，化学的学习也一定是在实验探究中进行的。在前文提到的"从酸碱盐看苏州土壤变迁"这节课中，学生对 NH_4Cl 溶液呈酸性的原因非常感兴趣。教师适时地将问题引导成探究使 NH_4Cl 溶液呈酸性的微粒，学生自然而然将宏观辨识与微观探析联系起来。学生设计的实验见表2。

---

① 《化学思想史》编写组. 化学思想史 [M]. 长沙：湖南教育出版社，1986：65.

表 2 学生设计的实验方案及结论

实验组	溶质	石蕊试液显色	溶液酸碱性	结论
1	NaCl	紫色	中性	Na^+和Cl^-不能使溶液显酸性
2	KCl	紫色	中性	Cl^-不能使溶液显酸性
3	Na_2SO_4	紫色	中性	SO_4^{2-}不能使溶液显酸性
4	$(NH_4)_2SO_4$	红色	酸性	NH_4^+使溶液显酸性

学生发现，NH_4Cl溶液中有NH_4^+离子、Cl^-离子和水分子，因为蒸馏水呈中性，排除水分子，推测能使溶液显酸性的为NH_4^+离子或Cl^-离子，通过第二组实验归纳出Cl^-离子不能使溶液显酸性，第三组实验排除了SO_4^{2-}离子的干扰，第四组实验得到NH_4^+离子使溶液显酸性这一结论。在解决"哪种微粒使NH_4Cl溶液显酸性"这一问题的过程中，学生完整地呈现了实验探究的过程：提出问题—做出猜想—设计实验—实施实验—得出结论，在真实问题的探究过程中运用了列举法、归纳法和推理法等，学生不一定知道科学探究的具体步骤，却在真实的实践中运用了科学探究的过程和方法。如果我们在课堂教学中尽可能多地创设这样的探究情境，学生就会在潜移默化中形成科学探究的意识和习惯。

(二) 提升化学实验技能

化学实验操作是学生必须掌握的重要技能，教师应尽可能为学生创造化学实验探究的条件，让学生有机会在多次锻炼中提升化学实验操作技能。化学史中有很多这样的教学素材。例如，在"金属的性质"复习课中可以设计这样一个真实的情境：在古代炼金术中，炼金师炼出一种酷似黄金的金黄色金属——黄铜，通过现代方法证实它实际上是铜锌合金，请设计实验通过化学方法鉴定黄铜不是黄金。铜和锌分别代表氢前和氢后两类金属，利用这一问题，把这两大类金属的性质进行对比复习，使学生在实验过程中加深印象。

因为铜锌合金结构的特殊性，学生在实验过程中会发现，成分中锌与氯化铜、稀盐酸的置换反应现象并不如预想的那么明显，需要改变影响化学反应速率的因素，使反应更快、更充分，使现象更明显，这就是在真实情境中进行实验探究，在操作过程中发现问题，改进实验。学生改进后的方案见表3。

表 3　学生改进后的实验方案

方案	操作步骤	实验现象
方案一	用坩埚钳夹取黄铜片，在酒精灯上灼烧	黄铜片变暗变黑
方案二	将黄铜片加入烧杯中，倾倒少量 $CuCl_2$ 溶液，浸没黄铜片，一段时间后用镊子取出，放在表面皿上，与未反应的黄铜片对比	与未反应的黄铜片相比，浸泡后的黄铜片颜色发红
方案三	将黄铜粉加入试管中，倾倒稀盐酸，用试管夹夹持试管，在酒精灯上加热一段时间后移开，观察现象	一段时间后出现气泡

实验是做出来的，不是臆想出来的，学生在实验过程中不仅锻炼了加热固体、转移固体和液体药品等实验操作技能，也成为学习的主人、探究的主人。

三、在化学史的发现中提升科学精神

教育的首要目的是德育，从化学史中可以挖掘出许多德育素材。在课堂教学中，教师可以选择恰当的时机呈现我国的化学发现与工艺，以激发学生的民族自豪感。例如，在讲铁的冶炼时介绍我国是最早冶炼出生铁的国家；在介绍碳酸钠时引出侯氏制碱法，以及侯德榜为民族化工业做出的努力。并且，教师还可通过讲述化学家艰苦卓绝的探究历程，引起学生的共鸣，让学生认识到科学发现不会总是一帆风顺，需要正确的方法论指导和坚持不懈的努力。化学史的学习让学生更认识到了化学对于提升人类生活品质的重要作用，并学会尊重科学、尊重环境、尊重人类。我还编制化学史读本作为教材内容的延伸，内容涉及化学理论的形成过程、化学工艺的发展历史及著名化学家的科研成果，如《化学之始——炼金术》《炼铁工艺的发展》《质量守恒定律的发现与证实》《"氧化说"与"燃素说"》等。学生在化学课堂之外阅读化学史读本，有助于拓宽视野，提高兴趣，提升科学品质。

化学与人类生产生活息息相关，化学史更是鲜活生动的，教师从化学史中发现并运用素材，在课堂内外为学生提供真实问题情境，不仅使教学更具深度和广度，更使学生成为学习的主体、探究的主人，激发学生发掘自身潜能，提升探究能力和创新精神，使探究成为习惯，将知识真正内化。

"发现教育"视域下课堂教学提质增效探讨
——以高中物理七步"探索—发现"教学实践为例

张东风

一、"发现教育"的基本内涵

何谓"发现"？发，本义是射出、放出，《说文解字》："发，射也。"又《说文·髟部》："发，根也。"本义也指头发，后引申为生长、发生、送出、表达、开展等。现，本义是玉光，在《康熙字典》里被归为"玉"部，在《现代字典》中被归为"见"部，引申为显露。简言之，"发现"指的是客体向主体显示、显露，这种显示、显露是主体自觉主动促使客体呈现的过程。

发现与教育、学习有很大的交集，是教育研究不可避免的重要课题。"发现教育"的思想可上溯到我国古代教育家孔子的启发式教学和古希腊哲学家苏格拉底的"助产术"，后来布鲁纳提出了"发现学习"理论，主张让儿童主动发现知识，而不是被动接受知识。

发现学习是一切教育行为的原点，让学生学会发现是一切教育探索的方向。教育效果终究取决于个人内在的觉醒，自我觉醒是教育的逻辑前提。"发现教育"视域下的育人实践是基于学生核心素养、关键能力的发展而实施的教育，以"发现—唤醒—发展—成全—成功"为基本的价值取向，倡导"发现人人，人人发现"，追求"人人成功，人人成星"。

二、"发现教育"视域下的课堂特征

理查德·索尔·沃曼认为：兴趣先于学习，要想获取并记住新知识，就必须以某种方式激发出好奇心。可见，"探索—发现"对于学习者的心灵而言是一段不可思议的奇妙旅程。当今的"Z世代"成长于万物互联的数字化环境中。在传统的课堂教学中，教师把知识和盘托出，希望学生乖乖听讲，这样的操作也就等于剥夺了学生"探索—发现"的乐趣，泯灭了学生的好奇天性和惊喜带来的快乐。正如法国小说家马塞尔·普鲁斯特所

说,"我们的智慧不是别人给的,必须由自己去发现。我们必须在荒野中跋涉一番,没有人能代替我们,也没有人能帮助我们"。因此,"发现教育"视域下的优质课堂至少应该具备"三性三度"的特征,"三性"即"育人性""主体性""公平性","三度"即"达成度""整合度""情感度"。

(一) 立德树人,内涵创新:彰显育人性

习近平总书记在全国教育大会上指出:"要把立德树人融入思想道德教育、文化知识教育、社会实践教育各环节,贯穿基础教育、职业教育、高等教育各领域。"课堂作为育人的主阵地,必然要坚持正确的政治方向和价值取向。"发现教育"视域下的优质课堂教学不仅指向分数,更关注学科育人。在"三新"背景下,学校强化课堂育人方式的变革,要求优化传统教学模式,以"学习者为中心",突出学科实践,在学科活动中引导(主导)和主体协助落实各学科核心素养,逐步优化课堂育人方式。

(二) 思维碰撞,表达自由:彰显主体性

在"发现教育"视域下,教师不仅是课堂教学的主导者、引领者、辅助者、欣赏者,也是思维的训练者,更是关键能力和核心素养的培养者。教师的课堂教学一定是教师心中有学生,以学生为中心,一定不是教师的独角戏,一定是富有思维碰撞的课堂教学。"发现教育"视域下的优质课堂应该是全员参与、各有所得、人人受益的课堂,在这样的课堂上,每位同学都能根据自己的理解与思考,阳光自信地参与表达和交流,敢说出自己的所思所悟,敢质疑他人的观点,能充分发表自己的见解。

(三) 全员视野,平等独立:彰显公平性

当下课堂中师生的交流,学生往往处在被交流的地位。而在学生内部的交流中,则往往是班级中所谓的优生占主导地位,拥有话语权,这就背离了教育的初衷。"发现教育"视域下的课堂教学须留有一定的空白,用于学生思考、学生合作。

在"发现教育"视域下,倡导"发现人人,人人发现",追求"人人成功,人人成星",班集体中的学困生与优生能平等地交流,所有同学都可以发表自己的见解,能够很好地享受自我生命的被尊重感,人与人之间没有本质的差异,仅是先后的差异、方法上的差异。

(四) 核心素养，关键能力：体现达成度

课堂教学是落实课程标准的主阵地，是最基础、最根本的。核心素养培养的达成是实现"培养德智体美劳全面发展的社会主义建设者和接班人"目标的关键。生命的丰盈和素养的达成在课堂。优质课堂一定离不开对学生学科核心素养的涵育，若离开了对学生核心素养的培养，优质课堂评价就名存实亡。"发现式课堂"改变了学生学习的方式。在"发现式课堂"，学生的学习活起来了，效果也好起来了。"发现教育"视域下的课堂一定是围绕学科核心素养进行教学设计的，一定是培育关键能力的课堂。在课堂的内外，如果学科核心素养内涵或外延的形成度高，那么这个课堂行为一定是高质量的，反之则一定是低质量的。在"发现教育"视域下，教师帮助学生去发现学科魅力，收获学科知识，增强学科能力。其实各门学科都有培育与发展学生核心素养和关键能力的功能，只是优势和特色不同而已。

(五) 创新情境，融会贯通：体现整合度

优质课堂需要创设真实情境，使学习者在真实情境中开展学习和探究活动并解决真实的问题。因此，真实情境的创设质量将直接影响学习者学习的体验质量。在"发现教育"视域下，教师设置适切的课堂情境，让学生在接近真实的氛围中达成学习目标。目前，智能技术也在时空、资源、方法方式等方面深度赋能教育教学，师生可以借助多种媒体，依托"互联网+"，智能融合，实现课堂的智慧生长。学生综合素质和能力的培养并不是掌握了单个或碎片的知识就能达成的，是在知识应用的过程中培养的。在课堂教学的过程中，教师还应该具有大单元、大概念观念，引导学生整体构建知识体系，通过贯通式培养，提升学生综合分析问题的能力，达成优质发展、特色发展。

(六) 人文关怀，智慧课堂：体现情感度

富有人文关怀的教师，特别留心品悟学生在课堂上的思维类型、学习心理、学习方法和认知规律，举手投足都能体现出对学生的人文关怀。比如，对学习有困难的学生，有经验的教师经常用"试试看""你应该可以的""朝着这个思路再深入想一想""还有没有要补充的""还能不能再完善些"等非常有人情味的言语，引导这部分学生积极参与，体现了教师对学生的真心关爱，体现了面向全体、以人为本的教育真谛。还可以在请学

生回答问题时用"请",同时掌心向上,像托起太阳一样,这一手势渗透着教师对学生的尊重和期待。

尽管科学研究表明,"发现教育"视域下的学习方式和直接讲授的教学方式所产生的教学短期结果大致相同,但是科学研究更表明,"以讲为教,以听为学"的模式只适用布鲁姆教育目标分类的较低层次,"发现教育"视域下的学习让学习者更有可能学会分析、批判和发明。若要锻炼学习者的高阶思维能力,就必须瞄准更高层次的目标。在"发现教育"视域下,一堂堂引人入胜、精导妙引、结尾无穷的好课,有效调动了学生的积极性和主动性,促进了课堂教学目标的实现。

三、七步"探索—发现"有效教学实践探讨

七步"探索—发现"有效教学模式是一种以学生为中心,强调教学过程必须以学生探究活动为主,让学生根据自己已有的经验和有关资料,积极从活动中去寻找问题、发现意义和探求答案的教学。本学科实践从七步"探索—发现"模式出发,依托人工智能,以"问题串"为线索,通过"合作串""评价串""优化串""展示串""总结串"解决"情境串"中的情境问题,取得了良好的教学效果。

(一)教学模式中的概念界定

1. "X"串

多个"X"连贯在一起,如"问题串"等。

2. 情境

指情景、环境。教学情境是指教师在教学过程中创设的情景、氛围。孔子曾云:"不愤不启,不悱不发,举一隅不以三隅反,则不复也。"这段话在肯定启发式教育的前提下,强调了启发前学生进入学习情境的重要性。良好的教学情境能充分调动学生学习的主动性和积极性,启发学生思维、开发学生智力。

有效的"情境串"应具备以下特征。

(1)悬疑性。吸引学生的注意力,激发学生的兴趣,促进学生智力活动的开展。

(2)生活性。要在日常生活环境中发现、挖掘学习情境的资源,其问题应当是学生日常生活中经常会遇到的,它应该是能够体现知识发现的过

程、应用的条件，以及知识在生活中的意义与价值的事件或场景。

（3）真实性。"情境串"所包含的问题是真实的，因为只有在真实的学习情境中，学生才能切实弄明白知识的价值。如果仅仅对真实的生活场景进行简单的模拟，就很有可能设置一些虚假的问题，从而消解学习情境应有的功能。

3. 问题

所谓问题，指需要解决还没有解决的事。问题是思维的起点，没有问题就没有思维，没有思维就没有高效的教学。教师预设问题时，要符合学生的最近发展区，要具有渐进性和挑战性。那么，该如何去设计"问题串"呢？具体有以下技巧。

（1）设"问题串"要围绕教学目标。进行探究教学时，教师所设置的问题要对准探究目标，突出探究内容的重点。

（2）设计"问题串"要具有针对性，要问在学生有疑问的地方，促进学生对问题的理解，帮助学生将证据与结论联系起来。

（3）设计"问题串"要具有梯度，纵向有台阶、横向有交集，要让多数学生能通过一定的努力达成目标。

（4）设计"问题串"要有思维密度，要能引起学生的积极、有效思考，促进学生的参与和讨论，并为学生的进一步学习留有空间。

要更好地实践"问题串"的教学，就要辅以"情境串""合作串""评价串""优化串""展示串""总结串"。它们的设计以更科学地解决问题为目的，相互链接，以"问题串"为线索，通过"合作串""评价串""优化串""展示串""总结串"解决"情境串"中的情境问题。

4. 合作

二人或多人协作以达到共同目的。

5. 评价

通常指对一件事或人物进行判断、分析后的结论。

6. 优化

目的是使环节更紧凑、重点更突出、教学更高效而"取其精华，去其糟粕"。

7. 展示

就是展现、显示。

8. 总结

总结是对过去一定时期的学习或思想情况进行回顾、分析，并做出客观评价的书面材料。其特点主要有回顾性和经验性。

(二)"力的合成"教学实践探讨

下面以高中物理"力的合成"一课的教学设计为例，介绍该学科实践模式的应用。

1. 情境：开启思考的阀门

情境串1：学生甲单人单手竖直提起水桶，使之静止悬于空中；学生甲和乙合作共同提水桶，使之静止悬于空中。

情境串2：随后让两位同学增大拉力的夹角，初步感受力的变化，引发学生思考和讨论——两个人提水一定省力吗？

情境串3：其他学生仿情境串1和情境串2，利用重锤（含细绳套）和弹簧测力计进行初步感受。

2. 问题：助推探究的步伐

问题串1：合力（F 的大小、方向）与两分力（F_1、F_2 的大小、方向）的关系究竟是怎样的？

问题串2：能否利用自己已有的器材去设计实验，进而探究它们之间的关系呢？

3. 合作：铺起协作的大道

合作串1：请学生小组合作讨论、思考，利用所提供的实验器材设计方案。

合作串2：积极、主动、充分地表达自己的观点和方案，如方案1、方案2、方案3等。

4. 评价：引导诊断的导向

评价串1：通过投影展示数码相机抓拍学生探究实验的相片，请学生充分展示自己的方案及创意。

评价串2：引导全体学生对实验方案进行评价和优化。

评价串3：教师言简意赅地进行点拨，在对学生的实验方案进行评价的过程中，适时地与学生进行互动，分析方案的优缺点，适当加以引导,尽可能针对实验中的不足之处,共同讨论、研究出更加简单易行的方案。

5. 优化:点燃思考的火花

优化串1:在民主讨论后,利用优化后的最终方案进行分组探究(这里预设的实验是课本上的探究实验)。

优化串2:在实验开始前,教师用提问互动的方式进行实验注意事项的说明,对于最终实验方案提出以下思考:

如何实现合力与分力的作用效果等效?

这几个力的作用点在哪?

如何记录力的方向?

如何记录力的大小?

优化串3:教师在学生的实验过程中巡视学生实验情况并解惑,激发学生探究的热情。对于实验中出现的不当操作也要及时纠正,适时、适度加以引导,以提高学生的实验能力。

对于基础较好的同学,在得出三个力的图示后,可实行开放课堂,让他们猜想合力与分力所遵循的规律;对于基础薄弱的同学,在得出三个力的图示后,可以给予适当建议,如:用虚线将合力的箭头端分别与两个分力的箭头端连接,你能得到什么启示?

优化串4:利用黑板上的重锤(含细绳套)和弹簧秤进行验证,并进行误差分析。

6. 展示:体现学习的主体

展示串1:教师通过展示多组学生的作品,适时肯定学生成果及猜想,并适当提出改进意见。

展示串2:教师总结,并让学生齐声朗读平行四边形定则的内容。教师提炼平行四边形定则的内涵:一点(作用点);二线(实线、虚线);三矢(F_1、F_2、F);四度(标度、刻度、长度、角度)。

7. 总结:上升到理性的高度

总结串1:通过人工智能系统讲解并展示物理科学史——力的平行四边形定则理论的发展过程(表1)。

表1 力的平行四边形定则理论发展过程

时间	人物	内容
前384—前322年	亚里士多德（古希腊）	领悟到在矩形这种特殊情况下力的平行四边形定则
1586年	斯蒂文（荷兰）	在两力成直角的情况下引入力的三角形定则
1687年	牛顿（英国）	推断（未证明）：一个物体如果同时受到两个力的作用，就将沿平行四边形的对角线运动
几乎同时	瓦里翁（法国）	诸力合成的平行四边形定则报告（表述得十分复杂）
1725年	瓦里翁（法国）	将平行四边形定则推广到"速度"
1777—1859年	潘索（法国）	对平行四边形定则进行了数学证明

总结串2：从力的平行四边形定则得到所有矢量运算所遵循的法则。

总结串3：回到课前的生活实验，解释两个人提水桶未必比一个人提水桶更省力的问题。

总结串4：展示平行四边形定则的自制教具，得出分力的大小与合力的大小的关系，实现师生的良性互动。

（三）教学专家观察团评价反馈

1. 生活气息浓

从生活走进物理，本节课利用生活实例——提水桶引入新课，并让学生自己去体验、感受实验的过程，特别是在两人提水桶时不是简单地提起，而是增大绳索的角度，提水桶的学生明显感到吃力。这样的例子能激发学生探究力的合成关系的兴趣，调动学生的积极性。

2. 思维密度大

在实验方案的设计上，首先由学生发言提出方案，其他学生补充，然后教师点评、师生互动，共同完善方案，在此过程中教师向学生点明操作中的一些注意点。在探究过程中，对于部分学生新出现的问题，拿出来共同分析讨论，改进后鼓励他们再次进行实验，最后得出结论。这样的一个过程对学生来讲也许会有更深刻的体验。

3. 人文气息重

在学生利用实验探究得到力合成的平行四边形定则之后，讲解物理科学史的相关内容，通过对物理科学史的探究，学生懂得了科学定则建立的长期性及曲折性，提升了自身的人文素养。

4. 实验趣味强

自制教具的演示，增加了实验的趣味性。在理性回归课堂开始的提水桶实验讲解时，教师利用自制教具展示力的合成的动态过程，使学生形象直观地观察到实验现象，有利于学生对问题的理解。

四、"发现教育"视域下课堂教学实践的总结凝练

课堂教学是学生身心发展、素养涵育的主要阵地，是教师开展教学的最基本活动方式，更是学生核心素养和关键能力发展的主要途径。一堂好课就像一个情节曲折动人的故事，让人有峰回路转的惊喜，有豁然开朗的心境，有雨后天晴的清爽。

一方面，"发现教育"课堂强调情境同创、问题共探、全面参与，强调以学定教、角色体验、全程互动，更加强调民主平等、激发潜能、全人发展，改变重育分、重讲授、重经验、轻合作、轻创新的现象，努力给学生一些问题，给学生一些任务，给学生一些时间，给学生一些交流，给学生当一回老师，推动课堂不断增值，让教育成为发现与创造的艺术；另一方面，在"发现教育"理念的引领下，教师也可以结合区域实际情况，开展诸如"基于易加平台大数据的精准教学研究""基于学生多元发展的分层教学实施研究"等项目的实践研究，运用启发式、讨论式、参与式等教学方式，有效提高教学效率。

"发现教育"是师生发现活动相融合，发现效率与发现效益相平衡，注重发现过程，指向发现素养的共同研究、教学互动的师生交往、共同成长的过程。发现式课堂改变了学生学习的方式，学生的学习"活"起来了，效果自然就好起来了。其实各门学科都有培育和发展学生核心素养与关键能力的义务和功能，只是优势和特色不同。"发现教育"视域下的学

科七步"探索—发现"有效教学实践,从一线物理老师的角度进行了一定范围的尝试,并取得了一定的成绩,或许也能给其他学科的教学实践提供一些启发或借鉴。

发现驱动　教师发展

"发现教育"拓宽"四有"好教师团队发展的多维路径

周晓阳

习近平总书记勉励广大教师做有理想信念、有道德情操、有扎实学识、有仁爱之心的"四有"好教师。一支新时代高素质的"四有"好教师团队是办好人民满意教育、促进学校高质量发展的人才基石和保障。在教育教学改革不断深化的背景下,教师队伍建设是学校办学管理的肯綮所在。如何焕发教师队伍精神、优化教师育人理念、丰富教师育人方式、续航教师专业发展,是多所中小学共性思考、个性探索的重要议题。经过一定的实践探索,我认为,"发现教育"可以拓宽"四有"好教师团队发展的多维路径,为教师团队建设找到提纲挈领的抓手。

根植于"让教育成为发现与创造的艺术"的教育理念,"发现教育"以"发现—唤醒—发展—成全—成功"为教育价值取向,有前瞻性、引领性、系统性、实操性,高度符合教育的发展规律及师生的发展需求。其本质是"以生为本",尊重个性、尊重生命、尊重规律,倡导教师积极发现学生的个性所长,引导学生客观发现自我的潜能所在。以"发现教育"引领"四有"好教师团队发展,让教师的理想信念、道德情操、扎实学识、仁爱之心均有落地的锚点,能够创造多维空间、拓宽多维路径、丰富多维方式、涵育多维素养。

一、理念契合,提增"四有"发展内涵

从"让教育成为发现与创造的艺术"的教育理念出发,高树"人人成功,人人成星"的理想,怀揣"星光灿烂,海纳百川"的情怀,秉承"团结、敬业、精细、卓越"的精神,不仅是学校砥砺办学品牌、落实立德树人根本任务的初心所系,也契合"四有"好教师"理想信念、道德情操、扎实学识、仁爱之心"的内涵需求。从"四有"好教师内涵审视

"发现教育",让我们对培养怎样的教师队伍有了更明确的认识。"四有"好教师强调"有理想信念",而"发现教育"强调"以生为本",坚持为党育人、为国育才;"四有"好教师强调"有道德情操",而"发现教育"重视以教师的言传身教"唤醒"学生自我认知,倡导教师人人做学生成长的导师;"四有"好教师强调"有扎实学识",而"发现教育"重视师生教学相长,以师生和谐发展为实践目标之一,要求教师以丰厚的学识学养,给予学生自我发现、自我发展以科学适合的指导;"四有"好教师强调"有仁爱之心",而"发现教育"强调从以教师教学为中心让渡到以学习者为中心,努力营造和谐、健康、融合、融洽的师生关系。因此,"发现教育"不仅驱动"四有"好教师团队建设,也不断提增"四有"好教师团队的内涵发展和实践落地。

近年来,经过持续的努力,学校教师团队逐渐形成了育人共同使命和勇往直前精神,团队及周边教师正朝着师德师风典范、教书育人示范、教研科研模范的目标前进。

二、项目引领,提炼"四有"发展范式

我领衔的"星晖耀海""四有"好教师团队,通过市级课题"'星晖耀海''四有'好教师团队引领区域教师发展的路径研究"的研究和推进,成功获评首批"四有"好教师市级重点培育团队。"星晖耀海""四有"好教师团队,旨在坚定立德树人信念,树立科学教育发展观,成为师德师风的典范;优化课堂教学方式,深入推进"高原筑峰",成为学科育人的先锋;增强自我赋能意识,建立大学科研究观,成为专业发展的榜样;发挥教育示范作用,达成团队引领下的辐射,成为引领教育的标兵。

项目建设与推进的过程,就是学校教师队伍持续淬炼的过程。它调动全校教师自觉容纳到"四有"好教师的自我塑造中。在此基础上,学校通过教师发展中心,牵头组织"三维四层"的教师团队建设:从青年教师"四有"培养、骨干教师"四有"提炼、头雁教师"四有"辐射三个维度,从师德师风、课堂教学、德育管理、教育科研四个层面,针对教师的不同层次和教师的不同成长阶段,给予科学的培养、指导和推动,打造多元的行动范式,以促进各年龄、各层次、各团队教师获得发展和成功。

青苗培养行动,指导青年教师快速成长。新教师,从大学来到中小

学，从学生转变为教师，这是一个极具挑战的过程。为了使其快速适应成长，学校必须制订一套完备的培养计划。除了师范类高校统一的教育教学实习外，星海学校还在主管部门的统筹下，和苏州大学合作培养优秀实习生项目，举办入职系统培训，聘任教学、德育"双导师"，重视"青年先锋队"建设等，以全程、全方位指导和推动青年教师快速成长。

骨干跃级行动，助力骨干教师跨越发展。学校遵循教师的一般成长规律，同时加以多元的路径助推：开课赛课，提高教学和研讨能力；热爱科研，提高课题研究和论文写作水平；参评骨干，晋级新秀能手带头人；担纲重任，推上教育教学管理岗。多措并举，全面助力骨干教师实现跨越式发展。

名师品牌行动，推动名特教师勇立潮头。学校以"名师工程"为行动契机，做好名师工作坊的申报；以"学术引领"为行动激励，做好学校学术委员会的建设；以"名特评选"为行动目标，推进名师向名家努力。

三、发现融合，创新"四有"发展形式

传统的教师队伍发展，主要依赖学校的课堂历练、师徒结对、集体研讨等较为单一的培养和成长路径。新时代教育担负着"为党育人，为国育才"的神圣使命，学校努力培养"五育"融合全面发展兼具创新精神的时代新人。"发现教育"的理念，以"融和、致远"为教育训言，以"繁星瀚海"为教育格局，以"和远·毅行"为教育追求，多维度契合现代教育，能够全面发现挖掘主体的潜质潜能，发现拓展教育的多维场域，发现创新团队的成长路径。

学校建立"星晖耀海""四有"好教师团队综合育人体系，以"立德树人"为根本，丰富多元育人模式。如营建家庭育人场域，包括家庭德性教育指导、家庭德性氛围构建、家庭育人空间营建等；建设学校育人场域，包括发挥人文环境的德性浸润、升级学生发展的育人场景、优化常规管理的德性引导等；社会育人场域共建，包括与周边社区共建、架接楼宇场馆共建、拓宽城市管理共建等；综合育人模式营建，形成"课程结合、校本研发""社区结合、志愿服务""主题活动、生活体验""家校结合、家长参与"等综合建设行动。多维度引领"星晖耀海""四有"好教师团队，全面更新育人观念，充分发掘育人潜能，极大丰富育人形式，深度提

升育人效能。

四、立足课堂，彰显"四有"发展特色

带领全体教师积极投身教育教学改革，探索新时期大数据背景下适合教育的"星海模式"，围绕苏州工业园区国家级信息化教学实验区项目"教智融合背景下'适合的教与学'实践研究"子项目的申报，锚定学校推动教育教学改革的行动重点，以淬炼"发现教育"达成时代新人的培育。

精心打造特色课堂：在课堂教学中，教师能够做到注重基础、强化训练的教学要求，完善"学案导学，先学后教，师生互动，讲练结合，当堂训练"的课堂教学模式；在自主合作的基础上，加强师生共同参与课堂探究，使师生在课堂享受教学相长、情感交流的愉悦；同时，运用先进的现代技术装备，努力将学科教学与多媒体技术结合，提高课堂教学的效率。

多元开发校本课程：我们将数学、物理、化学、美学、信息技术、STEM等学科素养融汇，从生命观念、理性思维、科学探究、社会责任四大方面来培养学生的核心素养。学校已构建起以生命科学课程为支点，以奥赛中心生物纳米研究院为阵地，以家庭生活类、体验实践类、科创拔尖类等三类校本课程为辐射的生命科学课程系列，初步形成了生命科学课程的多媒体教学、实验教学一体化的特色模式。

拓展平台丰富体验：一是校内平台，如生态农场、生命工作站、奥赛中心等，给学生提供生物学研究体验的机会；二是科学研究所平台，如苏州冷泉港亚洲基因科学学习中心、苏州大学生命科学学院及医学院、中国科学院苏州纳米技术与纳米仿生研究所等，借助苏州工业园区集聚的生物创新型企业，如百济神州（苏州）生物科技有限公司、和记黄埔医药（苏州）有限公司、再鼎医药（苏州）有限公司、信达生物制药（苏州）有限公司等，有计划地组织学生参观、学习遗传学与进化生物学研究室、环境与资源研究室，让学生沉浸其中，自由快乐地学习体验。

五、发现协作，辐射"四有"发展经验

新时代形势下，关门搞教育早已行不通了，既不利于师生成长，也限制学校发展。当然，开门做教育，既要喊得起口号，更要能付诸行动，搭建多元而又适合的平台载体，开展切实有效的协作活动。"发现教育"的

理念，追求"融和、致远""海纳百川"，能够最大限度地为师生成长和学校发展拓展广阔而多元的协作空间。

送教扶智提升，融教合作共赢。学校成立协同创新委员会，制定学校发展共同体建设章程，确定共同体的组成方式、运作模式和管理机制等，确立共同体协同发展思路，制定三年发展规划和年度计划，采取切实有效的措施，确保规划任务如期完成。探索多元共进方式，建立交流教师的考核评估机制。在政府和主管部门的领导下，成立教育集团，领衔集团学校的统一办学，带领集团教师队伍高质量发展，对安徽金寨和江西弋阳的"扶智希望工程"已持续10年，与新疆霍尔果斯市国门初级中学、苏港中学及贵州松桃县的学校开展交流帮扶活动，与宿迁市宿州外国语学校开展教育教学深度合作，更与美国、澳大利亚、新加坡等多个国家的友好学校开展国际教育交流协作，从理念更新、学校建设、科研兴校、奥赛交流、送课入班、年级管理等方面，全方位、多角度地展开交流对接活动，让"星晖耀海""四有"好教师团队不止于星海，还能辐射带动区域教师团队，乃至产生更加深远的影响。

当"发现教育"的理念内涵和完备体系遇上"四有"好教师团队发展，二者便实现了完美的适切和融合。学校不断加强师资队伍建设，一批青年教师在省（市）基本功、优质课比赛及中小学教师专业素养竞赛中获奖。教师梯队结构不断优化：专任教师数量由2019年的309人增长至2022年的418人，保持高速增长；名师数量由2019年的13人（正高级教师2人、特级教师2人、姑苏教育人才1人、市名教师和名校长5人、姑苏教育青年拔尖人才3人）增长至2022年的31人（正高级教师8人、特级教师3人、姑苏教育人才10人、市名教师和名校长7人、姑苏教育青年拔尖人才3人），保持快速增长态势；研究生学历占比由2019年的47.90%增长至2022年的55.74%，上升7.84%，教师学历呈现平稳上升态势；35周岁以下教师占比由2019年的36.5%增长至2022年的50.23%，青年教师占比不断提升。

"发现教育"的理念，深化了"四有"好教师团队的丰厚内涵，引领了"四有"好教师团队的科学发展，架构了"四有"好教师团队的成熟体系。而"四有"好教师团队的建设发展，则全面体现了"发现教育"的科学性、先进性、系统性和普适性。

教师培养"发现者"的素养探究

夏月婷

一、发现的内涵

布鲁纳认为：发现是教育儿童的主要手段。如何理解"发现"？《现代汉语词典》对"发现"这一词条的第一种释义是"经过研究、探索等，看到或找到前人没有看到或找到的事物或规律"；第二种释义是指"发觉"。综合词典中的解释可见，"发现"是一种有创造性的认识行为，强调积极思考和探究的过程。学生作为发现的主体，囿于自身的阅历、眼界和活动空间，很难获得创生性的结果。但布鲁纳有言："发现不限于那种寻求人类尚未知晓之事物的行为，正确地说，发现包括着用自己的头脑亲自获得知识的一切形式。"① 无论能否取得实质性的结果，只要把自己当成认知过程的主体，积极主动地探索，建构知识的意义，这一类亲历亲为的活动都可称为"发现"。

在学校教育中，教师不仅自己要成为"发现者"，还要积极地培养学生，使学生成为"发现者"。在布鲁纳的理论中，"不论是在校儿童凭自己的力量所作出的发现，还是科学家努力于日趋尖端的研究领域所作出的发现，按其实质来说，都不过是把现象重新组织或转换、使人能超越现象再进行组合，从而获得新的领悟而已"②。在布鲁纳的语境里，在校儿童的"发现"与科学家的"发现"并无本质区别，只是程度和形式不同而已。所以，布鲁纳鼓励学生要"像一名数学家那样思考数学，像一名史学家那样思考历史"，作为教师，更要培养和激励学生通过自身的努力去探寻世界，成为一名"发现者"。

发现的对象纷繁复杂，可以是自我、他人、自然、社会等，其中，

---

① 布鲁纳. 发现学习思想与教育论著选读：下册 [M]. 北京：中国环境科学出版社，2006：184.
② 布鲁纳. 发现学习思想与教育论著选读：下册 [M]. 北京：中国环境科学出版社，2006：185.

"发现自我"既是学生自我发展的起点,也是一切发现的前提。德尔菲神庙有句箴言:认识你自己。希腊的文化传统倡导通过认识的方式来达成自己。同样,在"发现教育"中,教师应引导学生全面且深入地了解自己,继而提升自己、成就自己,并以"发现者"的姿态更好地去发现世界、发现社会、发现他人。

二、培养"发现者"需要教师摆脱功利性

布鲁纳把好奇心称为"学生内部动机的原型",好奇心激发"发现"的欲望,学生受好奇心的驱使,会积极地探索未知的世界。亚里士多德曾有言:"哲学起源于惊异。"① "哲学是闲暇使人的好奇心彻底摆脱了功利的产物。"② 惊异就是对事物感到惊奇和诧异,有疑惑想要探索。邓晓芒先生把"惊异感"解释为"一种完全超功利的好奇心和求知欲"③。惊异感是与生俱来的,每个小孩了都有。换言之,"发现"是每个孩子天生的冲动和愿望。

李泽厚和刘再复有过两场关于教育的对话,对话中讨论了 21 世纪人类社会的高度异化。在这样一个被异化和"内卷"袭击的大环境下,教育也开始追求实利、效率,日益被功利性侵蚀。

在我们的学校教育中,学生面临巨大的学业压力,过于计较分数和排名,这极可能误导学生用功利的标准去衡量自己的行为,跟考试有关的就是有用,跟考试无关的就是无用,如果自己的惊异感发生在无用的事物上,就要竭力地扭转和压制,久而久之,这种"发现"的天赋就被功利心磨灭掉了。马修斯在《哲学与幼童》中曾经说过:"成人常常阻止孩童提出哲理性问题,起先是以自以为是的态度对待他们,次则引导他们好问的头脑转向更加'实用'的探索。"学以致用的功利性,不利于我们的教育培养"发现者"。

吴国盛教授在对"科学"追本溯源时指出,科学之所以是希腊人的人文,很重要的一个原因就是希腊文化具有"为学术而学术,为知识而知

---

① 邓晓芒. 哲学起步 [M]. 北京:商务印书馆,2017:87.
② 邓晓芒. 哲学起步 [M]. 北京:商务印书馆,2017:87.
③ 邓晓芒. 哲学起步 [M]. 北京:商务印书馆,2017:87.

识"的精神，希腊科学纯粹是为"自身"而存在，杜绝功利和实用的目的。教师培养"发现者"正需要具备像希腊人一样的超功利的纯粹的精神气质。

三、培养"发现者"需要教师摆脱"教师立场"

过去教师往往扮演着知识的权威者和课堂的控制者角色，长久处于课堂舞台中央可能会导致教师下意识地陷入"教师立场"而不自知。教师立场"意味着在教育过程中更多地是一种自上而下的约束与控制、规训与惩罚等"[1]，学生在这样一个教师主导的场域中往往缺乏自由，很难迸发出强烈的发现欲和探索欲。蒙台梭利曾经评价过这种现象："成人认为自己所做的每一件事情都会比小孩子好，所以就把成人的行为模式强加到孩子的身上，要求孩子接受成人的控制，强迫孩子屈服并放弃自己的意志和创造。"[2] 教师摆脱"教师立场"，意味着更好地呵护学生的自由天性，让他们在发现中创造更多的自我塑造的可能性。只有真正地站在"学生立场"，教师才能完成"发现教育"的使命。

囿于自身的认知水平和知识储备，学生的发现有时候是浅显的，甚至是幼稚的；学生没有那么多的岁月积淀，他们的发现和感悟有时候是牵强的，甚至是小题大做的；学生的思维不如成人那般系统、严密，他们的发现有时候是跳跃的，甚至是零碎的。不同的立场会带来不同的视角，亦会导致截然不同的评判，长期处于"教师立场"，很容易导致偏见，必然会产生对学生发现的不公正评价。所以，教师一定要摆脱"教师立场"，不能居高临下地轻视学生的发现，因为对学生而言，每一个发现都不是轻而易举的，每一个发现都凝聚着他们的心力，都是他们独特且宝贵的经历。作为教师，也应尊重、珍惜学生的每一个发现。

"发现教育"的价值取向是发现人、唤醒人、发展人，人是教育的目的。长期以来，知识本位的教育观造成了"只见知识不见人"的反教育现象，"发现教育"站在"学生立场"，一定会使这一现象得到纠正和改观。

---

① 徐金海，任志瑜. 发现教育：理论建构与实践路径 [J]. 教育理论与实践, 2018, 38 (34): 3-7.
② 蒙台梭利. 发现孩子 [M]. 蒙台梭利丛书编委会，编译. 北京：中国妇女出版社, 2012: 2.

"发现教育"以尊重人、发现人、成全人为路径，在"发现教育"的实践过程中，教师不再站在"教师立场"居高临下，而是站在"学生立场"，让"学生立场"成为主流，学生的主体地位得到凸显，学生的能力和需求得到关注，学生的权力和自由得到保护，生命尊严得到尊重。"学生立场"让"发现教育"真正地立足于学生，教师作为"发现教育"的践行者，以平等的视角和包容的心境对待学生，发现每个学生的天赋，激发他们的潜能，培养他们的创造力，鼓励他们自我成长，使学生的主体价值得到充分发挥。教师的尊重和鼓励会给予学生安全感，让他们在发现学习中走得更远、更坚定。

四、培养"发现者"需要教师成为"引导者"

近百年前，怀特海在《教育的目的》一书中说过一句让教育者热血沸腾的话："学生是有血有肉的人，教育的目的是为了激发和引导他们的自我发展之路。"[①] 在好的教育中，教师既不能越俎代庖，又不能完全放任，"引导者"是一个恰到好处的角色。

孔子说："不愤不启，不悱不发，举一隅不以三隅反，则不复也。"教师一定要等到学生苦思冥想仍不得其解的时候再去开导他，必须等到学生想表达却说不出来的时候才去启发他。这样做看似对学生严厉，实则是一种极高的教育智慧，完美地把握了引导的时机和节奏。等待也是一种教学艺术，早一秒，唯恐学生的思考不够充分、学习能力得不到发展；晚一秒，又生怕学生的热情燃尽，情感上受挫懈怠。

古希腊大哲学家苏格拉底也是一位了不起的"引导者"，他曾用"助产术"来阐释自己的教学技艺，他运用经验把引导行为进一步技能化。"产婆"象征着理想的教师形象，教师通过提问、交谈、争辩的方式，引导学生发现自己的内心，顺利"生产"出自己的知识。

学习并非对知识的机械性接收，而是对知识的主动建构。学习是基于已有经验发生的文化参与的过程，学习者并不是机械地进行知识的搬运，而是通过与外界的交互把有关概念、原理等进行内化的过程。简而言之，即"新的学习依靠现有的理解"。钟启泉也曾指出："'学习'不是单纯的

---

① 怀特海.教育的目的［M］.庄莲平，王立中，译.上海：文汇出版社，2021：前言.

现成知识的积累,而是'从已知世界到未知世界之旅',是经验重建和意义生成的过程。"① 由此可知,教师在课堂教学中的引导可以调动学生已有的知识经验,帮助他们建立既有知识经验和新知识的联结。在"发现教育"情境下,课堂不再是教师唱主角的舞台,当学生进行自我知识的建构时,教师应退居幕后观察,适时提供必要的帮助和指引,避免学生迷失。教师在引导学生发现的过程中,还兼顾了"支持者"与"合作者"的角色。

"一个坏的教师奉送真理,一个好的教师教人发现真理。"发现学习最大的特点就是不直接给学生提供现成的学习内容和结论,而是引导学生成为"发现者",让学生自己去思考探究,建构属于自己的知识体系。

教师的引导也不是凭空发生的,创建问题情境、提供学习资源等是教师引导学生发现的有力抓手。教师应创造一种正向积极、鼓励发现的教育环境和氛围,以支撑学生的学习活动。德国学者曾经做过一个非常精辟的比喻:"将15克盐放在你的面前,无论如何你也难以下咽。但若将15克盐放入一碗美味可口的汤中,你在享用佳肴时,就将15克盐全部吸收了。"在教学中,知识可谓之盐,情境可谓之汤,盐溶于汤易被吸收,知识融于情境才更易被接受和消化。教师需要在适宜的情境中扮演好"引导者"的角色,诱发学生的问题意识,支持学生以主体身份介入,激发学生的深层思考,确保学习真正发生,帮助学生成就自我。

发现课堂,师生"双向奔赴"的美

李 秋

在教学方法不断改革、创新的背景下,各种教育教学理念"风起云涌",新课程标准提出的"发现教育"理念,符合当今教育"发现人、启迪人、发展人"的价值取向,有助于充分发掘学生的自主探究欲望,培养

---

① 钟启泉. 概念重建与我国课程创新:与《认真对待"轻视知识"的教育思潮》作者商榷[J]. 北京大学教育评论, 2005, 3 (1): 48-57.

学生提出问题、解决问题的能力。教育理念的更新对初中道德与法治课堂教学不断提出新的要求，充分运用并丰富和发展这一教学理念，对本学科实用性和德育性功能的落实具有重要意义。

一、追根溯源：发现教学法的育人思路

"发现教学法"的思想渊源可上溯到古希腊哲学家苏格拉底的"助产术"教学方法和近代西方教育家卢梭、第斯多惠、斯宾塞等人的教学思想，然而如今各国教师广泛采用此法乃是美国教育家布鲁纳积极主张的结果。教育的真正意义在于唤醒人性中的真、善、美，布鲁纳提出的"发现教学法"为一线教师的课堂教学提供了理论依据。发现教学法亦称"假设法"和"探究法"，是指教师在指导学生学习的过程中，不是将知识结论直接呈现给学生，而是通过创设课堂情境，抛砖引玉，不断启发，引导学生自我探索和发现真理。"发现教学法"有利于激发学生对学科知识的深层次理解，有利于形成并强化学科素养，有利于学生站在自我视角去解读世界，有利于增强学生的学习动力和信心，有利于巩固学生的学习成果。

随着"发现教育"理念在教育教学中的应用，教育工作者们发展性地提出了"发现学生""发现教师""发现课堂""发现德育"等观点，对"发现教育"进行了引申解读和应用，"发现教育"的内容因此更加丰富和实用——不仅重视学生的主体地位，引导学生发现自己的天赋秉性，挖掘自身的潜能和创造力，唤醒学生的课堂参与意识；也重视教师的引导作用，唤醒教师"传道授业解惑"的职业天性，发现教师的专业能力和素养，以便更有效地完成课堂互动，取得更显著的课堂教学效果；还重视学校的教育引领作用，以便教育决策更加科学合理，为教师的专业成长和学生的自我发展提供更加专业和人性化的教育教学环境。"发现教育"理念的应用，促进了学校、学科、教师和学生的发展。

二、教学尝试：发现学生的课堂主体作用

什么样的课堂教学活动才是最完美的？这并没有一个统一的判断标准，每个人都有自己的解读。活动情境化教学在各学科教师自己理解的基础上，在课堂上遍地开花，无论哪种诠释和尝试，最终的目的都是让课堂更加活跃，让学生的参与度更高，让知识内化得更透彻。那么，在课堂活

动情境的设计上,如何才能做到更有利于学生自我发现和发展呢?我认为可以从以下方面着手。

(一) 教材整合人性化

陶行知早在20世纪30年代就指出:教科书应是"活的、真的、动的、用的",而不是"死的、假的、静的、读的"。对教科书上的知识,应该是驾驭性、批判性、整合性的解读,甚至可以用来解决一下实际问题以验证教科书知识的真伪。教师的教,从某种意义上也可以说是"活化教材"的过程,把纸上平面的、无生命的文字变成立体的、活泼生动的演绎。无论是读书还是教书,只有对书本上的"死"知识进行创造性的理解和整合,才不至于"读死书""教死书"。只有这样的知识才是有力量、有生命力的。也只有这样的教才能培养学生的关键能力、终身发展能力,促进学生多元化发展,而丰富多彩的课堂活动就是实现这一整合过程的重要手段。

课堂情境的设计要考虑三个年级学生不同的心理和生理特点,初一、初二学生对事物的认知更加感性化,活动的设计要从人生观、价值观等主观感受方面入手,教学素材的选取要抓住身边事、本土事、熟悉事,教学手段要符合学生的认知规律并以学生喜闻乐见的方式呈现,比如,课堂导入可以用当下学生比较熟悉的抖音热搜小视频、微信朋友圈推送等方式来呈现。初三学生的认知偏重知识化和理性化,课堂设计要从"我"与他人的联系、个人与社会、个人与国家的角度来切入,案例的选取要更加时事化、时政化、社会化,培养学生运用所学知识解决实际问题的能力,培养学生的法制观念、政治认同、家国情怀等核心素养。

(二) 情境设计本土化、议题化

布鲁纳曾指出:"发现并不限于寻求人类尚未知晓的东西,它还包括用自己的头脑亲自获取知识的一切办法。"道法学科"知识在书外,理在书中",教师要鼓励学生去探索和解决自己未知的一切事务,所用背景材料要更加生活化、时事化、本土化。教师抛出社会现象,可以通过议题式探究模式,问题设计的难度逐层加深,由表及里、从形象到抽象,逐步引导学生积极思考探索,得出自己的答案和结论。

比如,讲授"我国的权力机关"一课时,为讲清楚"人民代表大会作为我国的权力机关,行使立法权,地方人大制定地方性法律法规"方面的内容，我搜集了苏州近几年颁布的一些地方性法律法规跟同学们分享，如太湖蓝藻治理、禁止燃放烟花爆竹、垃圾分类的具体实施细则、文明养宠物等相关法规条例制定的背景，这些都是发生在学生身边的事件，我让学生思考以下问题：这些法律法规都是由什么机关制定的？这些措施的直接受益人是谁？国家为什么要这么做？学生对这些案例足够熟悉并且有探索的兴趣。教师甚至可以带学生走进地方人大，让他们亲身感受和了解人民代表大会作为权力机关的立法职能，感受国家的发展成果由人民共享，人民是国家的主人，从而进一步理解我国人民当家做主的国家性质，升华其主人翁意识。

（三）理论知识实践化

陶行知说："人类和个人的知识的妈妈都是行动。行动产生理论，发展理论。行动所产生发展的理论，还是为的要指导行动，引着整个生活冲入更高的境界。"①"行"是获得"知"的动力和源泉，这里的"知"是指书本知识，"行"是指社会实践。从教育教学角度来理解陶行知的这句话，就是让学生将理论与实践结合，用实践来检验书本知识，这也和陶行知主张的"生活即教育，社会即学校"理念相一致。传统教育理念，一方面缺乏对实践重要性的认知，只是一味地注重书本知识的灌输，另一方面也缺乏把理论付诸实践的客观条件，学生只是学习毫无生气的、没有经过实践检验的僵化的书本知识，最终导致教育教学效果大打折扣，无法实现对学生实践创新能力的培养和自我赋能式学习模式的启发，也很难让学生感受到自我价值实现的成就感。

自从共享单车和公共自行车在各个城市普及使用以来，学生对这两种出行工具并不陌生，但是对共享单车和公共自行车的具体运营情况与使用率并不是很清楚。在教初一年级"服务社会"这一课时，我争取到了隔壁社区的帮助，组织学生对公共自行车的使用情况进行调研。我从教授的5个班中每个班抽出10名学生组成一个小组，共5个小组，分别调研公共自行车的使用率、损坏率、使用频率的时间分布、社区居民的满意度，并收集、完善公共自行车服务的意见。同学们自行设计问卷，随机街头采访，蹲点观察收集数据，最后整合上来的调研报告结合了教材上的理论知

---

① 陶行知. 陶行知文集［M］. 太原：山西教育出版社，2021：72.

识和学生的自身感悟,报告超越了纯理论的层面,让学生对关心和服务社会有了更深层面的了解。学生通过调查研究、撰写研究报告,提升了分析问题、解决问题的能力。这样的学习经历让学生终生难忘,也是新的学习模式的一种探索,实现了从"坐而论道"向"做而论道"的转变。

三、教学相长:发现教师的课堂指导作用

布鲁纳主张的"发现教育"理念,原本是指在课堂教学中唤醒和启迪学生的自我探索能力,而不是被动地接受教师知识的灌输。布鲁纳的这一理论在教学本土化的应用中,容易过分夸大、强调学生的课堂主体作用,把课堂全部交给学生,忽略了学生探究能力的差异,课堂引导方向容易走偏。在教学评价主要还是依靠考试的今天,教师在课堂上的解释、展示、指导、评价意义依然重大,教师的教学能力和素养依然决定着课堂的教学效果,只有把"发现教师"和"发现学生"有机结合起来,才能更好地发展"发现教育"这一理论,实现教学相长、取长补短。

(一)发现教师的话题引导作用

课堂教学中教师的恰当引导决定了课堂讨论话题的深浅和走向,也控制着学生探究的效率和效果。在教育评价主要还是依靠考试的今天,教师的引导可以有效促进学生对知识的内化理解,让学生在自我探究的快乐中最大限度地获得知识和应试技能。部编版教材内容丰富,案例活化新颖,版式图文并茂,教师在活动的设计中要渗透知识点的引导,板书和PPT同时呈现,让每个环节都有一定的知识指向性。

(二)发现教师的知识点拨作用

如果在道德与法治课堂上学生只是在热热闹闹搞活动,那么一堂课下来学生往往会有一种什么都没学到的感觉,长此以往,道德与法治课堂就会沦为看热闹的场所,学生对本学科的学习会有一种懈怠感,甚至会顺着自己的认知对教材进行错误的解读。针对这种情况,教师必须在新旧知识的衔接处进行点拨,帮助学生尽快实现从旧知向新知的过渡,在理解旧知的基础上尽快接受新知;教师在知识的重难点部分及时进行解读,帮助学生更深入、透彻地理解重要知识点,这些内容如果只靠学生自主探究往往是无法突破的;教师还应在学生观点有争议甚至歧义之处及时进行点拨,避免学生走入认知误区,产生知识性错误。其实,部编版教材的知识性还

是很强的，尤其是八年级下册宪法专册、九年级下册"世界格局"等内容，抽象且复杂，考试内容也是千变万化，在这种情况下，每堂课前的默写和课后的跟踪练习就显得尤为重要。默写训练就是强化知识点拨的过程，目的是帮助学生在脑海里形成系统的认知，对学生形成学科意识，掌握学科语言、打造学科素养，具有重要的意义。

（三）发现教师的知识归纳总结作用

教师的课堂总结要有一定的知识广度和延伸性，让学生知道本课知识技能的能级要求。教师应对本节课上学生讨论的零散知识点进行归纳，对学生的认知误区进行矫正。最好的教学效果是引导学生学以致用，使其体验到学习的乐趣。在初三的课堂教学中，教师可以随机选取社会热点，让学生用所学知识来解读，帮助学生更全面地从现象中抽象出理论知识。

总之，要展现道德与法治课堂的魅力和效率，教师的主导作用和学生的主体作用缺一不可，发现学生和发现教师都是"发现教育"的重要内涵，二者只有运用得当，才能把"发现教育"落到实处。

从"一己之力"到"群策群力"
——构建班级管理"合力"的实践探索

张松树

班主任是班级管理工作的第一责任人，常常凭借"一己之力"既承担学科教学任务，又担负着管理班级的重任。由于社会、家长对学生的关注，以及班级管理工作的精细化要求，班主任工作成为事无巨细、烦琐不堪、疲惫劳累的代名词。由于班主任个体精力有限，这种沉重的工作负担之下的单一性管理效果值得商榷。那么，如何在提高班级管理效益的同时又给班主任"减负"呢？班级管理是一项系统工程，要寻找多个"发力点"，这就需要建立相应的制度、调动各方力量，构建班级管理"合力"，让班主任不再"孤军奋战"。

一、建立教师团队责任制,构建班级管理共同体

(一)建立班级任课教师管理责任制

星海学校在班级管理中建立群体负责制,实行早自习、晚自习管理责任制,班级任课教师都是班级的管理者、责任人,负责班级出勤考核、学习管理,应对突发情况等。学校每月召开班级工作分析例会,总结班级整体发展的优缺点,对一些具体案例进行分析并提出对策,通过班级任课教师群及时沟通班级出现的异常情况。例如,我们班级有一名女生因为家庭原因非常自卑和内向,基本不跟老师和同学交流,很少参与班级活动。在任课教师工作例会上,我们专门讨论这个同学的情况并商讨对策,之后的一段时间内,各学科教师充分挖掘该同学的闪光点,哪怕是小小的进步都特意给她表扬,等到她在一定程度上提升了自信之后,各学科教师继续给她创造在班级活动中"露脸"的机会,一个学期的时间这位同学渐渐融入了班集体,性格也渐渐开朗起来。

(二)建立年级共管制度

学校实行年级组管理制度。一方面,同一层楼的班主任实行管理"连带责任",相邻班级之间形成"利益共同体",在学习、纪律、活动等方面实行齐抓共管,任何一个班级出现不良现象,全年级教师都是管理者和监督者。另一方面,各班级之间形成竞争关系,无论是卫生检查还是活动评比,都以年级组为单位,通过年级巡查组进行打分、评奖。我们坚守这样一个原则——优秀的对手比优秀的队友更重要!我们通过设置竞争把班级管理中的一些难点上升到班级荣誉层面,有些对校规校纪不太重视的同学被特意安排到巡查组担任学生巡查员。在经历了一段时间的管理工作之后,这些学生对自己的要求有了明显的变化,对校规校纪的执行力明显提高。

二、建立学生自管制度,让学生争做班级管理主人翁

到高中阶段,学生的认知能力、管理能力已有很大的提升,高中的班集体应该成为学生自治、自管的一个平台,高中段的师生关系不再是管理者与被管理者的关系,而是班级事务的主导者与参与者关系,是班级规章制度的发起人和设计者、执行者。班主任要尊重学生的主体性、主动性和

发展可能性，师生一起创造和呵护和谐共生的学习共同体。①

（一）建构完善的班级赏罚机制

班级赏罚机制是以班级行为规则和规范、班级舆论、班风班纪及其他约束机制为约束力量，以外在的方式引领班级成员恪守班级行为准则的管理形式。② 从班级规章的制订到管理行为的执行，再到管理中的监督，都需要班级成员的积极参与。奖励有良好表现的成员，惩戒扰乱班级秩序的行为，定期发布管理报告，有助于引导班级成员自觉维护班级荣誉，自我成长和不断完善。

（二）培养独当一面的班干部群体

班级管理得好不好，一个重要的判断标准就是常规工作是否有序、高效。班级管理工作琐碎而繁杂，以班主任一己之力往往会顾此失彼，因此，培养一支有能力、有奉献精神的班干部队伍就非常重要。可以将班级常规中的各部分工作分配给专人负责，每人分担其中的一两项。在分配工作时，班主任应对学生有一定的了解，以发挥每个班干部的长处。只有知人善用，才能人尽其才，形成良好的班级管理"合力"。

（三）形成"人人参与"的管理意识

为了让学生树立主人翁意识，培养其管理能力，班干部由普选产生，可连选连任，也可通过弹劾制中途"下岗"。值日班长制是常规班干部队伍建设的一个重要补充，每周两名值周班长实行轮换制，并与相对固定的班长形成三人负责制。相应的制度建设有助于树立学生的集体荣誉感，培养学生的自律意识和管理能力。

（四）开展丰富多彩的德育活动

学校通过让学生参与策划和组织朗诵比赛、球类比赛等活动培养其集体荣誉感；组织学生赴江西和安徽农村研学，拓宽学生眼界、增强其社会责任感；组织学生参加上海名校夏令营，激发学生的学习动力和科研梦想；等等。以上各项活动使学生管理、班级管理事半功倍，学生更主动遵守规则，变"他管"为"自管"，变"要我学"为"我要学"，从而达到

---

① 周敏燕. 班主任主导 多主体共建："班级治理共同体"建设的实践探索［J］. 教学月刊·中学版，2021（5）：54-58.

② 赵荣辉. 班级管理：引领班级成为命运共同体［J］. 中国德育，2018（9）：30-32，36.

了"润物细无声"的德育效果。

三、建立家校联系制度，形成班级管理"同盟军"

很多学校和班级都存在学校教育与家庭教育配合缺失或者不到位的问题，现代社会瞬息万变，学生既能接触到各种信息，也面临着各种各样的压力。因此，当下的学生教育管理发生了很大变化，网瘾问题、交友问题、心理问题等层出不穷，而这些问题存在一定的复杂性，需要学校、家庭甚至是社会力量形成合力才能解决。家长对学生个体的影响很大，家长的高质量介入及教师与家长配合，形成家校合力，往往能使复杂的教育问题得到有效解决，因此，作为班级管理"同盟军"的家长对班集体建设的作用举足轻重。①

苏霍姆林斯基说过："教育的完善，它的社会性的深化，并不意味着家庭作用的削弱，而是意味着家庭作用的加强。"在新的教育形势下，家庭与学校的密切配合往往能起到事半功倍的作用。

（一）家长会是家校联系的常规途径

一般学校会在期中考试或者期末考试后召开家长会，其实，这是"唯成绩论"的一种表现。我认为，在一学期的开始和中途至少要召开两次家长会。第一次家长会重点介绍本学期的学习任务、学校和班级的规章制度、家校沟通的方式和要求等。第二次家长会结合班级的日常管理，对学生的学习和活动情况进行通报，必要时请一些各方面表现优异的学生家长"现身说法"，介绍自己是如何跟子女沟通、如何看待成绩、如何配合学校做好对孩子成人和成才的引导工作的。

（二）家校约谈是家校联系的一种针对性途径

无论是教师家访还是约家长到校，这种针对性的约谈都是有准备、有计划的，主要是针对学生在学校和家庭的具体情况，交流学生的进步和优点，针对存在的问题商讨对策。在约谈中我们发现，不少学生在学校和家庭中俨然是"两副面孔"，有些在学校表现乖巧懂事的学生在家里可能非常叛逆或者脾气暴躁，这就更加说明了家校联系的重要性。只有全面了解

---

① 顾飞宇. 让班级从他组织演化为自组织的班集体：我对班级教育操作系统的认识 [J]. 河南教育，2008（2）：12-13.

学生的行为、思想动向，才能更好地引导其良性发展。

(三) 微信群、QQ 群是家校联系的高效途径

随着现代网络通信技术的普及，家校联系的方式也在与时俱进，通过微信群、QQ 群这些现代联系方式，对学校通知、学生的学习生活动态、班级活动的展示等，家长可以第一时间获悉并做出反馈。相对于传统的一两个月一次的家长会和面谈而言，微信群、QQ 群更为高效和便捷，是当下最常用的家校联系方式，也更有利于调动家长参与和监督班级管理。

综上所述，班主任在班级管理中的作用是举足轻重的，他是年级和班级管理的主力军和纽带，通过班主任联络任课教师，构建管理共同体；通过班主任组织和调动学生参与，学生能发挥主人翁作用；通过家校联系制度，家长能成为班级管理中的"同盟军"。从班主任凭借"一己之力"进行班级管理到以班主任为核心和纽带"群策群力"进行班级管理，实现了班级管理的高效和健康发展。

"发现教育"：慧眼与胸襟

徐立皓

随着我国教育综合改革的深化发展和中高考招生考试制度的不断改进，发现和发展学生的优势潜能、凸显学生的个性特征已成为新时期教育改革与发展的重要内容。教育的本质应当是发现和发展每一个学生的潜能与特长，"发现教育"则成为践行这一内容的重要主题。"发现教育"是教育者基于发现教学的基本原理、教育的发展规律及学生的身心发展规律，以教育教学方式的改进为手段，以发掘或激发每个学生的潜能优势为核心，以培养创新创造人才为目标的育人活动。[①] "发现教育"通过对教育教学状态的正确认知和因材施教，最终实现对教育对象高尚心智、创造精神和实践能力的培养，使教育对象不断地完善自我、超越自我，各以类

---

① 徐金海, 任志瑜. 发现教育：理论建构与实践路径 [J]. 教育理论与实践, 2018, 38 (34)：3-7.

进。因此,"发现教育"是一种能促进每个学生健康、主动、生动、活泼发展的教育。①

星海学校以江苏省教育科学"十四五"规划课题"数据驱动高质量发展的'发现教育'实践与创新"为主旨引领,以"发现教育"为行动支点,从"发现教学""发现教育""发现文化"三个层面,积极开展有效实践,引导师生共同开发和利用自己的智慧,挖掘彼此的内在潜力,促进师生教学相长、共同成长。正如广东广雅中学叶丽琳校长所说,"教育是一棵树摇动另一棵树,一朵云推动另一朵云。因此,作为教育者,我们要给教育赋能,去引领学生发现生命的各种美好,最终成为一棵参天的树,或一朵恣意的云"②。

一、发现教学:慧眼识材,慢慢耕耘

新教师上任,难免会对班上个别难搞的"问题学生"感到头疼。在研读教师教育书籍后,我对这些"问题学生"有了新的看法。"班主任之友"系列丛书之《感谢那些"折磨"我的学生有感》一书就提出,"问题学生"并不是所谓的"麻烦的制造者","问题学生"的种种"问题"背后,隐藏着学生和教师共同实现生命成长的巨大可能性。作为教育者,我们应该因势利导、转化"问题"、实现成长,因此,"因人而异"就成了关键。对待"问题学生"应当采取不同的方式,不仅面对不同的学生要用不同的手段,而且面对有相同问题的学生也要采取不同的措施。

上学期我任教的班级是一个理科班,班上以男生居多,男生们总认为英语这样的文科学习靠的就是死记硬背,对平时的上课活动提不起兴趣来。我观察到学生平时在 presentation(展示)中总是选择理科类的话题,大谈物理、化学,我由此想到:何不用他们喜欢的理科话题来激发他们对英语的兴趣呢?于是我在上课时更关注所学知识和实际生活、所学知识与其他学科,尤其是数理化等理科的关联性,如讲到"Be sporty, be healthy"一课时,提到运动需要补充能量,我就联系生物课的三大营养物

---

① 张迎东. 发现教育:识才适性、各以类进 [J]. 生活教育, 2016 (1): 41-44.
② 士心. 教育即发现:广东广雅中学叶丽琳校长的"发现"教育 [J]. 中小学德育, 2018 (10): 38-41.

质，在课件上演示出能量框架，即刻就能感觉到学生不一样的专注度。同时，我也重视学生在问题解决过程中的参与度，更多地像数学老师讲解例题一样拆解做题思路，便于学生跟上、理解并模仿。我通过强化这一过程，再配合细致的讲解，引导学生从模仿过渡到理解英语语言，学生在思维能力得到锻炼的同时，英语运用能力也切实提高了。

无独有偶。这学期我任教班级中有一个小"闷葫芦"——金同学，有时她对老师的喊话爱答不理。但我从早期的早读抽读中敏锐地发现，她虽然英语基础不太扎实，课本词汇偶尔不熟悉，但是生词少的句子读得非常连贯，而且富含感情。我对她的朗读大加表扬，并由此判断她应该是喜爱英语这门学科并能感受到音律的美妙的。不久后的一节公开调研课，有一个需要同学朗读的环节，我就设计给了金同学。当她被点名朗读的时候，我能察觉到她的惊讶，因为学生总认为公开课的问题都是老师留给"好学生"的。她出色地完成了朗读，我也一如既往地给予了表扬。这次"公开"亮相后，慢慢地，她对自己的英语更加自信，学习也愈发自觉，在上网课期间也从未缺交作业，几乎每项任务都认真完成。

德国民主教育家第斯多惠曾说："教学艺术的本质不在于传授本领，而在于激励、唤醒和鼓舞。"这句话传达了对教育对象自身能力的信任和对其内在价值的高度肯定。[①] 学生是有潜力的人，每个学生都是一个独立的生命个体，他们来自不同的家庭，有着不同的成长经历，性格与天赋更是迥异。我们应该明白和理解学生的个体差异，亮起一双善于发现的眼睛。这双"慧眼"不仅要发现学生的闪光点，更要看到"问题"的突破点。接着就是要相信学生的潜能，因材施教，慢慢耕耘，循序渐进，让"发现"为教学助力。

二、"发现教育"：以心育心，以德育德

吴非老师在《做个有胸襟的教师》中写道："教育者的胸襟，是学生的天地。教师的胸襟有多宽，学生的精神天地就有多大。良师之心境，如大海一般辽阔，如长空一般高远。教师心胸博大，他的学生才能面朝大海，他的学生才能仰望星空。他所教的学科，就有可能成为乐园；他的学

---

① 倪蕾蕾. 发现和教育同样重要［J］. 年轻人，2019（14）：173.

生,才会开垦自己的心灵,建造精神家园。"① 教师在教学中不光是传道、授业、解惑,还担负着培养学生健康身心的重任。在与学生相处的过程中,我们要敏锐地发现学生的困惑与他们不自觉的问题,同时用宽大的胸襟包容、指引不成熟的学生,帮助他们实现自我突破与成长。

上学期我任教的班级中有一位周同学,他英语基础尚可,但心气很高,敏感而又自尊心强。当时,班级不少同学基础较差,另有不少同学虽然基础还行,但掌握得不甚扎实,于是我的上课内容充分照顾到了这些同学,基础不错的周同学因此就觉得课堂百无聊赖。

这样的矛盾冲突在一节英语阅读课上爆发了。在布置全班阅读规定的英语小说后,我很快发现周同学在看一本漫画书。考虑到阅读课的安静氛围,我先是表情严肃地站在讲台上多次望向他的方向,他附近的同学都有所察觉,而周同学依然沉浸在漫画书的快乐之中。于是我清清嗓子,对全班说道:"英语课应该看英语小说。"并再次看向周同学的方向,但他仿佛置若罔闻。接着我走下讲台,走到他的课桌旁,周围的同学全都察觉到了,但周同学此刻依然在"装傻"。我意识到这是一场师生之间的博弈,我作为教师必须占据课堂管理的主导权,否则将失去威信,但我也不能操之过急。鉴于周同学的执拗与敏感,我静静地在他身旁站到下课,随后轻声但坚定地说:"下课了,交给我吧。"说完便一把夺走他的漫画书回了办公室。

周同学后脚就来找我要书,但言语间没有一丝认错与道歉,只说书是别人的,要还给人家。我告诉他书已经交给班主任了,他听罢扭头就走,要去找班主任,没有要和我沟通的意思。我自觉这是一个应该抓住的时刻,错过就会导致师生间永久的隔阂。于是我拦住他,请他先和我聊聊。然后我轻声细语地首先肯定了他在英语学科上的表现,仔细询问他是不是对英语课的授课难度有什么不满,是不是因此才有在课上看漫画书的行为。随后我又讲到这节课给了他很多次提示与机会,一步步启发他认识到在课堂上看漫画书是过分的行为。整个过程中我并未批评他一句,只是通过询问与分析,站在他的角度考虑,让他明白老师关注、关心、关爱他,充分考虑到了他的个人情况。而他也从与我的对话中发现并承认了自己的

---

① 吴非. 做个有胸襟的教师 [J]. 人民教育, 2008 (22): 63-64.

错误,并承诺如果再有问题和想法会及时与老师沟通。我十分庆幸自己抓住了这次机会。

作为教师,我们常常对学生严格要求,对在学习生活中出现问题的学生严加管教。但教育并不是训斥与强制,张弛有度、严慈相济才是真谛。作为教师,我们应该用心体察学生在教育过程中的情感变化,并用宽广的胸襟对待乃至包容学生,消解学生内心因不成熟而滋长的"荆棘"。只有以心育心、以德育德,教育才能如春风化雨,真正达到润物无声、鲜花盛开。

三、"发现文化":头顶星空,胸怀大海

《二十年磨一剑:星海实验中学教师内涵提升实践》一书总结了星海学校 20 年来的工作经验与成果,并提出"发现教育潜能"是新时代星海教科研创新发展的关键。对此,星海学校提出两项中小学生品格提升工程,从实践与思考维度为"发现教育"指明了方向。

"行思润志"是一项建立中学阶段生涯规划教育体系的工程,该工程基于面向全体、尊重个性、发现自我等理念,将教育与社会生活、学业与职业发展、个人与社会发展紧密联系,使学生在自我认识的基础上实现可持续的自我发展,逐步获得学业成就感、职业获得感、人生幸福感。而"和远·毅行"则在前者之上,更坚定了对党和国家新时代教育方针政策的落实,通过建构"五育"并举德育目标体系与全员、全程、全方面的培育,着力培养时代新人的世界观、人生观、价值观。通过"行于体验、和汇贯通、毅于坚守、远在成长"四步,最终实现启迪学生头顶星空、胸怀大海,达到认知自我、担当责任、涵养情怀的品格提升。[①]

通过"行思润志"与"和远·毅行"两项品格提升工程,学生将学业与生活紧密联系,在实践中领悟成长,在体验中发现自我。学校因此形成了学生自主的"发现教育",并在全校范围内建立起了真正的"发现文化"。

"发现教育"如同教师播撒在孩子心田的一粒粒种子,要让这些种子

---

① 周晓阳,许凤,赵武杰,等."和远·毅行":时代新人的在场体悟行动[J].江苏教育研究,2021(34):35-40.

发芽、茁壮成长并开出形态各异却又芳香可爱的花朵，作为教育者的我们就要有善于发现的眼睛，善于发现学生的性格、气质、爱好、特长等，有效地改进自身的教育教学方法；我们还要有宏大的胸襟，智慧地处理教学中的突发事件，用爱消除学生成长中的困惑，让教育潜移默化地影响学生。① 这不仅是一种专业素养，也是一种育人的能力，更是一种教学相长的双赢。

在这样的教师的言传身教下，在一次次的发现与自我发现中，学生也自然而然地获得成长，并渐渐养成了能够正视自己的慧眼与宽广博远的胸襟。而这也正是我们所期盼的。正如程英俏老师在《发现：教育的另一种美丽》中所说："学生在成长，老师也在成长，这不都是发现的力量吗？"②

张开"发现"的翅膀，挖掘"教育"主体的光芒

周　雄

2022年是星海学校推进"十四五"教育发展规划的重要之年，是大力推动"发现教育"背景下创新人才培养和师生协同发展机制研究的重要之年。我通过教学实践发现，在高中历史教学中正确处理历史、教师、学生三者的主体性，不失为让"发现教育"理念落地生根的有效实施路径。在高中历史教学中，历史、教师、学生这三个主体，缺一不可。如果失去了教师这个主体，教学活动也就会跟着消失。而学习的主体和发展的主体是学生，失去了学生这个主体，也就失去了教学的真正意义。历史课堂的教学活动要开展得有实效性，又离不开历史这个主体，因为它将教师主体和学生主体二者有机联系起来了。如果只重视教师主体和学生主体，忽视了历史主体的关键作用，也会使教学活动的实效大打折扣。

---

① 倪蕾蕾. 发现和教育同样重要［J］. 年轻人，2019（14）：173.
② 程英俏. 发现：教育的另一种美丽［J］. 江苏教育研究，2018（26）：77-78.

一、彰显历史主体性，探索社会的发展规律，是"发现教育"实施的前提

在当下的高中历史教学中，历史主体的缺失是一种相当普遍的现象。它主要表现为：在历史人物（对历史产生重大影响的人）的教学中，只讲事迹，而思想意识、情感态度被忽视；对创造社会物质财富的人民群众视而不见、避而不谈。人类社会的历史是人（历史主体）的历史，人类社会由低级向高级的不断演进，是历史主体创造物质财富和精神财富活动的结果。历史事件是人从事的活动，历史现象是人的行为表现，哲学、科学、文学、艺术等是人的精神创造，生产工具、建筑、器皿等是人的劳动成果。马克思主义唯物史观认为，历史本质上是追求着自己目的的人的活动，是人的实践活动在特定时间、特定空间的展开。冯一下教授认为，历史主体"即历史上的从事实践活动的现实的人"[①]。历史主体的观点当然是马克思的论述更具权威性和说服力，马克思的历史主体是从古典哲学人性的有限解放与发展转向主体性的历史生成与全面自由发展。说到底，人类作为历史的主体，是一个不断生成、永无止境的历史过程。在历史教学中，既要展现历史人物的风采，也要突出人民群众在物质资料生产中的决定性因素，感知、理解历史主体，深入历史主体，提高历史认识，丰富历史情感，汲取历史智慧，端正人生态度，形成健全人格，充分发挥历史"育人"的功能。

（一）历史主体：物质财富和精神财富的创造者

在马克思看来，"全部人类历史的第一个前提无疑是有生命的个人的存在"[②]。物质财富的创造是人类活动的首先需要。在原始社会，正是先民们在物质生产活动中改进工具，改进生产技术，发明农业、畜牧业、手工业，才有了社会的进步。在奴隶社会，奴隶们的艰辛劳动创造出了奴隶制文明。在封建社会，农民们的春耕、夏锄、秋收、冬藏，换来了比奴隶社会更大的进步。在资本主义社会的雇佣劳动制下，工人们的辛勤劳动又创造了现代物质文明。在社会主义的中国，全国人民在中国共产党的正确领导下，以主人翁的姿态忘我工作，实现了物质水平和精神水平的大幅度

---

① 冯一下. 对历史主体观念的思考［J］. 历史教学（中学版），2020（13）：55-60.
② 马克思，恩格斯. 德意志意识形态［M］. 北京：中国人民大学出版社，2008：10.

提高。由此可见，人民群众才是历史的真正主人，是历史发展的决定性力量，他们的辛勤劳动，创造出日益增多的物质财富，推动着人类社会从低级到高级的发展。

（二）历史人物教学：突出历史主体的生动形象

历史人物的教学是历史教学的重要内容，它对促进学生的健康成长具有非常重要的意义。要充分发挥历史人物教学的作用，就要展现历史人物的生动形象，把他们崇高的理想、坚定的意志、丰富的情感、勤奋的态度、伟大的成就等，有血有肉地展现在学生面前，激励学生：要像那些历史人物一样发愤图强、建功立业，像马克思那样为人类工作，终生过着清贫的生活却为劳苦大众谋幸福；像孙中山那样为振兴中华而奋斗不止，深刻领会"革命尚未成功，同志仍需努力"的拳拳之心；像毛泽东那样改造中国和世界，把毕生的精力奉献给中国人民伟大的解放事业。

（三）历史事件教学：展现历史主体的多面向

有人说，如果把历史比作一条长河，那么无数重大的历史事件就是这条长河中朵朵翻滚的浪花。我们在历史教学中要做的就是引导学生去发现这一朵朵浪花的多面美。在"洋务运动"这一历史事件中，有慈禧太后的居间平衡，有洋务派的大力提倡和推进，有顽固派的百般阻挠，同时也刺激了一批官僚、地主、商人创办近代资本主义企业。教师只要在教学中展现各个阶级、阶层的多面向，理清他们之间的关系，就能避免对洋务运动的背景、内容、结果、失败原因、客观进步性等的生硬灌输，增添人的气息，用故事、情节打动学生，引发学生的思维，积极解决问题，在解决问题的过程中发展学生的历史综合素养。这就要求教师运用辩证唯物主义的原理，坚持联系的观点，在错综复杂的历史多面向中理清关系，把握历史发展的脉络，认清历史发展的本质，发现历史的规律，从历史中总结经验、汲取教训，获得成长的智慧。

（四）历史现象教学：挖掘历史主体的心理活动

历史现象是历史教学的重要内容，历史现象是一个时代政治、经济、文化的折射，体现了时代精神和风尚。只有把握历史主体的心理，才能真正理解历史现象的本质，才能产生情感的共鸣，达成"参与—感受—体验—升华"的教学目的，才能发挥历史教学的育人功能。

二、突出学生主体性，提升学生的学科素养，是"发现教育"实施的核心

当前高中历史教学还存在的一个问题就是对学生主体性的认识不充分。这主要表现在：教学形式是现代的，思想是陈旧的，只不过由以前的"人为灌输"转变为了当下的"信息技术灌输"；教师提出一个问题或提供一段材料，不给学生阅读与思考的时间，立刻就让学生回答问题，表面上是关注了学生，实际上并没有达到应有的效果。这实际上就是忽视了学生的主体地位，既不利于培养学生的主体意识，又不利于调动学生学习的主动性、积极性和创造性，同时还制约着教学的有效性。那么，究竟怎样才能在一线教学中突出学生的主体地位，提高学生参与教学过程的广度、深度和效度呢？我在教学实践中进行了一些有益的探索。

（一）情境教学：引领学生进入特定的历史时空

情境教学是指在教学过程中，教师有目的地引入或创设具有一定情绪色彩的、以形象为主体的生动具体场景，以引起学生一定的态度体验，帮助学生理解教学内容，并使学生的心理机制得到发展的教学方法。

"美国国父华盛顿"这一课的教学导入很有借鉴意义。我根据史实创设了一个教学环境：华盛顿领导北美人民取得独立战争的胜利之后，回到他的庄园；1787年，华盛顿主持制宪会议，制定了1787年宪法之后，回到他的庄园；任满两届总统后，华盛顿不再参加总统竞选，回到他的庄园。他几次回到庄园，是因为他具有功成身退、不贪恋权位的优秀品质，还是他的庄园更有吸引力，抑或还有其他原因？这个教学情境创设得很别致，提出的问题也具有开放性，学生迫不及待地想知道原委，争先恐后地探索，学生的主体性发挥得淋漓尽致。

（二）问题式教学：引领学生参与教学过程

问题式教学就是教师将教材中的知识点以问题的形式呈现在学生的面前，让学生在寻求、探索解决问题的思维活动中，掌握知识、发展智力、培养技能，进而培养学生发现问题、解决问题的能力。

如"从计划经济到市场经济"一课的教学，我向学生提出了下列问题：什么是改革？为什么要改革？是怎样进行改革的？改革取得了哪些成就？改革过程中存在哪些问题？你认为怎样才能使改革完善？你从现代中国的改革中得到了什么启示？我从"改革"这个核心概念切入，整合教学

内容，以逻辑严密的问题链的形式层层追问，促使学生不断思考，积极参与教学活动过程，这样就使得学生由被动听课转变为主动探索。在教学方式和学习方式的转变过程中，突出学生的主体地位也有利于历史学科核心素养的培育。

问题的设计要结合课堂教学内容和要求，紧紧围绕历史学科五大素养，向学生提出明确的掌握历史知识和历史技能、提高历史学习能力的要求，通过有意识的实践和强化训练，内化为学科素养，即使学生形成科学的历史思维方式、良好的历史学习习惯、灵活运用知识解决问题的能力。

（三）课堂生成：关注学生的问题

生成式教学是一种开放的、互动的、动态的教学形式，它有别于课前预设，更强调教学的过程性，突出教学的个性化建构成分，追求学生生命的成长。课堂生成的前提是发现每个学生在学习中的真实问题，课堂生成的关键是正确判断学生问题的教育价值。

例如，在学完中国新民主主义革命这部分内容之后，我提炼出两个结论：中国共产党在中国革命的实践中确立了其领导地位；走社会主义道路是中国近代历史发展的必然趋势，是中国人民历史性的抉择。对此，有的学生表示困惑。于是，我抓住这个问题及时生成。进入近代以后，随着社会主要矛盾的变化，革命任务也发生了巨大变化。中国人民担负着推翻帝国主义统治实现民族独立、推翻封建压迫实现人民民主、发展经济实现国家富强的三大任务。以洪秀全为代表的农民阶级，以失败告终了。以康有为为首的资产阶级维新派，又以失败告终。以孙中山为首的资产阶级革命派，还是以失败告终。以毛泽东为首的中国共产党人，代表全国人民的根本利益，以马克思主义为理论指导，最终取得了新民主主义革命的胜利，建立了新中国。

课堂生成，解决学生学习中的问题，使学生得到真正的关注，学生的主体地位得到凸显，学生的学科思维得到培养，学生成为学习的真正主人。

三、发挥教师主体性，加强学生与历史的对话，是"发现教育"实施的关键

在高中历史教学中，学生主体地位的凸显、历史主体性的展现，依赖

教师主导作用的发挥。教师通过独具匠心的教学设计，沟通学生主体与历史主体，学生深入历史主体，历史主体滋养学生的健康成长，从而达成完善学生人格的目的。正如《普通高中历史课程标准（2017年版2020年修订）》要求的那样："要引领学生通过历史学习，认清历史发展规律，对历史与现实有全面、正确的认识，形成实事求是的科学态度以及正确的世界观、人生观、价值观和历史观；要增强学生的历史使命感，不断增强学生对伟大祖国的认同，对中华民族的认同，对中华文化的认同，对中国共产党的认同，对中国特色社会主义道路的认同；增强学生的世界意识，拓宽国际视野。"

（一）陪伴学生深入历史主体

历史就是过去发生的事，就是过去人从事的活动。历史不能重演、不能假设、不能复制、不能实验。实现学生与历史主体的沟通，帮助学生设身处地深入历史主体，了解、理解历史主体的所思、所想、所为，在感知历史的基础上体验历史，在体验历史的基础上升华情感、提高思想认识，就成为历史教学成败的关键。

教师在进行历史主体教学时，要运用奥苏贝尔先行学习者理论，为学生提供时代背景知识，把学生引入特定的历史时空，让学生感同身受地思考"在当时的情境下我应该怎样做"，从而激发学生与历史主体的情感共鸣，达到学生与历史主体互动的效果。

（二）发掘历史主体的滋养功效

传承优秀文化，厚积人文素养。中国古代史具有独特的东方神韵，人文主义是其根与魂，倡导"天视自我视""民为贵，社稷次之，君为轻"的民本思想，弘扬人性的高贵；揭示"水则载舟、水则覆舟"的道理；力行"民惟邦本"的政治治理；歌颂"父母官"，标榜为官一任、造福一方的清官。这些闪耀着人文精神光辉的人文主义思想，都是通过历史主体来体现的，教师在开展历史主体教学时，把这些人文主义精髓展现给学生，有利于学生人文素养的提升。

继承和发扬革命传统，崇尚民族英雄。1840年打断了中国历史独立发展的历程，中国一步步沦为半殖民地半封建社会，神州陆沉，人民生灵涂炭，救亡图存成为时代的主题，推翻帝国主义统治实现民族独立、推翻封建压迫实现人民民主成为中国革命的根本任务。有识之士奔走呼号，人民群众同仇敌忾，在革命斗争中形成惊天地泣鬼神、可歌可泣的革命文化，涌现出众多的抛头颅、洒热血的民族英雄，成为实现中华民族伟大复兴的楷模，铸就了牺牲我一人、幸福全人类的革命精神。在教学中，教师把林觉民、吉鸿昌、刘胡兰、董存瑞等的英雄事迹，把东北抗联八名女战士跳江、淮海战役"十人桥"等感人故事，把英雄们坚定的信念、高贵的品质、崇高的人格，用饱含情感的语言告诉学生，引导学生崇拜英雄，树立报效祖国的志向，为中华崛起而发奋读书，磨砺意志品行，提升人生的境界。

"发现教育"既是一种教育理念，也是一种实践范式。我觉得在高中历史教学中实践"发现教育"，就是要发现学科本身，涵育学科素养；就是要发现学生本身，培养学生能力；就是要发现教师本身，提升专业素质。重视历史学科、教师和学生这三个主体，有利于提升"发现教育"在实践中的实效性。

"发现教育"视域下中学音乐创作实践的效果分析

顾 莺

教育的根本任务是立德树人。"以发展专业特色为目标，培养学生综合素养为导向，构建综合育人模式，培养具有创新精神和实践能力的社会创新型人才"已成为中学学科教学践行"立德树人"根本任务的重要抓手。《义务教育音乐课程标准（2022年版）》强调，"创造教学是引导学生发挥想象力、发掘创造性思维的音乐学习领域，也是引导学生积累音乐创作经验的重要学习领域。这个领域对于培养具有创新精神和实践能力的新型社会主义建设人才来说，具有非常重要的意义"。在中学音乐教学中大力开展音乐创作实践，能够充分发挥学生的想象力和思维潜能，培养学生的创造力，推动学生的创新发展。同时，在音乐教学中，教师还可将音乐创作实践与文学、中国传统诗词文化、德育文化等紧密结合，切实落实好

"立德"的育人任务。

一、基本内涵

发现教育:"发现"是指经过观察、研究、实践、探索等,看到或找到前人没有看到或找到的事物或规律。"发现教育"是指教育者基于发现的基本原理,窥察发展方向、遵循成长规律,以教育教学模式的改进为手段,以"发现人,唤醒人,发展人"为价值取向的教育教学实践,是以发现和激发学生共性与个性的潜能并促成其全面发展为目标的育人活动。

音乐创作实践:音乐创作实践是提升学生创造创新能力的有效途径。在广义上,音乐创作实践既包括音乐教学各个领域(歌唱、演奏、音乐欣赏、律动等)的创造性因素,也包括以培养创新精神与创造能力为主要目标的音乐即兴创作、音响探索和命题创作等。在狭义上,音乐创作实践仅指以培养创新精神与创造能力为主要目的的音乐教学活动。

"发现教育"视域下的音乐创作实践,是音乐教师通过激发学生潜能,唤醒学生的创造能力和想象能力,提升学生思想境界、文化内涵、精神修养,发展学生全面素养的集中体现,能促进人的全面发展,让教育真正成为"发现与创造的艺术"。

二、创作实践与实施效果

(一)在实践态度上,从被动走向主动

在传统音乐教学中,创作一直是一个难以触碰的领域。在传统的音乐教学中,教师不是基于学生的兴趣进行教学,而是基于某种音乐知识点进行灌输与传授,没有兼顾学生学习音乐的本位需求,使学生陷入机械、被动的学习。为了培育出具有开创性与能力型的人才,教师应转变观念,以人为本,培养学生的创造能力与思维能力。引导学生从"被动接受的学习模式"向"主动参与的学习模式"转变,走向自主学习,有利于音乐体验与创作实践。

音乐教师可以构建开放型课堂,给学生自由、开放的创作空间,并在此过程中注重与学生的情感互动和思想交流。户外教学是构建开放型课堂,进行音乐创作教学的重要方式。在一节以"低碳环保"为主题的创作课上,我带领学生亲近大自然,聆听大自然的声音,开拓了学生的创新思

维。在我的鼓励下,两位同学创作了歌词《聆听自然的声音》,师生共同谱曲。歌词融合了节水、变废为宝等低碳生活要素,呼吁人们让天空变得更加湛蓝,让田园充满绿意,爱护地球,爱护你我。歌词简洁明了,贴近生活,旋律激荡起伏,同学们以音乐创作的方式为低碳献力。歌曲《聆听自然的声音》还被制作成MTV,于2012年在巴西里约热内卢举办的世界联合国可持续发展大会上滚动播放,让低碳环保的理念深入人心。

除此之外,我还尝试开展以小组为单位的交互式合作探究创作方式,通过创作搭桥,大大激发学生的学习兴趣。不同层次的学生在教师创设的时间和空间中深层次地发挥学习主动性,对于学生思维能力的培养,优化师生、生生之间的深度合作,深入体验音乐创作起到了积极的作用。

在设计八年级下册《樱花》一课的教学时,由于歌曲简单易学,可以留出更多的时间用以创作,于是我就在学唱歌曲、分析级进的创作特点后,设计了为歌曲创作二声部旋律的环节。我将学生分为3组,要求每组创作2~4个小节,学生热情高涨,积极投入,主动探究。创作完成后大家迫不及待地演唱起了自己的创作成果,通过演唱、评价,学生感受到了美妙的二声部和声效果,领悟到二声部旋律的艺术表现更为丰富。

(二)在实践途径上,从单一走向多元

传统音乐教学中,教学内容、方法和手段都比较单一,课堂气氛平淡,教学环节创意较少,学生所表现出的想象力和独创精神相对缺乏,教学效果也不尽如人意。在音乐创作实践中,当下的教学途径和学习途径都发生了质的改变,师生可以充分利用网络资源、数字技术、音乐APP,借助艺术社团,实现课内外音乐学习常态化和多元化。教师指导学生创作的过程,成为以丰富和多元化的形式激发学生创作热情的过程。如定期或不定期地开展音乐系列主题活动,让学生自创作品与内容,过程中对作品及时进行反馈与评价,让学生感受到自身的价值与成就感,实现良性的创作互动。又如在课堂上,教师要求学生根据某一特定的场景展开创作。我给学生带来了一段无声的视频,视频中有鸟、有树、有花。学生看完视频后,先构思出一个故事,然后根据这个画面和故事场景进行配乐。这样的现场创作过程使学生的想象力得到了发挥,思维能力与创造能力得到了培养。

我还尝试融入信息技术,利用网络资源,结合"音乐软件库乐队"

"作曲大师"等软件的应用，探索不同乐器音色和节奏的编创。学生因此大开眼界，学习兴趣得到激发，由传统音乐教学模式下的被动接受转为主动参与、积极尝试。这样的教学尝试既丰富了音乐教学内容，又开拓了创作思路，同时也提高了教学效率。此外，我还借助各类艺术社团，使学生课内外的音乐学习常态化。课内的学习为学生奠定了良好的音乐基础，在课后利用艺术社团的互动可以使创作成果进一步丰富。如舞蹈社团、合唱社团的练习，乐队合作创编、音乐创作社团交流活动等，都能为学生营造积极互动的空间。同时，我还借助学校艺术节、社区会演、艺术展演等活动，以及出版学生原创作品集等，提升学生的自信心，增强学生的表现欲望；通过电视台、广播站、公众号等为学生搭建展示舞台，在增强学生正向价值观与成就感的同时提升其对艺术的鉴赏水平和鉴赏能力，让学生在学习、借鉴、创新中互相激励，分享成果，共同进步。

（三）在实践体验上，从表面走向深入

长期以来，音乐创造教学一直举步维艰。无论是教师还是学生都觉得音乐创作神秘、高深、遥不可及。即使在音乐教学中开展创作教学，也多流于表面，未能达到预期的教学效果。主要有以下几方面原因：教材资源利用不充分，教条刻板、缺乏新意、深度不够，知识松散、概念模糊，只注重表面文章，教学内容、创作环节轻描淡写，教学缺乏连续性；教师创新能力不够，学生兴趣不高；从学习效果上看，普遍带有一种思维定式，学生几乎丧失了应有的创新意识和创新能力。

我先后对两所学校的887名同学进行了问卷调查和访谈。通过对36节音乐创作课的课堂观察，我将学生音乐创作实践的参与度现状大体分为三个层次："很少参与"，"一般参与"，"深入参与"。其中，"深入参与"的有156人，"一般参与"的有306人，"很少参与"的有425人。造成上述问题的原因主要有两点。首先是学生自身，大多数学生过于保守，不敢完全放开手脚去创作，课堂参与度低。其次是教师，在课堂教学中，有的教师为了赶进度，设计的创作环节没有给学生留下充足的思考和探究时间，教师习惯用自己的思想占领课堂，学生因此无法深入开展音乐创作实践。

为创设深入的音乐创作实践，我通过节奏接龙、节奏旋律问答、歌曲和声配置、旋律填充、例句添音等创编活动，使学生在情感唤起、情感深入、情感外化三个阶段畅游、深潜。如在尝试节奏创编时,以《滚核桃》为例,我设计了三个阶段,试图让学生达到乐学、善学、活学的境界。(图1)

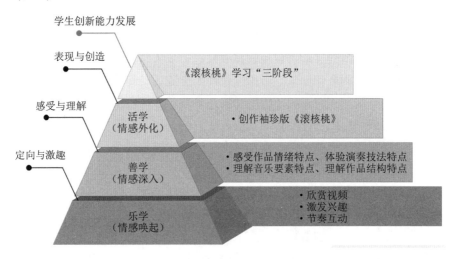

图1 《滚核桃》学习"三阶段"

在第三阶段请学生创作袖珍版《滚核桃》中,通过创编实践,学生对演奏技法和音乐要素的变化在表现不同乐思和音乐场景中的作用有了更深的感悟。(表1)

表1 袖珍版《滚核桃》创编展示

《滚核桃》	创作表现形式	
	方式	演奏技法
头部	分组进入	滚奏鼓梆
身部	(节奏谱示例)	9种演奏技巧
尾部	分组进入	滚奏、刮奏鼓梆

实践证明,学生只有通过深入的创作实践,获得充分的体验,才能加深对音乐美的理解与表达。也只有当音乐深入学生心中,成为学生生活不可或缺的一部分,音乐才具有真正的价值与意义。

（四）在实践情感上，从畏惧走向融入

胆怯是影响创造力发挥的重要因素。音乐即兴创作常常被视为"高不可攀"，大多数音乐学习者给自己制定了过高的目标，认为必须写出一首曲子，或至少得构思出一首歌曲的主旋律才是音乐创作。创作活动初始，学生普遍具有恐惧心理，畏惧创造，觉得只有音乐家才能胜任，自己的能力不可能达到。在这样的情况下，"如何不惧怕'创造'，让音乐创作融入我们的生活"，就成为当下音乐教师应该思考的问题。

首先，所有关于音乐创造的思维活动都基于情感，音乐是音乐家经历过情感体验后才进行的审美创造。创作思维的本质是追求个性化的过程，而这种个性化正是灵感与活力的体现，正如"一千个人眼中有一千个哈姆雷特"一样，正是这种差异，成就了音乐家不同的精神风格。

其次，创作教学灵活多样，不存在千篇一律的模式，其要旨与核心在于情感的代入。在学习"表现主义音乐"一课时，我先是引导学生感受音乐的情感、速度、节奏，体会音乐的情境，引导学生揣摩作者的内心感受，并提出问题："作者为什么要创作这么恐怖而怪异的音乐？"引发学生的思考。在引导学生感受无调性音乐的特点后，我要求学生利用身边的物品和声响创编三个场景片段，并鼓励学生提出多种创作方案。学生分组即兴创作、表演，利用报纸、垃圾桶、拖把等物品和乐器即兴刮奏，将场景表现得淋漓尽致，他们觉得创作无处不在，创作如此简单。

又如在鼓励学生创作歌曲时，我采取了师生合作的方式。歌曲主题从事先准备的主题库中选择，以教师起头、学生续写的方式进行，或老师给出几个主干音，学生填充乐句。这样的教学设计使学生得以轻松学习创作，融入音乐，享受音乐创作带来的乐趣。

在这样的音乐创作过程中，学生摆脱了固有思路，融入音乐，充分发散思维，以情感共鸣为第一路径，在触及灵魂的情感氛围中激发音乐创作的灵感，从而提升音乐创作的思维能力与想象能力。

（五）在实践评价上，从结果走向过程

当前音乐教学评价体系的突出特点是教师对学生的评价与反馈缺乏科学性，重结果、轻过程，没有对学生的创作过程给予肯定，学生创造兴趣与自信心因此受到打击。音乐教学评价通常主要还是基于对学生音乐创作技巧和能力的考量，注重评价基础知识与基础技能，以及情感的体会与表达，在很大程度上忽视了对学生个体发展状况的评价。而音乐创作实践是最有利于发挥学生个性发展的活动。因此，客观、积极、完善的音乐教学评价尤为重要，教师评价应由重结果、轻过程向轻结果、重过程转变，学生评价应由能力评价向个体发展状况评价转变。

教师应鼓励学生敢于创作、乐于创作。当教师看到学生在创作过程中能积极发挥主观能动性并试图展现自我时，无论学生创作的作品质量如何，只要他敢于参与、勇于创作、有进步、有突破，就应给予正面肯定的评价与积极的反馈。例如，要肯定学生的创新性、独立性和思维能力、想象能力，要肯定其内心情感的表达，要表扬和鼓励学生个人素养与音乐素质上的潜质；等等。需要强调的是，所有教学参与者的自评、互评、师评，都必须遵循过程重于结果的原则。教师应转变与完善创作评价方式，让学生获得成就感和自豪感，让学生获得自尊和价值感。同时，教师还要鼓励学生勇于创造、乐于创新，促进其综合创造能力的持续发展。

围绕"立德树人"根本任务，培养和造就具有新时代特征的建设人才，创新能力培养是关键。因此，对教师而言，应更加强调对学生创新能力的发掘与培养，引导学生勇于突破、大胆创新、积极实践，以培养出具有创新精神和实践能力的新时代创新型人才。

"发现教育"新纬度：基于核心素养的高中化学实验教学与拓展的实践与反思[①]

张松树　王婷婷

一、引言

（一）研究背景

1. 化学教育改革的需要

当今教育正在从知识型、技能型人才培养模式转变为创造型、创新型

---

① 本文系苏州市"十三五"教育科学规划立项课题"拓展高中化学教材实验　培养学生核心素养的实践研究"（编号：16122659）阶段性成果。

等综合性人才培养模式。人一出生就自带对新鲜事物的好奇心，但问题在于，学校、家庭教育是否为拥有好奇心和发现欲的孩子提供适当空间？俗话说，千里马常有，而伯乐不常有。如今学校教育的客观现实不断提醒我们，教育必须转型。随着一系列教育改革的深入进行，以化学核心素养为本位的化学教育理念逐渐深入人心，而实验探究能力更是每个高中生都要具备的基本素养。以"发现教育"视角去理解和探索实验探究能力的培养，可以更好地促进学生主动参与，提升他们的思考能力和实践能力。

2. 学校内涵发展的愿景

学术界在"发现教育"的研究与实践中，不断强调把学生作为学习的主体，激发他们的主动性、创新性。星海实验高级中学的教育理念是让教育成为发现与创造的艺术。学校一直在为"发现教育"添砖加瓦，作为"发现教育"的实施者、参与者，我们不仅关注知识的传授，更强调引导学生自主发现、自主学习。教育的目的不只在于让学生掌握知识，更在于让学生学会发现、学会创新、学会批判性思考。

(二) 研究目的

在"发现教育"视角下实施化学实验教学的目的是培养学生的实验技能、科学思维能力和合作与沟通能力。设计有针对性的实验，实施有效的教学策略，可以使学生真正从实验中获得知识和启发，提高学生的学习效果和综合素质。为此，我们应该注重基于化学核心素养培养的实验教学的实施和拓展，并能在发现视角下为学生的终身学习奠定基础。

二、"发现教育"和核心素养的定义与深度理解

(一) "发现教育"的定义与理解

如何给"发现教育"下定义呢？我们可以这样理解：发现是人类对于自我、自然及其整体的认识或再创造过程，包括找到实体、揭示规律、形成理论等。而教育是指通过教师或其他教育工作者对学生进行有意识的指导和培养，以促进他们的知识、技能、态度和价值观的发展。发现教育即是一种学校教育发展中的认识、探究、创新、创造的过程。

践行"发现教育"是培养创新型等综合性人才极为有效的途径之一，在教育过程中主动发现、在发现视角下优化教育是未来教育的大趋势。进入"十四五"以来，学校一直在实施以"发现教育"为理念的教育教学，

一直在为充分调动、发掘教师和学生的主观能动性而努力，通过引导、唤醒、激发每位师生的内在价值、潜能、个性和力量，为师生共同的高质量发展不断做出尝试。

（二）"发现教育"视角下核心素养的内涵与再理解

近年来，各国对"核心素养"的讨论愈发频繁，给出的定义也不尽相同，但共同点是教育需要培养学生未来融入社会所需的品格和能力，即促进形成个人和社会发展所需要的"关键的、重要的"素养。换言之，核心素养是现代社会公民生存和发展的必备条件，更是推动社会可持续发展不可或缺的人力资源要素。①

核心素养是指学生在学习过程中所获得的基本能力和素质，包括实践能力、创新能力和合作能力等。这些能力和素质是学生终身发展所必需的，对于他们的学习、工作和生活具有重要意义。

普通高中的化学学科核心素养包括"宏观辨识与微观探析""变化观念与平衡思想""证据推理与模型认知""科学探究与创新意识""科学精神与社会责任"5个维度，也是新时期化学学科育人的基本目标，全面体现了化学课程学习对学生未来发展的重要价值。②

"发现教育"视角下的化学核心素养可以理解为：其一，让学生主动发现和提出有价值的问题，能从发现的问题出发设计解决问题的方案和措施，运用化学实验、调查等方法，正确建立化学的思维和行动模式，让化学核心素养在实验探究中体现科学精神和社会责任；其二，在化学实验教学中，教师要不断拓展、强化实验教学，改革课堂教学方式，发现学生在实验研讨、探究和实验操作中的闪光点与开拓性，唤醒他们学习化学的热情，推动学科教育研究的发展。

从中学化学教学的角度看，实验创新可以分为两大类别：实验本身的创新和实验教学的创新。实验本身的创新，其主体是实验，强调对实验的要素进行创新，包括实验试剂、装置、反应条件、方案、手段等。实验教学的创新，重心落在教学，故强调对实验教学设计、实验实施等的创新。

---

① 徐金海，任志瑜. 发现教育：理论建构与实践路径［J］. 教育理论与实践，2018，38（34）：3-7.
② 中华人民共和国教育部. 普通高中化学课程标准［M］. 2017年版. 北京：人民教育出版社，2018：3.

三、"发现教育"视角下高中化学实验教学与学生实验拓展的实践

（一）高中化学实验教学的现状

1. 资源不足或者资源未得到合理整合与利用

目前，一方面，很多学校的实验室硬件很好，但化学药剂无法满足高中化学实验的需求，导致实验效果不佳。因此，需要增加实验药剂的投入，改善实验条件，为学生提供更好的实验环境。

另一方面，化学实验资源无处不在，这些资源在化学实验教学活动中的有效应用可以为实验教学带来新的途径和方向。一些教研员通过调查发现，部分学校和教师在开展化学实验教学时并不重视资源的利用与整合，在实验教学中只是要求学生按照教材中呈现的内容进行实验探究，未给予学生创造创新的机会，所以学生在学习过程中会出现无法深入理解知识、无法对所学知识产生兴趣等问题。

2. 没有开展分层教学

化学实验教学应当考虑到不同层次学生的需求，确保所有参与者都有进行探究及思考的机会，使其实验操作和实验研究的需求得到充分满足。而要达成该目的，教师就要做到因材施教，促进班级整体水平的提升。

3. 忽略重视思维能力的培养

目前高中化学实验的内容比较单一，大多数实验是基础实验，化学实验教学仅仅是引导学生动手操作而缺乏对学生思维的引导，缺乏创新性和探索性实验。这种情况限制了对学生实验操作能力和创造性思维的培养。基于此，必须丰富实验内容，引入创新性和探索性实验，激发学生的学习兴趣和创造力。

（二）高中生实验教学与实验拓展的重要性

高中化学实验教学是化学教育不可或缺的一部分，它不仅能够帮助学生巩固化学基础理论知识，还能够培养学生的实验实践操作能力和理科思维能力。实验教学与实验拓展是发现学生主动创新意识的必要途径，能够激发学生学习化学的兴趣，培养和提升解决实际问题的能力。对化学实验教学进行拓展创新可以更好地激发教师的自主创新意识，不断改进实验教学手段，对学生的质疑做深度思考，确保学生的理性思维得以发展、科研精神得到培养。

化学实验作为科学探究的主要方法，在化学学科的发展过程中有关键

作用。化学需要通过实验获得知识和验证理论。高中化学实验教学是化学教育的重要组成部分。通过实际操作和观察，学生可以更加直观地发现化学的美，更加深刻地理解化学变化的本质。为了引导学校教育重视实验教学，2019年教育部发布的《关于加强和改进中小学实验教学的意见》指出：实验教学"是培养创新人才的重要途径"。为加强实验教学的研究与探索，教师要"不断将科技前沿知识和最新技术成果融入实验教学，丰富内容，改进方式"，以提升实验教学的吸引力，提高实验教学的效果。

化学实验有利于巩固理论知识：化学实验是理论知识的实践应用，可以帮助学生巩固和加深对化学理论知识的理解。实验可以直观地展示化学现象和实验结果，使学生更加深入地理解化学原理和概念。

化学实验能进一步培养学生的实验操作能力：化学实验要求学生进行实验操作，如制备物质、滴定分析、模型制作等，这些操作能够培养学生的实验技能和操作能力。通过实验，学生可以学会正确使用实验仪器和设备，掌握实验操作的基本技巧。

化学实验的改进和探究助力培养学生科学思维能力：化学实验需要学生仔细观察、记录、客观描述，严谨地进行分析和推理，这些过程能够培养学生的科学思维能力，培养学生的观察力、实验设计能力、数据分析能力和问题解决能力，使学生具备科学研究和实验探究的能力。

（三）实验教学实施和实验拓展的策略

为了有效地培养学生的化学核心素养，发现学生在实验教学中的特长和个性差异，必须采用有效的实验教学方法和策略。星海学校在"十三五"期间开始尝试进行苏教版课本实验的改进和拓展，充分利用校本课、校内公开课、教学比赛对实验教学进行多样化的探究，具体的实施和做法可以下面三个方面阐述。

1. 充分认识到化学实验在"发现教育"中的价值，精心设计实验探究活动

实践一：通过实验感知化学理论。

实践是检验真理的唯一标准。任何的化学原理与理论都是在无数实验的基础上进行归纳和总结得来的。但在实际的化学教学中，常常因为课时紧张、资源缺乏等现实因素，教师仅通过讲授让学生理解、记忆，这样学生就很容易忘记，不能形成深刻的理解。比如，对于"雷雨发庄稼"这样

比较简单的知识，通常学生都是通过记忆去学习的。如果学生能通过实验还原真实情境，在"做中学"，又会有怎样的效果呢？由此可见，设计符合实际的实验对学生深刻理解化学原理和理论的重要性。

如苏教版《化学》必修2"氮与社会可持续发展"专题的教学。教材引入"雷雨发庄稼"这一常识，介绍了其所关联到的氮氧化物的生成及相互转化的反应，而这些反应正是这节课学习的重点内容，但是教材并未给出相关的实验方案或者相关的资料，尤其是 N_2 和 O_2 在放电条件下的反应，这就使学生很难真正感知，只能通过机械的记忆学习，这无疑会使学生对知识点的理解大打折扣。通过查阅中国知网和相关文献资料，我发现目前对于 N_2 和 O_2 的研究已经有很多了。基于文献，我尝试设计了一种相对易于操作的 N_2 和 O_2 在高压条件下反应的实验装置，其中采用三颈烧瓶作为反应装置，电子感应线圈提供高压，通过压强传感器与氧气传感器实时监测放电前后容器中气体的体积和氧气的浓度，从而得出反应产物为 NO 而非 NO_2 的结论。进一步向反应后的体系中加入紫色石蕊溶液，通过紫色石蕊溶液颜色的变化模拟 NO_2 与水的反应，同时通过上述两种传感器的监测结果证明有 HNO_3 和 NO 生成。[①] 通过真实情境的还原，学生更真切地感受并理解了"雷雨发庄稼"的知识，对化学学习更加充满兴趣。

又如苏教版《化学》必修1"氯气的性质及应用"的教学。教师在讲授氯气与水的反应时，通过向氯气溶于水后的体系中加入紫色石蕊，发现紫色石蕊先变红然后褪色；加入硝酸银溶液，出现白色沉淀，证明溶液中有新物质 H^+ 和 Cl^-，并通过化合价升价判断有具有漂白性的新物质生成。再结合溶液中仍有氯气分子存在，证明该反应为可逆反应。由于学生无法真正感知到这个过程，因此，非常有必要设计实验将氯气和水反应的可逆过程展示出来，使其可视化，帮助学生真正理解可逆反应的实质，并能进一步与化学反应原理中的化学平衡相融合，通过借助数字化实验仪器将氯气与水反应的可逆过程可视化，其中利用压强传感器和 pH 传感器所直观呈现出来的数据，并结合化学反应原理的平衡标志，让学生判断反应的平衡。同时，进一步向平衡后的体系中加入 NaCl 固体，使 pH 传感器和压强

[①] 王保强，刘方云，李增坤. 模拟雷雨条件下氮气和氧气反应的数字化实验探究 [J]. 化学教育（中英文），2019, 40 (5): 68-70.

传感器的数值发生变化，为学生排饱和食盐水的方法除氯气的认识更清晰。① 实验中将纯粹抽象的过程可视化，让学生更能感知到这些过程，从而增进学生对知识的理解，激发其探索知识的欲望。

实践二：重视实验拓展与原理分析。

《普通高中化学课程标准（2017年版2022年修订）》必修模块在无机化合物的学习中列出了许多物质的反应，化学方程式也多，但学生对其中的原理了解得很少，很容易忘记物质的性质。若能将化学原理、物质结构与物质的性质相融合，学生更能在理解中学习。

在苏教版《化学》无机化合物的学习中，对于氯化钙能否用于鉴别碳酸钠与碳酸氢钠一直存在争议。这就需要在实验中从原理出发，利用手持技术通过滴定的方法探究其中反应的原理，并结合相关实验数据深入分析相关反应。② 实验结果表明，当$CaCl_2$与$NaHCO_3$的物质的量之比为1∶2时，当$c(Ca^{2+})$与$c(HCO_3^-)$的浓度积大于$4.5×10^{-6}$时，会产生沉淀，反之则没有沉淀。同样，$CaCl_2$与$NaHCO_3$反应可能产生气体，也可能不产生气体。因此，在化学演示实验中，我们要在一定范围内具体讨论分析。在实验中，教师也从平衡的角度分析了反应的可逆性。以上这些都是我们在教学中需要思考与关注的内容。

2. 创设真实的实验问题情境，促进化学实验研究方式的转变

真实和具体的问题情境、当下面临的亟须解决的化学问题是化学核心素养形成与发展的重要载体，为"发现教育"的实施和化学核心素养的形成提高了良好的契机，因此，化学实验教学与实验拓展要重视利用生活中的资源，将真实的STEM问题和化学史实作为实验素材。

实践一：生活化实验。

化学存在于生活的方方面面。学习化学的最终目的是走向社会，走向家庭。尽管化学存在于生活并服务于生活，但在我们的实际生活中，受限于仪器及设备，很难从容应用化学。因此，从生活中寻找化学，利用生活中的各种资源来代替实验中的试剂与仪器就成为一项非常有意义的工作。

---

① 蒋金虎，黄颖洁，项云．氯气与水反应可逆过程的数字化实验［J］．化学教与学，2017（9）：72-74．
② 王春．碳酸氢钠溶液与氯化钙溶液反应原理再探究［J］．化学教育（中英文），2020，41（17）：97-100．

设计这样的实验既能确保实验的有效和顺利开展，又能缩短化学与人们生活的距离，一定程度上还会"变废为宝"。目前已设计出了较多的用生活资源代替化学试剂和装置的实验。例如，用医药中的注射器、输液管等来控制物质的制备与性质探究实验，不仅减少了试剂用量，还使实验更加方便快捷；用小灯泡、发光二极管、音乐芯片等可直观的物品说明原电池中电流的产生；用矿泉水瓶等作为实验的反应容器；等等。在进行电解的实验中，直流电源作为装置的核心，在我们的日常生活中通常很少。如何将电解实验在生活中呈现出来？我们可利用人人都有的充电宝代替教学中要用到的学生电源装置，进行家庭微型电解实验。[1] 将充电宝与数据线连接即可给电解提供稳定的电源，因此，这样的一套替代性组合不仅有效利用了废弃的数据线，还可以用于小组实验和家庭实验。

实践二：基于 STEM 和化学史的化学实验探究。

（略）

3. 引导学生综合运用所学化学知识和实验技能进行实验的设计和实验操作

我们在实验教学中结合学生的知识基础和不同年级学生的认知特点，引导学生对一些必做实验进行重现设计和探究，以增进学生对科学探究的理解。

实践一：定性实验转变为定量实验。

通常我们将化学实验分为定性实验和定量实验。定性实验是确认待研究对象的组成，研究物质间能否发生反应，若能反应，则要判断其是否为可逆反应等。而定量实验则是利用相关仪器或现代技术，以化学反应计量关系及理论知识为依据，更深入地去认识研究对象所涉及的数量关系，并运用对应的"数量"来进行研究。定量实验是最具说服力的论据和证明，这是定性实验及其他实验方式都无法比拟的。[2] 在一定程度上，定量实验可帮助学生更深入地利用实验中所获得的数据证据合理地进行推理，理解反应的本质。因此，更多的研究将定性实验优化为定量实验。例如，盐酸

---

[1] 张洁玲. 高中化学实验创新现状与策略研究：以江苏省高中化学创新作品分析为例 [D]. 扬州：扬州大学，2023.
[2] 韩慧磊，信欣，孙影. 运用数字化技术探究盐酸滴定碳酸钠溶液的反应 [J]. 化学教学，2020（3）：56-60.

和碳酸钠的分步反应，定量探究氢氧化合物之间的转化；等等。①②

在苏教版《化学》必修 1 钠的学习中，教师在讲授 Na_2CO_3 和 $NaHCO_3$ 分别与 HCl 反应时，主要讲到其中的分步反应。目前，对于该实验主要从实验装置的改进与数字化实验的角度进行曲线分析。③ 但是，这些改进都停留在定性的角度，未能进一步从定量的角度深入分析 HCl 和 Na_2CO_3 的反应。基于此，学生进行了酸碱滴定实验，利用滴数传感器与 pH 传感器，并结合双指示剂法绘制了 HCl 滴定 Na_2CO_3 的过程中相应的 pH 变化曲线。在实验过程中，学生借助所获得的数据对其中曲线的起点、半终点和终点进行了误差分析，使 HCl 滴定 Na_2CO_3 从定量的角度解释更加易于理解，并在一定程度上提高了学生的问题思考能力和定量分析计算能力。

实践二：重构经典实验。

《普通高中化学课程标准（2017 年版 2022 年修订）》在课程内容中列出了在每个主题下的学生必做实验，除了这些必做实验外，教材中也呈现了很多基础实验。其中有很多是经典实验，大多数研究者在此基础上进行了不断的探索与优化，使这些经典实验在教学中能得到更好的演示，并被直观展示给学生。

在苏教版化学选择性必修 3 专题 4"醛的性质"的学习中，提出了醛的银镜反应。这个实验很直观地体现了醛类物质的还原性，因此，学生对于这个实验的操作充满了兴趣，但在银氨溶液的配制上和水浴加热的过程中很容易因操作不当而引起实验的失败，并且若作为演示实验，形成银镜所需时间较长。针对此，不少的实验研究都在课本经典实验的基础上进行条件的优化，以提高反应的速率。若能改进银镜反应的实验方案，不需加热即可快速得到效果更好的银镜，对学生理解醛基的化学性质更有利。银镜通常是在水浴加热条件下制备出来的。通过查阅文献，部分研究以不断振荡或摇晃的方法代替加热，这在本质上都是通过增加反应的熵值来促进

---

① 张洁玲. 高中化学实验创新现状与策略研究：以江苏省高中化学创新作品分析为例［D］. 扬州：扬州大学，2023.
② 韩慧磊，信欣，孙影. 运用数字化技术探究盐酸滴定碳酸钠溶液的反应［J］. 化学教学，2020（3）：56-60.
③ 韩慧磊，信欣，孙影. 运用数字化技术探究盐酸滴定碳酸钠溶液的反应［J］. 化学教学，2020（3）：56-60.

反应的发生。基于此，实验中尝试在不加热与不振荡的条件下，通过提供碱性环境完成银镜实验。① 通过探究实验中硝酸银、氢氧化钠、葡萄糖的最佳浓度，成功解决了银镜反应实验中难成形、成功率低的难题，且可操作性强。若用一定的碳酸钠代替碱，则能够实现在常温下 2 分钟形成光亮的银镜。② 基于上述快速制备银镜的原理，实验中进一步在双层玻璃杯的隔层中制备了保温层，借用温度传感器对比了普通玻璃杯与镀银玻璃杯的散热效果，进一步论证了成功镀银及材料在生活中的应用。这些研究都有利于课堂演示实验的呈现。

实践三：现代技术应用于实验探究。

现代科技的发展与化学的研究在一定程度上是相辅相成的，化学研究推动科学技术的发展，科学技术的发展促进化学迈向更深入的研究。目前，在化学教材中，很多实验都是基于传统的实验手段去呈现的，直接导致呈现出来的结果不尽如人意或者只是实验的皮毛。这就需要借助现代科技手段。现代科技手段有很多，如人工智能技术、热成像等。现代科技手段与化学实验相结合，能够快速、准确地获取并收集所需要的数据，并以丰富多样的形式展示给学生，方便学生对难以理解的科学概念做进一步思考。

在苏教版化学选择性必修 1 化学反应原理测定中和热的实验中，实验室常使用简易的装置，学生不能直接感知到放出热量的多少。在实验研究中，有教师自制了这种智能系统装置。③ 为了避免反应中热量的损耗，教师引入 3D 打印技术将反应装置的内筒与保温杯紧密地贴合，并引入自制导流控制阀达到反应液的接触；主控部分采用编写的程序系统实时记录并自动计算。而热量除了可以感知外，更可以直观看到。现代热成像技术不仅能够呈现这种能量的变化，还能实时监测酸碱反应的放热过程。④ 在实

---

① 韩慧磊，信欣，孙影. 运用数字化技术探究盐酸滴定碳酸钠溶液的反应［J］. 化学教学，2020（3）：56-60.
② 代海晴，景一丹，肖小明，等. 不加热不振荡情况下葡萄糖银镜反应的最佳实验条件探究［J］. 化学教育（中英文），2021，42（23）：88-94.
③ 张洁玲. 高中化学实验创新现状与策略研究：以江苏省高中化学创新作品分析为例［D］. 扬州：扬州大学，2023.
④ 项佳敏，保志明. 基于热成像仪从能量视角辨观化学反应［J］. 化学教育（中英文），2021，42（21）：86-89.

验中，教师并未让学生直接感触温度，而是让学生直观地"看到"反应的区域式温度变化，在酸与碱反应的瞬间，学生能看到图像所呈现出来的颜色的变化，随着反应的不断放热，体系内温度越来越高，呈现出来的图像由开始的蓝色过渡到橙黄，最后又恢复为原来的蓝色。在实验中，通过颜色的变化，学生看到了温度的变化，打破了以往接触式感知温度的传统方法，使实验具有了一定的观赏性。①

四、"发现教育"视角下高中实验教学实施和拓展的反思

在"发现教育"视角下，将实验探究教学与提高学生实验基本操作技能结合，需要充足的教学时间和丰富的化学教学资源。随着"发现教育"模式在高中化学实验教学中的应用实施，在践行实验教学和实验探究的过程中，教师发现了新的实验思路和需要提升的地方。

（一）实验教学实施和实验拓展过程中的反思

化学实验教学是培养学生实践能力和科学思维的重要环节。在实验教学实施过程中，我反思了以下几个方面的问题。

首先，实验的设计要符合学生的实际水平和兴趣。在设计实验时，教师要考虑学生的实验经验和基础知识水平，避免过于复杂或过于简单的实验内容。同时，教师还要关注学生的兴趣和动机，尽量选择能够引起学生兴趣的实验项目，激发他们的学习热情。

其次，实验操作要简单明了、步骤清晰。在实验指导中，教师要详细说明实验步骤和操作要点，避免学生在实验过程中出现困惑或错误。同时，教师还要提前准备好实验器材和试剂，确保实验过程的顺利进行。

再次，实验安全要放在首位。在实验教学中，教师要重视实验安全教育，向学生传授正确的实验操作技能和安全知识。教师要提前检查实验器材和试剂的质量与安全性，确保实验过程中不发生意外事故。

最后，实验结果要及时分析和总结。实验结束后，教师要引导学生对实验结果进行分析和总结，帮助他们理解实验原理和现象。同时，教师还要鼓励学生提出问题和思考，促进其科学思维和创新能力的发展。

---

① 张洁玲. 高中化学实验创新现状与策略研究：以江苏省高中化学创新作品分析为例 [D]. 扬州：扬州大学，2023.

1. 实验教学实施和实验拓展结果的反思

在"发现教育"理念的指导下,星海学校化学课题组的研究结果表明:化学的拓展性实验教学与学生化学科学核心素养的培养确实存在着正相关性,即高中化学拓展性实验教学能有效提高高中学生的化学科学核心素养。星海各年级学生在江苏省实验操作比赛等活动中均取得了不错的成绩,从而为下一阶段的工作积累了丰富的实践经验和理论支撑。

2. "发现教育"维度下,实验教学和拓展对于提升化学教师素养的反思

"发现教育"的理念能帮助化学教师在教学中提高针对性,发现个性化、特殊潜质学生的优势和强项,做到因材施教、因势利导,抓住学生的好奇心,突破学生的认知局限,激发学生的创造性思维。"发现教育"理念下的实验教学有更高的要求。实验拓展可以帮助化学教师拓宽知识视野。在实验拓展中,教师不仅可以接触到传统的实验内容,还可以了解到最新的实验技术和研究进展。通过参与实验拓展,教师可以了解到更多的实验方法和实验技巧,了解到更多的实验材料和实验装置。这将使教师能够更好地更新自己的知识,提高自己的专业水平。同时,教师还可以通过与其他教师的交流和合作,了解到其他学校和地区的实验教学经验,从而进一步拓宽自己的知识视野。

(二) 实验教学实施和实验拓展过程中的不足

当然,在校本实验实施和探究的过程中,由于经验的不足和教学对象认知程度的限制,对"发现教育"的多种不利因素影响着实践研究的效果。

综上所述,基于化学核心素养的培养,开展化学教学实验的教学和实验拓展活动已经成为教学目标之一。在化学教学实践中,教师应该不断优化课堂教学方式,结合学生的实际学习情况开展教学,使学生能够在教师创设的化学实验情境、差异化化学实验教学中有所收获,并能在教学中更好地运用"发现教育"理念、运用信息技术、创新教学模式、完善课堂评价、做好教学反思工作等开展化学实验教学,提高高中化学实验教学的效率与质量,让学生的化学核心素养切实获得提升。

跋：致面向未来的美好发现者

赵 华

看完这本厚重的册子，心中涌动起一股暖流，是发现的激情让我眼眶湿润，是发现的思维让我茅塞顿开，是发现的眼光让我万里澄澈。发现，发生着、表现着，发展着、实现着，发扬着、涌现着。

发现是什么？首先，发现是一种主动、自主、自治的个体行为，发现具有内生动力；其次，发现是一种方法，在科学领域，发现需要积累证据、逻辑循证和数理建构；最后，发现是一种智慧，能够有发现，必须有激情、有好奇心、葆有童心。培养发现者的本质，就是培养好奇心、想象力和探求欲。

培养发现者拥有未来胜任力。对发现者的培养需要教师的育人智慧，在课堂中培养发现素养：观察力、思考力、专注力、合作力和表达力；在实践活动中培养发现素养：设计力、结构力、行动力、反思力；在学术表达中培养发现素养：提取关键词能力、批判力和创生力。培养面向未来的民族复兴伟业筑梦人，需要胜任这个时代、胜任这份担当。

如何在发现中培塑胜任力？近一个世纪以来，社会被一种过于简单、只重分析的思维模式和生活方式所统治，使得这个时代到处都是"知识搬运工""工具化的人"，我们不得不面对的是，某些工种将在强大的技术力量面前逐渐弱化和消失，未来将属于那些拥有全新思维的人，高感性能力正逐渐变成生活的中心。美国著名未来学家丹尼尔·平克在其著作《全新思维：决胜未来的6大能力》中指出：未来将属于那些拥有与众不同的思维的人，"左脑"统治的逻辑、线性、计算能力为主的"信息时代"即将过去，取而代之的是一个全新的以创意、共情、模式识别、娱乐感和意义追寻等"右脑"能力为主导的"概念时代"。他提出，决胜未来有六大能力：设计力、故事力、交响力、共情力、娱乐感和意义感。这六大能力共同构成了"未来胜任力"。因此，培养发现者，就能够成就设计智慧，拥有"擘画故事"的本领，秉持"合作交响"的能力，深谙"共情之脉"

的价值，执着于心向朝阳的"趣味灵魂"，理解"生命的意义"。

发现学习理论的本然价值是什么？布鲁纳依据建构主义的学习理论提出了"发现学习"的观点。在描述外在动机时，布鲁纳认为，当儿童指望得到他人给予的报偿时，往往对能给予内在奖励的行为不甚关心，即"自我需要和自我发奋"的动机就会被弱化。学习具有"痛苦的挑战"的特点，仅依靠"外在的诱惑"，总有"欲望的天花板"出现，到那时，学习就可能呈现"绝望的状态"。因此，"外在奖赏和刺激"很容易腐蚀儿童心理，诱使儿童去寻求他人的爱好、奖励和分数。发现学习理论主张在教学过程中由浅入深地引导学生主动掌握学科知识的基本结构、基本原理和框架体系，开展多样的教学活动，引导学生自己组织信息，发挥联想与想象，主动阅读实践，成为学习的发现者。作为发现者的培养者，教师应在自主学习的过程中，通过创设学习情境展开学习旅程，通过发现、合作、深思、实践，判断发现的结果是否为有意义的发现，最终的结果已不再重要，经历的"发现过程"成为发现者源源不断的学习动力。对于发现者而言，发现本身就是一种刺激、召唤和勇气。

最后，我想和大家提一点建议：数字化潮流已到达潮顶，人工智能扑面而来，其本质仍然是要拥有数字化思维。如何在培养发现者的过程中拥有数字化思维，并将它与育人深度融合，这是未来要着力研究的问题，即培养拥有数字化思维的发现者。

数字化时代，数字化思维成为一种重要的能力。数字化思维可以帮助人们更好地处理信息、分析数据、创新思维，是信息时代下的生存法则。数字化思维是一种具有发展潜力的能力，它是指在数字化环境下，通过数字化工具和数字化信息，以数据驱动的方式进行思考和分析的能力。它主要包括场景思维、数据思维、算法思维和产品思维。场景思维主要面对"解决什么痛点问题，达到什么样的价值目的"的问题。数据思维即把信息转化为数据，对被定义化、结构化的数据，拥有挖掘和分析能力、数据转化能力、工具表达能力、组织和管理能力。算法思维即形成模型思维，基于管理场景和目的，挖掘和建立数据之间的关系，从而发现真正的规律，通过数据化的计量、数据算法的挖掘，建立数据关系和发现规律，发现数据之间的相互影响关系、驱动关系、预测关系，去推动我们教育实践的升级，其本质是"三法融合"——有想法、有算法，进而才有做法。产品思维即"教育产品是什么?"这里主要是两种产品,作为工具的产品是"教育和教学形式、教育和教学方式",作为对象的产品是"人——发现者"。因此,作为工具的产品需要满足学生的内在需求,解决学生学习的根本问题;作为对象的"产品思维"是培养具有发现潜能、"五育"融合的时代新人,学习者应拥有自我掌控力和未来胜任力。

未来,我期待星海在"发现者课堂"中做出进一步的思考和实践。所谓发现者课堂,其本质是追求因材施教、教学相长的交互式课堂。发现者既指学生也指教师。在"发现者课堂"中,教师不是唯一的教者,教师也是学习者,学生也是教者。教师在教的过程中能够主动发现自己教学中的不足,并加以反思和提升;学生在每节课中能够发现自己是否理性、自主地掌握了这些知识,进而转化为内在理解、自主表达。因此,"发现者课堂"力求培养教师和学生的四大发现能力:问题发现能力、方法发现能力、思维发现能力和创造发现能力。

华东师范大学钱旭红校长指出:好的教育须弱化人的"工具性",要做好"目的性"与"工具性"的和谐平衡,犹如"波粒二象性",要让人处乡野看炊烟四起而生悠然,于信息繁杂中清醒自持,在知识碎片中关联整个奔涌的时代;好的教育既不忘却历史,也不迷失当下,更不怀疑未来;好的教育是一个不断让人走出舒适区抵抗熵增的过程,并能够帮助人掌握多元的思维模式,使人生熵减成长。薛定谔说:生命以负熵为食。

星海学子,不仅要有仰望星空的超然,更要有面朝大海的慨然,这是发现者的勇气;星海学习,不仅要有星辰璀璨的辽阔,更要有天容海色的澄澈。祝福发现者,成就发现者。

2023 年 10 月